교육철학잡기 5

비트겐슈타인의 『논리철학논고』,
헤세의 <나무>, 그리고 『주역』

2022-2

어느 은둔 교육철학자의 사색과 탐구 에세이 ⑤

신창호

박영story

나의 아내 유희재 박사(1959~2021)를 그리며

머리말

『교육철학잡기』 다섯 번째, 제5권이다.

5권을 쓰고 있는 도중에, 『교육철학잡기』 제3권이 우수도서로 선정되었다는 반가운 소식을 들었다. 여러 측면에서 부족한 것이 많지만, 기독교와 불교, 유교의 사유를 교육철학적으로 풀어낸 내용이 긍정적으로 비춰졌나보다. 좋은 책으로 남게 되어 기쁘다. 한편으로는 다른 훌륭한 저술도 많았을 텐데, 선정되지 않은 저술에 대한 미안함도 남았다. 우수도서가 상이라기보다는 채찍이라 생각하고, 더욱 분발해야겠다.

지난번 제4권에서는 이슬람교의 『꾸란』과 동학(東學)의 사유를 교육철학적 시선으로 다루면서, 일단 종교와 관련한 경전은 마무리하고, 당분간 접어두기로 했다.

이번에는 동서양의 고전(古典), 특히 철학적 저술을 중심으로 글을 썼다.

먼저, 비트겐슈타인의 『논리철학논고』를 전반적으로 독해하며 교육철학적 의미를 부여하려고 고심했다. 하지만, 비트겐슈타인이라는 천재 철학자의 난해한 사유만큼이나 독해가 쉽지 않았다. 그래도 그의 세계관과 논리를 다시 보며, 생각은 더욱 깊어진 것 같다.

다음으로는 헤르만 헤세의 '나무'이야기에 귀를 기울였다. 세계적인 문호(文豪)지만, 헤세는 문학에 그치지 않았다. 그의 사유는 심오했다. 내면을 파고드는 힘이 심금을 울렸다. 나무에 얽힌 그의 인생관과 세심한 관찰력에서 우러나오는 교육적 시선은 참으로 따스했다.

마지막으로는 『주역』에 드러나는 교육적 사유를 추출해 보았다. 『주역』의 여러 「괘(卦)」에 나타난 몇몇 구절은 건전한 생(生)을 유도하는 삶의 대처 방식이었다. 달리 말하면, 교육이 감당해야 하는 인생 철학으로 느껴졌다. 수시변역(隨時變易)의 질서가 시대정신을 일깨우는 듯했다.

이렇게 텍스트를 즐길 수 있는 나날이 고맙다. 무엇보다 고전(古典)을 남겨 준 인류의 선조들과 그것을 시대에 맞추어 해석했던 여러 선학들에게 감사한다. 그분들이 갈망한 사유의 세계가 세상을 아름답게 만드는 것 아니겠는가! 그렇게 고전은 개인과 사회를 지탱하는 인생 미학으로 빛난다.

2023. 1. 대한(大寒) 절기에

청옹정사(淸瓮精舍)에서 신창호

차례

****

7월

A Vast Summer Landscape
Jacob Alberts (German, 1860-1941)

비트겐슈타인 1 – 더 이상 말할 수 없는 것, 그 신비의 세상

2022. 7. 1. 12:01

비트겐슈타인(Ludwig Josef Johann Wittgenstein, 1889~1951)!

40년 전 대학 시절, 이 천재 철학자는 나에게 너무나 어려운 존재였다. 정말이지, 사유를 거쳐 정돈한 언어 하나하나가 신비(神秘) 그 자체였다. 대학원 시절에 그를 마주할 때도 여전히 그랬다. 참 답답하고 안타깝고 아쉬웠던, 사유의 혼돈(混沌), 그 카오스(chaos)가 온몸을 휘감은, 내 생(生)의 어느 시기에, 나도 모르게 그가 버티고 있었다.

그 무렵, 20대 어느 날, 나는 철학에 매료(魅了)되어, 혼자서 교정을 자주 거닐었다. 1980-90년대 일명, '거닐리우스'라고 불리던, 학교 주변에 길거리 철학자가 있었다. 지금은 보이지 않는다. 나이로 보나 당시 노숙자 같은 생활 상태로 추측해볼 때, 사망했을 수도 있다. 그는 '백원만'이라고 불리던 사나이였다. 지금은 메꿔져 없어졌으나 고려대학교 정문 앞에 있던 지하도 한쪽 구석에서, 가볍게 손을 앞쪽으로 내밀고, 아주 낮은 목소리로, '100원만!'이라고 말한 데서 붙여진 이름이다. 그의 행동은 구걸(求乞)일 수도 있다. 그러나 단순한 구걸 행위가 아닌 것처럼 보인 때가 한두 번이 아니다. 아니, 그의 행위는 구걸 행위만은, 결코 아니었다. 그는 돈을 주지 않는다고 불평한 적이 거의 없었다. 오히려 그냥 조현증(調絃症) 같은 행동과 미소로 무덤덤하게 사람을 대할 따름이었다.

어느 날 나는, 100원이 아니라, 당시로서는 거금인 1만원을 건넨 적이 있다. 그 돈은 지하도 바로 건너 골목길 모퉁이에 있던, 노상 중고 서점에서 책을 사려고 모아둔 돈이었다. 1만원을 건네자, 그는 곧바로 지하도 위로 올라갔다. 그리고는 입구에 쭈그리고 앉아, 조그마한 낡은 메모장과 때가 잔뜩 낀 볼펜을 꺼내, 글을 쓰기 시작했다. 그것도 아주 똑바른 글씨체로 말이다. 한문 서예로 말하면 '해서(楷書)'체다. 정말, 가장 반듯한 글씨로 무언가를 써 내려갔다. 순간, 나는 멈칫했다. 그리고는 써내려가는 글을 곁눈질로 보았다. 얼핏 보기에 의미를 알아보기 힘든 문장이었다. 해탈한 스님의 묵언(默言) 수행처럼, 거닐리우스는 그렇게 자신의 사유를 다듬고 있었다. 나는 아주 짧게 물었다. '뭘 쓰고 있습니까?' 대답이 없다.

그때 나는 비트겐슈타인을 떠올렸다. 거닐리우스가 쭈그리고 앉은 모습, 내가 그 곁에서 지켜보며 물었던 기억이 아직도 생생하다. 그는 어디로 갔을까? 나는 그가 어떤 사람인지 모른다. 정신 이상자인지, 노숙자인지, 그냥 백원만 주면 좋아하는 순진한 바보인지. 그러나 1만원을 쥐어들고, 진지하게 글을 쓰던, 만원의 행복이랄까? 그날 거닐리우스의 모습은, 자신에게 너무나 비장하고 엄격했다. 나는 그 반듯한 글씨체 안에서, 그를 보았다. 오랜 침묵(沈默)이 던지는 메시지는, 다시 지속될 새로운 침묵이었다.

비트겐슈타인의 『논리철학논고』 마지막 문장은 "7. 더 이상 말할 수 없는 것에 대해 침묵해야 한다!"이다.

이 구절의 전후에 기술된 언어의 한계와 인간의 삶에 대해, 곽강제 교수는 『논리철학론』을 다음과 같이 도식으로 구조화 했다. 『논리철학논고』를 『논리철학론』이란 제목으로 번역하고 해설한 철학자로서 상당히 의미 있는 정돈으로 생각된다. 도식을 보면서, 다시, 예전의 경험들을 상기(想起)하며, 비트겐슈타인의 사유를 더듬어 본다. 그리고 하나씩 교육철학적 맥락을 이입하거나 도출해 보려고 한다.

〈논리 철학론의 구조〉

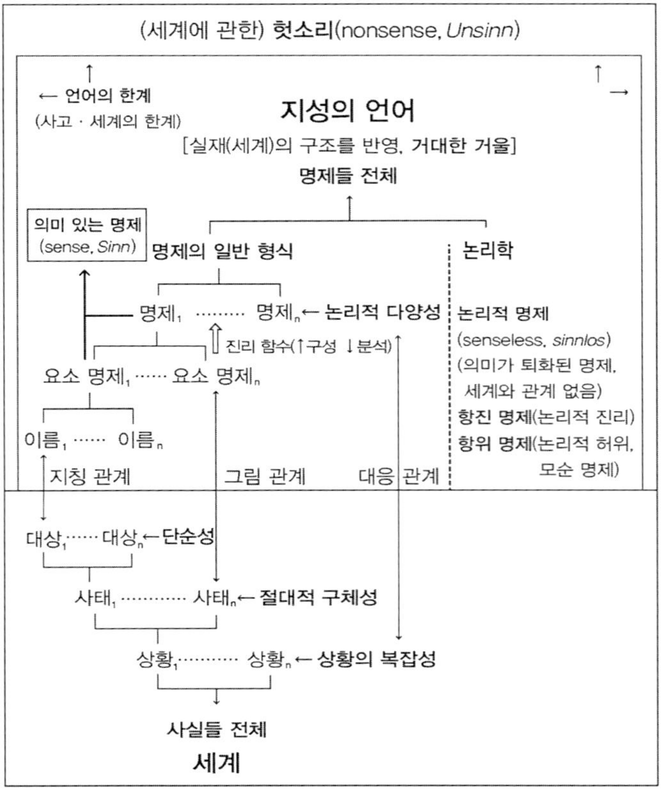

말할 수 없는 것들 – 지성의 영역 밖에 있는 신비로운 것들(윤리, 미, …)
(언어가 대신할 수 없는 것들) – **이 책에 쓰이지 않은 부분**

인간의 실존적 삶

비트겐슈타인 2 - 『논리철학론』의 머리말, 헛소리가 아니길

2022. 7. 2. 21:10

비트겐슈타인은 1918년 오스트리아 빈에서 『논리철학론』(『논리철학논고』)의 머리말을 썼다. 이 저작은 몇몇 사정상 출판을 하지 못하다가, 1921년 가을, 독일의 『자연철학연보』에 실었고, 1922년 11월에 러셀(Bertrand Arthur William Russell, 1872~1970)이 해설을 붙인, 독일어 원문과 영어 번역문을 나란히 편집한 형태로, 공식 출판되었다. 비트겐슈타인은 책 머리말의 첫 구절을 이렇게 기록하고 있다.

> "이 책은, 여기에 표현된 생각들을 - 아니면 적어도 비슷한 사고들을 - 언젠가 스스로 이미 해 본 사람만이 이해할 수 있다. - 그러니까 이 책은 교과서가 아니다. - 이 책을 읽고 이해한 사람이 즐거움을 느낀다면, 이 책의 목적은 달성될 것이다."

나는 생각해 본다. 30-40년 전에는 제대로 이해하지 못했던, 아니, 이해하려고 발버둥치지도 않았던, 비트겐슈타인의 사유를, 이제 즐거움을 느끼면서, 그가 말한 대로 『논리철학논고』의 목적을 달성할 수 있을까? 보람을 느낄 수 있을까? 기대반(期待半) 회의반(懷疑半)으로 교육철학적 독해를 시도한다.

우리는 늘, '더 이상 말할 수 없는 것에 대해서는 침묵해야 한다!'와 같은 몇몇 구절을 앵무새처럼 반복하여 외우며, '침묵'을 철학적 화두의 신비처럼 옹호하며, 비트겐슈타인의 사유에 대해 아는 척 했다. 그

어리석음은 『논리철학논고』의 근본 취지를 확인하는 지렛대 역할을 한다. 비트겐슈타인 철학 전문가인 두 교수의 번역본을 비교해 보면서, 차후에 어떤 방식의 의역(意譯)과 중역(重譯) 또는 번안(飜案)이 교육적으로 의미가 있을지 고민해 본다.

* 곽강제 교수의 번역: "누구나 말로 표현할 수 있는 것은 어쨌건 명료하게 말할 수 있다. 그러니까 누구도 말로 표현할 수 없는 것에 관해서는 말하려고 하지 말아야 한다."

* 이영철 교수의 번역: "무릇 말해질 수 있는 것은 명료하게 말할 수 있다. 그리고 이야기할 수 없는 것에 관해서는 우리들은 침묵해야 한다."

한글 번역본마다 조금씩 표현이 다르다. 이후, 비트겐슈타인의 철학과 관련한 번역이나 해설서는 곽강제, 김양순, 이승종, 이영철, 조중걸 등 여러 학자들이 연구하고 번역한 자료를 참고하여 내 나름대로 재해석한다. 여기에서 일일이 표기하지는 않았지만, 그분들의 선행 작업에 감사할 뿐이다.

번역본의 표현이 다른 것은 독일어판을 대본으로 한 것과 영어 번역본을 다시 번역한 것에서 오는 언어의 차이 때문이다. 의미는 비슷하다. 그러나 엄밀하게, 다시 비트겐슈타인의 표현을 빌리면, "사고의 언어적 표현에 대한 한계 설정"이다. 생각의 한계를 정하기 위해서는 그 한계의 양쪽 측면을 모두 생각할 수 있어야 한다. 생각될 수 없는 것을 생각할 수 있어야 한다! 그것은 해석의 문제다.

비트겐슈타인은 고백한다. 『논리철학논고』 저술의 가치는 두 가지다. 하나는 이 작업 속에 '사고(思考)들이 표현되어 있다'는 점이다. 이 가치는, 그 사고들이 잘 표현되어 있으면 있을수록, 정곡(正鵠)을 찌르는 게 많으면 많을수록, 더 커질 것이다. 다른 하나는 문제들이 해결됨으로서 이루어진 것이 얼마나 적은지를 보여준다. 왜냐하면 여기서 전달된 사고들의 진리성은 불가침(不可侵)이며 결정적(決定的)이다. 본질적인 점에서 문제들을 최종적으로 해결했다고 생각하기 때문이다.

말해질 수 있는 것, 저 표현할 수 있는 것을 교육철학적으로 환언해 본다. 교육할 수 있는 것, 또는 교육되고 있는 사항은 명료하게 말할 수 있다. 그러므로 교육할 수 없는 것, 교육되지 않고 있는 사항에 관해서는 억지로 교육하지 말아야 한다. 교육할 수 없는 사안에 대해서는 침묵해야 한다. 그것이 교육적 진리다.

이런 인식이 올바를까? 적당할까? 맞는 표현일까? 아닐 수도 있겠다.

교육은 가소성(可塑性)을 전제로 한다. 한계도 없는 듯이 보인다. 그러나 한계가 없는 듯한, 교육에서 언어 표현에 대한 한계를 설정하지 않은 경우가 상당수다. '하면 된다!'는 허상을, 헛소리에 가깝게 깊이 심어 놓았다. 교육이 무슨 군사훈련인가? 무조건 하면 되게? 교육에서 한계를 설정하기 위해서는, 그 한계의 양쪽 측면을 모두 생각할 수 있어야 한다. 교육에서 생각될 수 없는 것, 생각되어서는 안 되는 사안을 생각할 수 있어야 한다! 그것이 침묵을 유도하는 교육의 진리에 가깝다.

비트겐슈타인 3 – 『논리철학론』 1: 세계

2022. 7. 2. 22:15

『논리철학논고』의 시작은 '세계(世界: world)'라는 표현이다. 대학원 <현대영미철학> 세미나 시간이 떠오른다. 당시 비트겐슈타인을 다룰 때, 의미를 제대로 파악하지 못해, 그냥 외우기만 했던 기억이 있다.

"1. 세계는 일어나는 모든 것이다!"

이 짧은 문구는 언어도단(言語道斷)의 결정판처럼 느껴졌다. 한마디로 무서웠다. 사유의 폭과 깊이가 어느 정도이기에 이런 말이 감히 쏟아져 나왔던 것일까? 지금부터 100여 년 전, 비트겐슈타인이 1차 세계대전의 참전을 통해, 찻잎에서 차를 우려내듯이, 인간 세계의 실상, 그 엑기스를 사유로 녹여낸 걸까?

'일어나는 모든 것'은, 일어나는 일들, 즉 '사실들의 총체(總體)'다. 특정한 시점에서 볼 때, '일어나는 모든 것'은 과거에 일어난 것과 현재에 일어나는, 그리고 미래에 일어날, 그 모든 사안이다. '과거-현재-미래'에 걸쳐, 그 모든 것이 일어났고, 일어나고, 일어날 사안이라면, '흐르다'는 속성을 지닌 의미로서의 시간(時間)은 어디에 있는가? 비트겐슈타인은 유동적 시간을 초월했는가? 현재를 부정할 수 없다면, 무시간적 현재로서 이해되는 영원의 관점이 이입된 것은 아닌가? 불교의 찰나(刹那)와 영겁(永劫)의 무차별이 떠오른다.

세계는 성립할 수 있는 경우들의 전체!

그렇다면, 교육은 일어나는 모든 것인가? 성립할 수 있는 경우들의 전체인가! 그렇다. 교육은 교육의 현장에서 발생할 수 있는 총체(總體)다. 교육을 '삶의 원(原) 현상(現象)'으로 이해한다면, 교육은 삶의 현장에서 일어나는 모든 것이다. 그러기에 교육은 삶 자체를 대변한다. 삶을 변호하는 수호신이다.

비트겐슈타인 4 -『논리철학론』 1: 사물, 사태, 그리고 사실

2022. 7. 3. 8:20

『논리철학논고』의 시작 문장은, "1. 세계는 일어나는 모든 것이다." 다른 번역어로는 "1. 세계는 성립할 수 있는 경우들 전체다." 의미는 동일하지만 독해의 양상은 상당히 달라질 수 있다. '세계'라는 대전제는 동일하다. '일어나는'은 '성립할 수 있는 경우들'로, '전체'는 '모든 것'으로 표현되었다.

'1'에 대한 논평은 다음과 같이 이어진다. "세계는 사실들의 총체이지 사물들의 총체가 아니다(1.1)" 동일한 문구가 다른 번역어에는 "세계는 사실들 전체이지 사물들 전체가 아니다." 여기서는 '총체(總體)'가 '전체(全體)'로 치환되어 있다. '총체'나 '전체'는 영어로 호울니스(wholeness)나 토탈리티(totality), 또는 엔타이러티(entirety)로 볼 수 있고, 한자나 한글에서도 의미의 엄밀성을 고려하면, 뉘앙스에 차이가 있다. '총체'라고 했을 경우, 사물을 '구성하는 전체'로, 개개의 사물을 하나로 모아 합치고 묶어 통괄(統括)하는 의미가 강하다. '전체'라고 했을 경우, 어떤 사물이나 대상의 '모든 부분'을 말하므로, 부분에 대응하는 전부(全部)라는 의미가 강하다.

중요한 것은 세계에 대한 비트겐슈타인의 인식과 해석이다. '세계는 사실들의 총체이지 사물들의 총체가 아니다!' 여기에서 '사실(事實)'과 '사물(事物)'을 철저하게 인식해야 한다. 그것은 비트겐슈타인 철학을 관통하는 키워드 가운데 하나다. 세계와 사실, 사물에 관한 이해는 문자 그대로 고민해 본다. 이는 논리적 차원, 즉 언어나 명제, 함수 등과 철저하게 결부되어 있지만, 이후에 하나씩 등장할 것이므로, 서술되어 있는 그대로, 비트겐슈타인의 사유를 따라가는 것이 순리일 듯하다.

러셀은 '사실'에 대해 다음과 같이 해설한다. "세계는 '사실'들로 이루어져 있다. 엄격히 말해, 사실은 정의할 수 없다! 그러나 사실이라는 말의 의미를 설명할 수는 있다. 그것은 명제를 '참' 또는 '거짓'으로 만든다. 사실은 다른 사실을 부분으로 포함할 수도 있고 포함하지 않을 수도 있다. …… 사실로 된 부분들을 갖지 않는 사실은 '사태'라고 부른다. 사태는 '원자적 사실'이라 부르는 것과 같다. …… 어떤 '복합체'가 있다는 주장은 그것의 구성 요소들이 어떤 방식으로 관계를 맺고 있다는 주장, 그러니까 결국 사실에 관한 주장으로 환원된다. …… 모든 원자적 사실들이 알려지는 것과 함께, 그것들이 원자적 사실 전부라는 사실이 알려지면, 세계는 완벽하게 기술된다. 세계는 그 속에 있는 대상들을 단지 명명한다고 해서 기술되지는 않는다."

어렴풋하지만, 이제 "세계는 사실들의 총체이지 사물들의 총체가 아니다!"라는 의미와 맥락이 보이는 듯하다. 사실(事實)은, 세상에 존재하는 대상들, 즉 각각의 사물들이, 크건 작건 관계없이, 어떤 방식으로건 관련되어 있음을 전제로 성립한다. 때문에 복잡성이 그 속성이다. 단순한 대상으로서 실체가 아니라, 설명이 개입되어야만 하는 역동성을 갖춘 현실이다. 실체로서 주어와 속성으로서 서술어가 결합된, 정의할 수 없는 그 무엇이다. 이 사실 가운데, 다른 사실을 부분으로 갖지 않는 아주 단순한 사실, 그것이 원자적 사실이다. 달리 말하면 사태(事態)다. 또한 사물(事物)은 대상으로서 단순 실체다.

한자로 '사실(事實)'과 '사태(事態)', 그리고 사물(事物)을 풀이하여 비트겐슈타인의 사고에 이입하면, 교육의 세계를 이해하는 데 도움이 될 듯도 하다. 사실(事實)은 열매로 확정되어 있는 대상을 일삼는, 역동적 작업이다. 알맹이를 가지고 활동하는, 모든 시작과 과정과 결과와 효과다. 그 온 덩어리는 에너지 넘치는 힘으로 세계를 구성한다. 사태(事態)는 모양이나 형상을 일삼는, 즉 일이 되어가는 형편이나 상태다. 전체가 아니라 개별 사안에서 벌어지는 미세한 몸짓이다. 그것은 활력의 씨앗이자 사실의 최소 단위다. 사물(事物)은 구체적이고 개별적 존재를 말한다. 그것은 물질적으로는 대상이고 정신적으로는 일이다. 활력을 드러내기 이전, 무감응(無感應)의 물건이다.

다시, 내 사유를 이입하여 정돈해 본다.

1. 세계는 일어나는 모든 것이다! - 어떤 일이건, 세계에는 모든 일이 이미 발생해 있다. 성립할 수 있는 모든 경우가, 드러나 있고, 펼쳐져 있고, 활발하게 움직이고 있다.

1.1. 세계는 사실들의 총체이지, 사물들의 총체가 아니다! - 세계는 역동적으로 움직이는 복잡한 사태들이 모여 있다. 그 사실들은 각각의 사물을 바탕으로 벌어진 사태가 얽힌 것이다. 사물-사태-사실의 관계는 단순한 요소에서 복잡한 상황으로 이어지는 역동적 창조의 결과다.

"세계는 사실들의 총체이지, 사물들의 총체가 아니다."에 관한 비트겐슈타인의 논평은 다음과 같이 이어진다.

"세계는 사실들에 의하여, 그리고 그것들이 모든 사실들이라는 점에 의해 확정된다(1.11). 왜냐하면 사실들의 총체는 무엇이 일어나는가를, 그리고 또한 대체 무엇이 일어나지 않는가를 확정하기 때문이다(1.12). 논리적 공간 속의 사실들이 세계다(1.13)."

세계의 확정은 사실에 의해서다, 사실은 발생하거나 발생하지 않는 일을 분명하게 일러준다. 그 사실은 언어로 기술하는 논리적 명제 가운데 이중인화(二重印畫)를 거친다. 나는 생각한다. 이런 구조가 인간이 세계를 인식하는 논리철학의 기초가 아닐까! 그런 논리라면, 교육도 '이중인화'의 사유를 벗어나기 힘들다.

비트겐슈타인 5 –『논리철학론』1: 개개 사실들

2022. 7. 5. 14:20

『논리철학논고』1.2는 사실에 관한 새로운 명제를 문제로 제기한다. 1.1의 연장(延長)이기도 하고, 회의(懷疑)이기도 하다. 지속과 의심의 이중주(二重奏)를 통해 세계상을 보다 진실하게 보여주려고 한다.

"1.2 세계는 사실들로 나뉜다."

사실(事實)이 '역동성을 갖춘 현실이고, 에너지 넘치는 힘이라면, 세계도 그러하다. 세계를 분석하면 그런 사실들로 나눌 수 있다. 그러기에 1.21의 논평은 나누어지는 세계, 즉 사실에 대해 객관적이고 냉정하게 분석한다. "하나의 일은 일어나거나 일어나지 않을 수 있다! 나머지 모든 것은 그대로 남아 있을 수 있다!"

그렇다! 세상의 모든 일은 하나씩 나누어 보면, 그러하다. 어떤 일은 일어난다. 아니면 그 일은 일어나지 않는다. '예(yes)'냐? '아니오(no)'냐? 두 가지 사실 밖에 없다. 그것도 아니면, 그 외에 나머지는 이와 관계없이 그대로 남아 있을 수 있다. 엄밀하다. 세상은 그렇게 역동적으로 힘을 펼쳐나가지만, 의외로 단순하다.

사실을 인식하고 확인할 때, 세계에서 나눠진 사실을 진지하게 살펴야 한다. 여기에서 '하나의 일'은 '개개의 사실'이다. 일어나는 것 하나하나를 말한다. 그것은 원자적 관점이다. 더 이상 쪼갤 수 없는 '원자'는 무엇인가? 개개의 사실은, 그 밖의 모든 사실이 동일하게 유지

되더라도, 실제로 성립하거나 실제로 성립하지 않을 수 있다. 이 확정되지 못하는 불확실한 세계가, 확정되거나 확실성으로 정돈될 때, 그 사이에 보이는 인간이라는 실존이 머뭇거린다. 세상 속에서 움직이고 있는 개개의 사실들은, 그렇게 불완전한 속성으로 존재의 가치를 펼치려고 덜덜거리며 떨고 있다.

교육이라는 사실도 마찬가지다. 교육의 세계는 교육적 사실들의 전체다. 개개의 교육적 사실로 분석될 때, 그것은 예를 들면, 교사, 학생, 교육내용이라는 원자적 사실로 나뉜다. 이 나누어진 교육적 사실은 교육을 발생시키거나 발생시키지 않을 수 있다. 교육과 관계없이 그대로 남아 있을 수 있다. 그런 차원에서 무엇이 교육인지? 교육이라고 인식했던 수많은 교육이, 정말 교육적인지, 또는 비교육적인지, 언어의 명료화를 거칠 필요성이 자리한다.

비트겐슈타인 6 –『논리철학론』2: 연관 가능성, '독립-의존-대상'의 형식

2022. 7. 8. 23:30

『논리철학논고』의 '2'는 "일어나는 것, 즉 사실은 사태들의 존립이다!" 영어 번역본은 조금 풀어 쓴 것 같으나 여전히 어려운 말로 설명된다. "실제로 성립한 경우, 즉 실제 사실은 실제로 존재하는 사태들"이다.

앞에서도 언급했듯이, '사태'는 '원자적 사실(原子的 事實: atomic fact)'이다. 사실이 '사태들의 존립'이라면, 원자적 사실은 어떤 한 사태가 존립한다는 의미다. 다시 말하면, 그것은 사물들, 즉 대상이나 실물들이 서로 어떤 관계를 맺고 있는 것을 표현한다. 이런 점에서 '사태'라는 말은 '사물 사이의 연관(聯關)'이다. 순수하게 단독으로 존재하는 대상이 아니라는 말이다. 그것은 '일이 벌어진 상태'와도 같다. 그러기에 "사태는 대상들, 즉 실물들, 또는 사물들의 결합이다(2.01)"라고 논평된다. 다시 설명하면 사태는 사물들의 상태이고, 그것은 대상들-사물들-의 결합이다.

교육으로 환언하면, '교육에서 일어나는 것, 즉 교육적 사실은 교육적 사태들의 존립에서 가능하다!' 교육적 사태들의 존립은 교육에서 일어나는 사안들이 어떻게 연관되어 있는지, 그 관련성에 대한 고려다. 전통적으로 교육의 3요소라고 말하는 '교사-교육내용-학생'이라는 교육의 원자적 사실이 존립하기에, 교육이 발생한다.

다시, '사물 사이의 연관'이 사태라면, 사물들이 '사태 속에 나타날 수 있다'면, 이 가능성은 애초부터 사물들 가운데, 이미 존재해야 한다(2.012). 사물의 본질은, 사물들이 사태를 구성할 수 있는 요소들이기에, 그 가운데 녹아 있다. 때문에 논리적으로 볼 때 '우연한 것'은, 절대, 있을 수 없다. 사태가 발생할 가능성은, 사물 속에 선결되어, 존재해야 한다.

사물 자체에 미리 있어야 하는 저 본질의 핵심은 '가능성(可能性: possibility)'이다. 그것은 교육적으로 볼 때, 잠재력(潛在力: potential)과 상통하고, 기회(機會: chance)와도 관련된다. 가능성의 가치는 다음과 같이 다시 설명된다.

"우리는 공간적 대상들을 결코 공간 밖에서, 시간적 대상들을 시간 밖에서 생각할 수 없다. 우리는 어떠한 대상도 그것과 다른 대상들과의 결합 가능성을 떠나서는 생각할 수 없다. 내가 대상을 사태라는 연합(聯合) 속에서 생각할 수 있다면, 나는 그것을 이러한 연합의 가능성 밖에서 생각할 수 없다!(2.0121)"

동일하지는 않지만, '연합'이라는 언표는 헤르바르트(Johann Friedrich Herbart, 1776~1841)의 교수단계설을 떠오르게 만든다.

헤르바르트는 교육학을 체계화하면서, 교수(教授) 행위를 전심(專心: concentration)과 치사(致思: reflection)로 구분했다. 전심은 심화(深化)라고도 하는데, 인간의 의식이 하나하나의 개별 관념에 초점을 맞추어 그것을 점차 명확하게 파악하는 과정이다. 즉 마음이 하나의 대상에 집중하게 되면, 이 대상을 제외한 다른 것은 의식에서 사라진다. 전심의 과정을 통해 의식은 대상을 보다 분명하게 파악한다. 치사는 숙고(熟考)라고도 하는데, 개별적으로 파악된 관념을 통일된 하나의 덩어리로 통합하는 과정이다. 그것은 전심의 과정을 통해 파악한 대상을 마음속에 들어있는 다른 관념과 비교하고 조정하면서 관계를 맺는다.

전심의 과정은 두 가지로 나뉜다. 하나는 물체를 분명하게 보이는 것으로 대상에 대한 뚜렷한 인식이자 개개의 관념이 명확이 구분되는 정적 전심이다. 이를 '명료화(明瞭化)'라고 한다. 다른 하나는 낡은 관념과 새로운 관념이 결합된 인식, 즉 이미 존재하는 관념에 새로운 관념을 결합하는 동적 전심이다. 이를 '연합화(聯合化)'라고 한다.

치사의 과정도 두 가지로 나뉜다. 하나는 연합된 관념을 체계적으로 조직하는 작업으로 정적 치사에 해당한다. 이를 '계통화(系統化)'라고 한다. 다른 하나는 체계화된 지식을 활용하고 응용하는 작업으로 동적 치사에 해당한다. 이를 '방법화(方法化)'라고 한다. 이렇게 '명료-연합-계통-방법'의 네 단계를 거치며, 교육의 의미와 효율성을 더하려는 것이 헤르바르트의 의도다. 비트겐슈타인이 선배 철학자인 헤르바르트를 어느 정도 의식했는지, 어떤 연관이 있는지 자세하지는 않다. 하지만 교육을 논의할 때, '연합'이 던지는 메아리는 크다.

시공간을 상정하지 않고, 시공간을 벗어난 대상을 상상할 수 없듯이, 대상들 사이에 결합할 가능성을 갖지 않는 대상은 결코 상상할 수 없다. 이런 점에서 비트겐슈타인의 논리는 '연관가능성(聯關可能性)'을 염두에 둔, '연합'의 시스템을 품고 있다. 어쩌면 '두 가지 이상의 대상을 합쳐 하나를 만드는' '연합(聯合)'이기보다 '푹 고아서 합치는' '연합(煉合)'일지도 모른다.

교육도 마찬가지다. 절대, 교육의 시간과 공간을 떠나서, 그 밖에서 교육을 생각할 수 없다! 교육의 내부에서 발생하는 여러 사안들의 결합과 연합의 가능성을 떠나 있는 교육은 존재하기 어렵다. 그 시간과 공간은, 좁게는 인생의 시기와 단계별 학교이고, 넓게는 우주 자연과 인간 사회의 변화와 삶의 총체성이다. 교육은 이를 벗어날 수 없다. 때문에 그 어떤 것보다, 교육 자체가 수행되고 있는 현실의 내부나 내면을 관찰해야 한다. 그런 메시지의 농축이 연관가능성이다. 시간과 공간의 종횡 위에 걸친 사물들 사이의 가능성!

이 "'가능성'의 상황에 나타나는 사물은 '자립적(自立的)'이다. 하지만 사태와의 연관 형식에서 볼 때 비자립적(非自立的)이다(2.0122)." '자립적'인 동시에 '비자립적'이라는 이런 논리가 가능한가? 그냥 논리적 모순 아닌가! 하지만 세상은 모순이라는 실재(實在)를 사실로 한다. 모든 사물들은 '독립적(獨立的)'으로 존재한다. 연관가능성에 노출될 때, 이 '독립의 형식'은 사태들과 결합하면서, '의존적(依存的)'으로 존재한다. 필연적으로 '의존의 형식'을 불러온다. 교육은 독립의 형식으로만 존재할 수 없는 속성을 지닌다. 의존의 형식을 통해 상호작용하고 성장이라는 풍요를 기대한다.

비트겐슈타인은 강조한다. "어떤 대상을 알아야 한다면, 그 대상의 외적 속성(外的 屬性)은 알 필요가 없다. 하지만, 그 대상의 내적 속성(內的 屬性)은 반드시 알아야 한다!(2.01231)" 그렇다면, 교육에서 다루는 지식의 경우, '지식의 내적 속성'을 알아야 지식이 습득된다는 논리가 성립한다. 그것은 지식들 사이에 연합되는 모든 가능한 사태를 품고 있다. 이 가능한 사태의 공간 가운데 개개의 사물들이 자리한다. 그 공간은 무한하다. 무한 공간이다. 무한 공간 속의 대상들은 모든 상황을 이룰 가능성을 갖추고 있다(2.014). 이 대상이 사태 속에 나타날 수 있는 가능성이 바로 '대상의 형식'이다(2.0141).

'무한 공간'에서 펼쳐지는 교육은 어떤 교육도 제공할 수 있는 상황을 갖추었다. 긍정적이건 부정적이건, 과거도 현재도 미래도, 남성이건 여성이건, 어린이건 어른이건, 사물이건 사람이건, 그 어떤 양상도, 교육적 사태 속에 나타날 수 있다. 그렇게 사물들이 가능한 사태로 무한 공간을 수놓고 있기 때문이다. 이 지점에서 비트겐슈타인의 '열린 논리'가 보인다.

비트겐슈타인 7 – 『논리철학론』 2: 대상; 단순함과 불변의 형식

2022. 7. 9. 10:30

『논리철학논고』의 "2. 일어나는 것, 즉 사실은 사태들의 존립이다!" 이 사실과 사태의 존립을 구명하며 연관가능성을 살피는 가운데, '대상'들이 고려된다.

"대상들은 단순하다!(2.02)"

'단순(單純)'이라는 말에 생각이 집중된다. 왜냐하면 대상들은 세계의 실체를 형성한다. 때문에 '합성체(合成體)'로 존재할 수 없다(2.021). 합성체가 아니라면, 대상은 '단일체(單一體)'다. 복잡성을 띨 수 없다. 그렇다면 교육에서 다루어지는 수많은 대상은 무엇인가? 단순한 것이기에 교육 상황에 들어오지 않았다는 말인가? 그렇게 느껴진다. 그것이 교육적 상황이 되려면, 합성체로서, 복합체로서, 존재해야 한다. 그것이 최소한으로서, 교육의 원자적 사실을 이루는 교육적 사태다.

우리가 상상하는 세계가 실제의 세계와 아무리 다르다 할지라도, 실제의 세계와 '어떤 것'을 공유해야 한다는 것은 명백하다(2.022). 여기에서 '어떤 것'은 '형식(形式)'이다. 그런데 이 형식을 불변의 형식으로 존재하게 만드는 것은 다름 아닌 대상들이다. 다시 말하면, 현실 세계와 아무리 다르게 생각된 세계조차도, 현실 세계와 어떤 것, 즉 형식을 공유해야 한다. 그것만은 분명하다. 이 지점에서 대상은 불변의 형식을 움켜쥔 실체다. 확고하게 존속하는 실제적 본체다.

그런데 이 대상들은 색깔이 없다. 색깔이 없기 때문에, 그 실체는 일어나는 것으로부터 독립적으로 존립한다. 사실과 관계없이 독립적으로 존속한다(2.024). 색깔이 부여되었다면 이미 의존적이다. 이런 실체는 형식과 내용을 지닌다(2.025). 대상들, 실체들은 색깔이 없다고 했다. 순수 그 자체다. 그러나 색깔은 사태를 이루는 대상들의 '배열(配列)'에서 형성되는 실질적 속성이다. 대상은 이러한 속성을 지니는 사태 속에서 드러난다. 대상이 사태들 가운데 나타날 수 있는 가능성이 대상의 형식이다. 때문에 색깔은 대상의 특수한 형식이다. 대상은 다른 대상과의 관계를 통해, 색깔을 형성하고, 그런 사태들 가운데 나타날 뿐이다. 사태가 아닌 단순한 대상이 그 자체로 색깔을 지닐 수는 없다. 색깔은 단순한 개개의 속성이 아니다.

이제 대상에 대해서는 분명해졌다. 그것은 단독으로는 색깔조차 낼 수 없는, 수동성을 지닌 객체일 뿐이다. 그러므로 교육에서 대상은 단독이 아니라, 합성체와 복합성을 통해, 교육적 사태를 우려내고, 교육적 사실로 교육의 세계를 구축해야 한다.

색깔은 공간 및 시간과 더불어 대상들의 형식이다. '확고하고' '존속하는 것'과 '대상'이 동일한 것을 말한다. '대상들'은 '불변의 것'과 '스스로 존속하는 것'의 다른 이름이다. 대상들은 변하지 않으면서 스스로 존속한다. 아니, 다른 것과 연관되기 전에는 변할 수 없다. 있는 그대로의 각각일 뿐이다. 하지만 대상들의 '배열'은 바뀔 수 있다. 때문에 변한다. 이 대상들의 '배열'이 사태를 만들어 낸다. 배열은 일정한 차례로 간격을 벌려 놓고, 사물들을 복합적으로 연관시키는 작업이다. 교육은 이런 배열을 통해서만 생명력을 얻는다.

비트겐슈타인 8 – 『논리철학론』 2: 긍정적 사실과 부정적 사실, 그 전체 현실

2022. 7. 10. 9:30

『논리철학논고』의 "2.02 대상은 단순하다."에 관한 설명이 계속 이어진다. "2 일어나는 것, 즉 사실은 사태들의 존립이다.: 실제로 성립한 경우-실제 사실-는 실제로 존재하는 사태들이다."에 대한 논평은 "1 세계는 일어나는 모든 것이다.: 성립할 수 있는 경우들 전체다."에 대한 설명보다 5배나 많은 분량이다. 여기에서 '대상'으로부터 시작하여 사태와 사실로 나아가는 논리에 대한 혹독한 성찰을 엿볼 수 있다.

"2.03 사태 속에서 대상들은 사슬의 고리들처럼 서로 걸려 있다."

사슬의 고리들처럼 결합된 양상이 대상에 활력을 불어 넣는다. 역(易)에서 말하는 음양(陰陽)의 생생(生生)인가! 사슬의 고리처럼 결합되기 시작할 때, 그것은 사태, 즉 원자적 사실로 드러난다. 대상들은 사태 가운데 '특정한 방식'으로 서로 관계를 맺고 있다. 이 대상들이 '연관'되어 있는 방식이 사태의 구조다. 형식은 그 구조의 가능성이다. 사실의 구조는 사태들의 구조로 이루어진다. '특정한 방식', '연관', '가능성' 등, 이런 용어가 대상을 설명한다. 단순한 실체의 속성을 말해준다. 이 대상이 지닌 특성으로부터 세계는 논리적으로 설명된다.

> "존립하는 사태들의 총체가 세계다(2.04). 세계는 어떤 사태들이 존립하지 않는가를 또한 확정한다(2.05). 사태들의 존립과 비존립이 현실이다(2.06)."

이제 '대상-사태-사실-세계'의 관계가 보다 논리적이고 명료해진다. 대상은 단순한 존재의 실체다. 순수한 객관 사물이다. 합성되거나 복합되지 않은 단독체다. 그 대상이, 특정한 방식으로 연관되면서 구조의 가능성을 이루고, 고리처럼 결합하면서 사태를 형성한다. 사태는 가장 먼저 사실의 기본 요소인 원자적 사실을 이룬다. 원자적 사실, 즉 사태들은 서로 독립적이다. 독립적이고 자립적인 사태는 사실을 형성한다. 그리하여 사태들의 총체가 세계가 된다.

이런 세계를 형성하는 사태들은, 한 사태의 존립 또는 비존립에서 다른 한 사태의 존립 또는 비존립이 추론될 수는 없다. 존립과 비존립의 카오스가 현실이고 세계상이다. 한 사태가 존립한다는 사실은 눈을 보거나 인식하는 세계로, 한 사태의 비존립은 눈으로 볼 수 없거나 인식할 수 없는 세계로 환언하여 이해할 수도 있다. 보이는 세계와 보이지 않는 세계! 그 세계는 서로 추론할 수 없는 논리적 구조를 가진다. 그러기에 현실은 보이는 것과 보이지 않는 것들, 존립과 비존립의 융합과 복합의 시공간이다. 이런 점에서 "전체 현실이 세계다(2.063)."

이 간단한 것 같으면서도, 집요한 분석은, 세계를 이해하는데, 명료한 논리적 질서를 제공한다. 다시, 영어 번역으로 이해한 내용을 정돈해 본다.

사태 속에서 대상들은 사슬의 고리들처럼 서로 결합되어 있다. 사태 속에서 대상들은 서로가 서로에 대해 명확한 관계를 유지한다. 대상들이 사태 속에서 결합되는 방식이 그 사태의 구조다. 그 형식은 구조의 가능성이다. 사실의 구조는 사태들의 구조들에 의해 만들어진다. 실제로 존재하는 사태들 전체가 이 세계다. 실제로 존재하는 사태들 전체는 또한 어떤 사태들이 실제로는 존재하지 않는가도 확정한다. 즉 있는 것은 없는 것이 무엇인지를 인지하게 만든다.

실제로 존재하는 사태들과 실제로는 존재하지 않는 사태들, 그 모두가 실재다. 실제로 존재하는 사태는 '긍정적 사실'이고 실제로 존재하지 않는 사태는 '부정적 사실'로 명명할 수 있다. 긍정적 사실은 보이는 세계와 만져지는 세계, 부정적 사실은 보이지 않는 세계나 만져지지 않는 세계로 이해해도 좋다. 그 반대도 마찬가지다.

노자(老子) 『도덕경』의 '유(有)-무(無)'나 불교의 '색(色)-공(空)', 유학의 '음(陰)-양(陽)'의 차원으로 비유해도 괜찮을 듯하다. '서로 독립적'이라는 언표가 마음에 걸리기는 하다. 세계를 이루는 사태들은 서로 독립해 있기에, 어떤 사태가 실제로 존재하거나 실제로 존재하지 않는가를 근거로 다른 사태가 실제로 존재하거나 실제로 존재하지 않는다는 것을 추리할 수 없다. 그것은 논리적 추리(推理)가 아니라, 형이상학적 이해의 문제다. 어쩌면 추론의 양상이 아니라, '존립과 비존립', '유와 무', '색과 공', '음과 양'이 서로 기대며, 의존하는 쇠사슬의 고리처럼, 결합한 양상 자체로 움직일 뿐이다. 그것이 '실재 전체가 세계다.'라는 표현은 아닐까?

교육의 세계가 염려(念慮)된다. 전통 교육은 이상적 '인간상(人間像)', 예를 들면, 성인(聖人), 군자(君子)와 같은 위대한 인간이나 현인(賢人)을 추구했고, 신사(紳士) 숙녀(淑女)나 민주 시민과 같은 교양을 갖춘 인격체 함양을 목표로 해 온 경우가 대부분이다. 이를 긍정적 사실로 이해한다면, 교육 세계의 한 부분을 형성한다. 실제로는 교육 세계의 부분이라기보다 전체를 지배해 왔다는 표현이 정확하다. 그렇다면 긍정적 사실로부터 추론할 수 없는 부정적 사실들은 어떻게 다루어야 하는가? 그것도 세계의 부분인데 말이다. '침묵'해야 할까? 교육의 세계는 긍정적 사실과 부정적 사실, 그 중첩(重疊) 구조로 교육의 실재 전체를 형성한다.

비트겐슈타인 9 – 『논리철학론』 2: 사실들의 그림, 묘사 형식

2022. 7. 11. 6:30

『논리철학논고』의 논리는 이제 정신이나 사유하는 마음의 세계로 나아가며 그림을 그린다. 그것은 사실들을 소화해내는 인간의 대응 방식이다. 인간의 생활양식을 담보하는 '논리'이자 '언어'이자 '삶'이다.

"2.1 우리는 사실들의 그림을 그린다."

그림은, 사실 자체는 아니다. 그렇다고 물리적으로 물감과 붓 그리고 도화지를 이용해서 미술 시간에 그리던 그런 그림들만도 아니다. 사유를 통해 생산해 낸 정신적이고 언어적 차원의 그림들을 포함한다. 사진일 수도 있고 모습일 수도 있고 이미지나 비유 등을 포함한다. 그러기에 비트겐슈타인은 다음과 같이 길게 설명한다(2.11-2.19).

그림은 논리적 공간 속의 상황, 즉 사태들의 존립과 비존립을 '표상(表象)'한다. 표상은 지각에 따라 드러나는 외계 대상의 모습이다. 그러기에 그림은 현실의 모형이다. 그림의 요소들은 대상들에 대응(對應)하고 대상들을 대신(代身)한다. 이 그림은 그 요소들이 특정한 방식으로 서로 관계를 맺고 있다. 때문에 그림은 하나의 사실(事實)이다.

'그림의 요소들이 특정한 방식으로 서로 관계 맺고 있다'는 것은 실물들이 서로 그렇게 관계 맺고 있음을 표상한다. 그림 요소들이 맺는 이러한 연관은 그림의 구조다. 그 구조의 가능성은 그림의 모사(模寫) 형식이다. 모사 형식은 사물들이 그림의 요소들처럼 서로 관계 맺고 있을 가능성이다. 그림은 그렇게 '현실'과 연결되어 있다. 그것은 현실에 닿는다. 때문에 그림은 현실의 잣대와도 같다. 오직 눈금의 가장 바깥에 있는 점들만이 측정될 대상과 접촉한다. 이러한 파악 방식에 따르면, 그림에는 그것을 그림으로 만드는 모사 관계도 포함된다. 모사 관계는 그림의 요소들과 실물들의 짝짓기로 이루어진다. 이 짝짓기는 그림 요소들의 촉수다. 그것들을 가지고 그림은 현실과 접촉한다.

사실이 그림이려면, 그것은 모사된 것과 어떤 것을 공통으로 지녀야 한다. 그림과 모사된 것 속에 뭔가 동일한 것이 있어야 그 하나는 다른 하나의 그림일 수 있다. 그림이 현실을 그림의 방식으로 올바르게 또는 그르게 모사할 수 있기 위해, 현실과 공유해야 하는 것이 모사형식이다. 그림은 자신이 그 형식을 지니는 모든 현실을 모사할 수 있다. 공간적 그림은 모든 공간적인 것을, 채색 그림은 모든 색채적인 것을. 그러나 그림은 자신의 모사 형식은 모사할 수 없다. 그림은 그 모사 형식을 내보인다. 그림은 자신의 대상, 즉 일상적 사물을 밖으로부터 묘사한다. 그것의 관점이 그것의 묘사(描寫) 형식이다. '묘사 형식'은 그림을 그리는 사람이 그 그림의 대상을 특정한 방식으로 묘사하는 관점이다. 때문에 그림은 그 대상을 '올바르게' 또는 '그르게' 묘사한다. 그러나 그림은 자신의 묘사 형식을 벗어날 수 없다.

모든 그림이, 그 형식이 어떠하건, 아무튼 현실을 올바르게 또는 그르게 모사할 수 있기 위해 현실과 공유해야 하는 것은, '논리적 형식', 즉 '현실의 형식'이다. 모사 형식이 논리적 형식이면, 그 그림은 논리적 그림이다. 모든 그림은 또한 논리적 그림이기도 하다. 그에 반해, 예컨대, 모든 그림이 공간적 그림인 것은 아니다. 논리적 그림은 세계를 모사할 수 있다.

영역본의 번역 설명은 다음과 같다. 무엇보다도 '마음'에 그림을 그린다는 점을 강조하고 있다. 그리고 몇몇 결정적인 용어의 번역이 다르다. 철학적 의미가 달라지는 건 아니지만, 뉘앙스 차이가 꽤나 크게 느껴진다.

"우리는 '마음에 사실들의 그림을 그린다(2.1)." 그림은 논리적 공간 속의 어떤 상황, 즉 실제로 존재하는 사태들과 실제로는 존재하지 않는 사태들을 대표한다. 그림은 실재의 모형(模型)이다. 그림 속에는 그 그림의 구성 요소들이 있고, 그 구성 요소들은 제각기 대상들과 대응하고 대표한다. 그림은 그 그림의 구성 요소들이 명확한 방식으로 서로 관계 맺음으로써 이루어진다. 그림 자체도 사실이다.

'그림의 구성 요소들이 서로 명확한 방식으로 관계 맺고 있다'는 사실은 사물들이 그와 똑같은 방식으로 관계 맺고 있다는 사실을 대표한다. 이 결합 관계는 그림의 구조이고, 이 구조의 가능성은 그 그림의 '묘사 형식'이다. 묘사 형식은 그림의 구성 요소들이 관계 맺는 방식과 동일한 방식으로 사물들이 서로 관계를 맺는 가능성이다. 그 가능성은 그림이 실재에 밀착되는 방법이다. 그림은 실재에까지 도달한다. 그림은 사물에 잣대를 대어 재듯이 실재에 대어진다. 그러나 실제로는 눈금 선들의 맨 가장자리 점들만 측정되는 대상과 접촉한다. 그러므로 이런 방식으로 이해되는 그림은 그림을 그림이게 만드는 묘사 관계도 그림 속에 포함한다. 묘사 관계는 그림의 구성 요소들과 사물들의 상호 의존 관계로 이루어진다. 이 상호 의존 관계는 그림의 구성 요소들의 촉수(觸鬚)다. 그림은 그 촉수를 가지고 실재와 접촉한다.

사실이 그림으로 바뀔 수 있으려면, 사실은 그것을 묘사하는 그림과 어떤 것을 반드시 공유(共有)해야 한다. 그림과 그것이 묘사하는 것에는, 그 그림이 어쨌든 묘사되는 것의 그림일 수 있으려면, 무언가 동일한 것이 반드시 존재해야 한다. 그림이 실재를 그 그림의 묘사 방식으로 정확하게나 부정확하게 묘사할 수 있기 위해 실재와 반드시 공유해야 하는 것은 그 그림이 실재를 '묘사하는 형식'이다. 그림은 자신의 형식과 동일한 형식을 가진 어떤 실재든 묘사할 수 있다. 공간적 그림은 모든 공간적인 것을 묘사할 수 있고, 채색 그림은 모든 색깔 있는 것을 묘사할 수 있다. 그렇지만 그림은 자신의 묘사 형식을 묘사할 수 없다. 자신의 묘사 형식을 드러내 보여준다. 그림은 자신의 주제를 그 주제의 바깥에서 대표한다. 그림의 관점은 그 그림이 주제를 '대표하는 형식'이다. 이것이, 그림이 주제를 정확하게나 부정확하게 대표하는 이유다. 그렇지만 그림은 자신을 '대표하는 형식'의 밖으로 나갈 수 없다.

어떤 형식을 지닌 그림이든 모든 그림이 어떤 방식으로든 실재를 정확하게나 부정확하게 묘사할 수 있기 위해 실재와 반드시 공유해야 하는 것은 '논리적 형식', 다시 말하면 '실재의 형식'이다. 그림의 '묘사 형식'이 '논리 형식'인 그림을 '논리적 그림'이라 한다. 개개의 그림은 모두 동시에 논리적 그림이다. 다른 각도에서 생각하면, 개개의 그림 모두가, 한 가지 예를 든다면, 공간적 그림은 아니다. 논리적 그림은 세계를 묘사할 수 있다.

독일어를 대본으로 한 것과 영어 번역본을 대본으로 한 한글 번역은, 채택한 용어 사이에 다음과 같은 사유의 긴장이 흐른다.

'현실(現實)과 실제(實際)', '대신(代身)과 대표(代表)', '특정한 방식과 명확한 방식', '연관과 결합', '모사(模寫)와 묘사(描寫)', '현실 연결

과 실제 밀착', '짝짓기와 상호 의존관계', '공통과 공유', '묘사 형식과 대표하는 형식', 등등

비슷하지만 분명이 다르게 보이는 저 사유의 간극을 온전하게 메꾸기란 쉽지 않다. 하지만, 교육철학적 사유를 개입하면, 용어 사용에 따라 특별한 의미를 추구할 필요는 없다. 그것은 교육의 세계와 교육의 그림에 관한 논리적 사안이기 때문이다.

'교육의 세계'를 설명하는 모든 언표(言表)는 '교육의 그림'이다. 교육의 본질과 현상, 교육과정에 드러나는 교육적 사실은 대부분 언어의 표상(表象)이다. 그것이 교육을 대표하고 대신한다. 다시 말하면, 교육의 묘사 형식이다. 그 묘사는 교육을 설명한 사람의 관점이 투영된다. 얼마나 교육 현실이나 실제와 공유되느냐, 논리적이냐에 따라, 교육의 논리적 형식이 갖춰진다. 그것을 바탕으로 그려지는 그림이, 교육의 논리적 그림으로 장식된다.

비트겐슈타인 10 -『논리철학론』2: 그림, 현실의 모사

2022. 7. 13. 17:30

『논리철학논고』의 논리는 세계를 '사실'과 '사태'와 '대상'이라는 프리즘(prism)으로 디자인하는 듯하다. 아니, 그렇게 설계했다. 나는 그렇게 느낀다.

"2.1 우리는 사실들의 그림을 그린다."라고 했을 때, 그것은 '대상-사태-사실'이 연관되고 결합되면서 그려나가는, '인간의 무늬'였다. 이른바 '인문(人文)'의 세계다. 이는 "2.2 그림은 모사된 것과 모사의 논리적 형식을 공유한다."라는 비트겐슈타인의 언표에서 보다 분명해진다.

그림은 사태들의 존립과 비존립의 가능성을 묘사함으로써 현실을 모사한다!(2.201) 분명한 것은 우리가 그린 그림이 현실을 모사한 것이라는 선언이다. 교육으로 환언하면, 교육 현실은 그것을 그리는 그림으로 드러난다! 이때 그림은 논리적 공간에 들어 있는 가능한 하나의 상황을 묘사한다(2.202). 때문에 묘사하는 상황의 가능성을 포함한다. 여기에서 '가능한 상황' 또는 '상황의 가능성'이란 무엇을 의미할까? 대상들 사이에 이미 확정된 결합이나 연관이 아닌 것만은 분명하다. 단지 '가능한 상황'이라니, 조건이나 환경이 전환되면서 다시 형성되는 확정할 수 없는 그 무엇이다. 그렇다면 교육이 진행되고 있는 상황에서, 가능성이란, 늘 '변수(變數)'나 '함수(函數)'를 충분히 고려하는, 예비(豫備)하는 사고를 준비해야 한다. 그것은 교육의 불안을 제거하고 안정을 도모하는 기초 장치가 될 수 있다.

우리가 그리는 그림, 그 세계와 현실의 모사는, 가능성으로 존재하기에, 그림은 현실과 일치하거나 일치하지 않는다(2.21). 올바를 수도 있고 올바르지 않을 수도 있다. 참이거나 아니면 거짓이다. 그 둘의 공존(共存)이다. 하지만 우리가 그려나가는 그림은 그것이 묘사하는 것을, 참이나 거짓과 상관없이, '모사 형식'을 통해 묘사한다. 그 묘사가 다름 아닌 그림이 말하는 뜻이다. 그림이 그려 놓은 참이나 거짓은 그림이 말하려는 뜻과 현실적으로 일치하거나 아니면 일치하지 않는다. 우리가 그린 그림이 참인지 거짓인지 파악하려면, 우리는 그림을 현실과 비교해야 한다. 비교 가운데 '참'과 '거짓'이 드러난다. 그러므로 그려 놓은 그림만으로는 그것이 참인지 거짓인지 인식할 수 없다. 원초적으로 참인 그림은 존재하지 않는다!

그렇다면, 교육의 세계가 그린 그림도 그러한가? 원초적으로, 또는 선천적으로 '참'인 교육은 존재하지 않는가? 교육 현실을 그림으로 그려놓았다면 그러하다. 적어도 비트겐슈타인의 사고에서는 그렇게 되어야 한다. 교육의 현실을 모사하여 그린 그림은 교육 현실과 반드시 일치하지는 않는다. 일치할 수도 있고 그렇지 않을 수도 있다. 그렇다면, 무엇을 믿어야 하는가? 참을, 아니 '참만'을 지향하는 교육을 '이상적'이라는 말로 덮어버릴 것인가? 아니면 참일 수도 거짓일 수도 있는 저 교육의 그림을, 교육의 현실 세계와 비교하며, 분명하게 이해하는 것이 보다 교육적인 행위인가?

영어번역에서 제시한 의미가 '실재 묘사'와 '그림'의 관계를 이해하는데 다시 도움을 준다. "그림은 '논리적 묘사 형식'을 그 그림이 묘사하는 것과 공유한다. 그림은 실제로 존재하는 사태와 실제로는 존재하지 않는 사태의 가능성을 대표함으로써 실재를 묘사한다. 그림은 논리적 공간 속의 '가능한 상황'을 대표한다. 그림은 제각기 그 그림이 대표하는 상황의 가능성을 포함하고 있다. 그림은 실재와 일치하거나 일치하지 않는다. 그림은 정확하거나 부정확할 수 있고, 옳거나 그를 수 있다. 그림은 자신의 묘사 형식에 의해, 그 그림의 진실성이나 허위성과는 관계없이 자신이 대표하는 것을 대표한다. 그림이 대표하는 사실이 그 그림의 의미(意味)다. 그림의 의미가 실재와 일치하느냐 일치하지 않느냐가 그림의 진실성이나 허위성을 만들어 낸다. 어떤 그림이 맞는 그림인지 틀린 그림인지 말할 수 있기 위해서는 그 그림을 실재와 비교해야 한다. 그림만 보고서는 그 그림이 정확한 그림인지 부정확한 그림인지 말할 수 없다. 선천적으로 정확한 그림은 있을 수 없다!"

선천적으로 정확한 그림이 없다는데, 후천적으로 그려진 저 그림은 무엇을 지시하는가? 인류가 그려온 인문의 세계, 이 그림이 진실도 허위도 모두, 동시에 품고 있다면, 교육이 찾아 나서는 진실은 어떤 의미가 있을까? 어쩌면 현실의 모사가 진실성과 허위성의 사이에서 더욱 허덕이는 상황을 조성하는 건 아닐까? 교육은 원초적으로 불가능한 상황에서, 그 가능성을 지속적으로 강요하는 혼돈의 질서로 의미가 전이되는 건 아닌가!

비트겐슈타인 11 - 『논리철학론』 3: 사고, 논리적 그림

2022. 7. 14. 12:30

비트겐슈타인의 철학적 사색은 매우 치밀한 '생각의 여과(濾過)'를 거쳐 깊이를 더해 간다. 아니, 그것은 우주 자연과 인간, 언어와 논리에 관한 세밀한 분석이다. 철저한 논리적 명제를 다듬는, 장인(匠人) 같은 가공 정신, 그 혼(魂)이 실려 있다. '대상-실태-사실-세계'를 구명해온 저력(底力)은 이제 그림에서 사고(思考)로 뻗어 나온다.

> 『논리철학논고』의 세 번째는 "3 사실(事實)들의 논리적(論理的) 그림이 사고(思考)이다."

그것은 '어떤 한 사태가 생각될 수 있다!'는 의미를 포괄한다. 이는 우리가 그 사태에 관해 '그림을 그릴 수 있다'라는 뜻이다. 이런 이해를 바탕으로 현실 세계의 모사 형식인 '그림'과 사고의 관계가 논의된다. "참된 사고들의 총체는 세계의 그림이다. 사고는 그것이 생각하는 상황의 가능성을 포함한다. 생각될 수 있는 일은 또한 가능한 일이기도 하다. 우리에게 비논리적인 것은 그 어떤 것도 생각할 수 없다. 왜냐하면, 그렇지 않다면, 우리는 비논리적으로 생각해야 하기 때문이다(3.01-3.03)."

그렇다면, 사실들의 논리적 그림을 올바르게 그릴 수 있을까? 즉 올바른 사고가 가능할까? 교육이 '사고력의 함양'을 강조한다면, 특히, 고차원적 사고력의 배양을 꿈꾼다면, 그것은 올바른 사고에 기반해야 하지 않는가! 이때 올바른 사고는 그 가능성이 그것의 '참'을 조건부로 하는 사고다.

다시 반복하면, '어떤 사안을 생각할 수 있는 사태다'라고 했을 때, 그것은 우리 인간이 마음에 그릴 수 있다는 의미다. 즉 교육의 문제 가운데, '어떤 부분을 생각할 수 있는 상황'이라고 한다면, 그것은 우리가 추구하는 어떤 교육을 기획할 수 있다는 뜻으로 확대 해석할 수도 있다. 우리가 '생각할 수 있는 일'은 확정된 사안은 아니지만, '가능한 일'이다. 특히, 올바른 사고들이 전체를 이룰 때, 세계는 바람직한 모습으로 드러난다.

어떤 사고가 애당초부터 올바르다면, 그 사고는 그것의 가능성이 진리성을 보장하는 사고다. 교육은 선천적으로 올바른 사안을 사고하고, 그 가능성을 진리의 담보로 수행해야 한다. 그런 점에서, "사실들의 논리적 그림이 사고다."라는 명제를 교육에 응용하면, 이런 표현 정도로 정돈되지 않을까?

'교육 현실이나 교육의 세계에 관한 논리적 그림이 교육적 사고를 유발하고 교육을 구현한다!'

비트겐슈타인 12 – 『논리철학론』 3: 명제와 의미 그리고 공간

2022. 7. 18. 12:30

논리적 그림이 그려나간 세계는 인간이 살아가는 공간(空間)인가? 시간(時間)인가? 명제라는 언어가 삶을 대변하고 보증하는가? 교육이 그런 세계 위에 자리한다면, 언어와 명제가 뿜어내는 광기(狂氣)는 인간이 감당하기 힘들다. 인간이 만든 '언어'와 '명제'와 '논리'에 의해, 세계는 다시, 반복(反復)과 재생(再生)과 창조(創造)의 길을 오락가락한다. 착각(錯覺)의 회오리에 말린 이상(理想)의 그림을 그리며 요동친다. 그 긴 시간의 끝에 안정이 온다면, 그것은 묵시록(黙示錄)과 같은 침묵(沈默)이다. 『논리철학논고』는 그런 명제의 속성을 이어나간다.

"3.1 명제에서 사고는 감각적으로 지각될 수 있게 표현된다."

영어번역본은 다음과 같이 해석되어 있다. "사고는 누구나 감각 기관으로 지각할 수 있도록 표현되면 명제로 바뀐다." 같은 의미인가?

"3.2 명제에서 사고는 명제 기호의 요소들이 사고의 대상들과 대응하도록 표현될 수 있다."

사고는, 명제 기호의 구성요소들이 제각기 사고의 대상들과 대응하는 방식에 의해, 명제로 표현될 수 있다. 비트겐슈타인은 이러한 요소들을 '단순기호'라고 불렀다. 단순기호는 완전히 분석된 명제다.

"3.3 명제만이 뜻을 지닌다. 오직 명제 연관 속에서 이름은 의미를 지닌다.; 오직 명제만이 의미를 갖는다. 이름은 명제의 문맥 속에서만 지칭 기능을 갖는다."

명제 자체가 하나의 표현이기 때문에 명제의 뜻을 특징 짓는 명제의 각 부분을 비트겐슈타인은 '표현' 또는 '상징'이라고 불렀다. 표현은 형식과 내용의 표지(標識)다. 그것이 의미의 본질을 형성한다.

"3.4 명제는 논리적 공간 속의 어떤 한 장소를 확정한다. 이 논리적 장소의 존재는 단지 구성요소들의 존재에 의해, 즉 뜻이 있는 명제의 존재에 의해, 보증된다."

명제는 논리적 공간 속의 한 장소를 결정한다. 이 논리적 공간이 실제로 있다는 것은 전적으로 명제의 구성 요소들이 실제로 있는 것-즉 의미 있는 명제가 실제로 있다는 것-에 의해 보증된다.

"3.5 적용된, 생각된 '명제 기호'가 사고다."

우리가 '명제 기호'를 응용하고 숙고할 때 바로 그 명제 기호가 사고다.

'3.1-3.5'가 지시하는 사유의 패턴을 다시 접으며, 내 작은 사유 속에서 또 고민해 본다. 나의 생각이 감각 기관으로 지각되어 표현되면 온전한 언표가 될까? 그것은 글을 다루는 솜씨와 직결된다. 언어에 관한 감각과 표현 능력! 명제로 드러난 모든 구절은 이미 사고가 담기고 감각으로 이어지고 세계를 펼치는 상황으로 전이된다.

명제에 사용된 기호들은 요소마다 사물 대상과 대응하여 표현되면서 세계를 드러낸다. 단순하지만 단순하지 않다. 단순함은 전환의 가능성을 통해 이미 복잡함을 품고 있다. 어떤 형태건 그런 명제만이 의미를 갖는다.

명제로 표현되지 않는 그 어떤 언표도 온전하게 의미를 가질 수 없단 말인가? 명제 형식이 아닌 어떤 언표도? 그렇지는 않다. 암호(暗號)처럼 은밀하게, 하나의 기호나 하나의 글자에도 의미는 있다. 단지, 일상이 언표가 아닐 뿐이다. 그렇다면, 비트겐슈타인의 명제와 논리는 일상의 세계를 분명하고 의미 있게 이해하려는 철학적 노력에 다름 아니다.

의미를 가진 명제는 세계를 지시하고 구성한다. 그 가운에 인간과 교육이 놓인다. 그것은 철저하게 어떤 명제로 표현되고 상징되느냐에 따라 보증의 차원이 달라진다.

비트겐슈타인 13 -『논리철학론』4: 사고와 명제, 그리고 언어

2022. 7. 22. 05:30

인간은 자신의 생각을 어떻게 표현할까? 생각은 자신의 정체성을 보여줄 수도 있고, 타자와의 의사소통을 위한 몸부림으로 드러날 수도 있다. 이는 어디에 자리할 수 있을까? 교육을 통해 확보하는 지식과 가치는 생각을 정돈하고 행위를 유도하기 위한 의미 있는 방편(方便)이다. 때문에 '사고(思考: thinking)' 능력의 확보는 교육의 주요 영역으로 부상한다. 사고는 일반적으로, 어떤 존재와 행위에 대해, 생각하고, 궁리하고, 판단하고, 추리하여, 개념을 형성하는 삶의 작용이다. 비트겐슈타인은 그런 사고를 명제와 언어로 감싸 안는다.

"4 사고는 뜻이 있는 명제다."

다시 말하면, 사고는 의미(意味: meaning: signification)를 가진 명제다. 이에 대한 해명은 다음과 같이 이어진다. 명제들의 총체가 언어다. 명제 전체가 언어라는 말이다. 인간은, 어떤 날말이 각각 어떻게 그런 뜻을 갖게 되었는지, 또 무엇을 의미하는지에 대해 전혀 자각하지도 못하면서, 각각의 뜻이 표현될 수 있도록, 언어를 구사하는 능력을 소유하고 있다. 어떤 명제가 지닌 의미를 표현할 수 있는 언어 구사 능력을 지니고 있다는 말이다. 이런 능력은 어떤 낱말의 소리가 어떻게 만들어지는지 모르면서도 말을 하는 것과 동일하다. 그렇다. 인간은 낱말이 지닌 개별적 소리들이 어떻게 산출되는지 알지 못하면서도 말을 한다.

이렇게 언어를 구사하는 능력! 그것은 수많은 동물 가운데, 유일(唯一)하게, 인간만이 지닌 특권이다. 정말이지, 우주적 은총(恩寵)이다! 때문에 인간이 일상에서 사용하는 언어는 인간이라는 유기체의 일부다. 유기체가 지닌 존재의 복잡성만큼 난삽(難澁)하다. 즉 인간이라는 유기체 못지않게 복잡다단한 것이다.

그런데 일상 언어로부터 그 언어의 운동 논리를 직접 끄집어낸다는 것은, 인간의 능력으로는 불가능하다. 다시 말하면, 일상 언어에서 곧바로 언어의 논리적 전모를 파악하는 일은 인간의 힘으로는 어렵다는 뜻이다. 인간이 말을 하면서도 그러하다니, 아이러니가 아닐 수 없다. 이러한 언어는 사고를 왜곡한다. 사고에 두꺼운 옷을 입혀 가린다. 사고는 언어라는 옷을 통해 표현되기 때문이다. 겉으로 드러나 보이는 옷의 형태로부터 드러나 보이지 않는 옷 안의 사고 형태를 추리할 수 없는, 그런 만큼의 사고를 왜곡할 수 있다. 이는 옷의 외부적 형태로부터 그 옷이 입혀진 사고의 형태를 추론할 수 없기에 그러하다. 왜냐하면 옷의 외부적 형태는 신체의 형태를 인식시키는 것과는 전혀 다른 목적에 따라 형성되었기 때문이다. 드러나 보이는 옷의 겉형태는 인간의 몸이 어떠한지 그 신체적 형태를 드러내도록 디자인되는 것이 아니라 전혀 다른 목적을 가지고 꾸며진다.

그런 속성 때문인가? 일상 언어를 이해하기 위한 암묵적 협약들이 엄청나게 복잡하다. 일상에서 사용하는 언어를 인식하기 위해 의존해야 하는 '무언의 약정들'이 그러하다. 이런 속성이 언어 사용의 혼란을 야기한다. 특히, 철학적 사안에 관해 씌어 있는 대부분의 명제들과 물음들은 거짓이 아닐지라도, 무의미하다! 철학적 저술에서 볼 수 있는 명제와 물음은 그른 것이 아니라 헛소리라는 말이다. 따라서 인간은 철학에서 다루고 있는 명제나 물음들에 대해, 결코 진정으로 대답할 수 없다. 그것들이 얼마나 무의미한지 그 성격을 확인할 수 있을 뿐이다. 한 마디로 말하면 그런 명제나 물음은 헛소리에 불과하다. 이 지점에서 비트겐슈타인은 기존의 철학이 지닌 한계에 종말을 고하려고 시도한다. 그러면서 보다 정확한 인식의 원인을 구명하려고 노력한다.

철학자들이 제시한 물음이나 명제들은 대부분, 인간이 인간 스스로 사용하는 언어의 논리를 이해하지 못하는 것에 기인한다. 철학자들이 만들어 놓고, 주장하고, 다시 씨름하고 있는 대부분의 명제와 물음은, 그들이 언어의 논리를 이해하지 못하고 있기 때문에 빚어진 철학적 현상이다! 예를 들면, '선(善)'이 '미(美)'에 비해 어느 정도 동일한가? 즉 '좋음'이 '아름다움'과 동일한 특성을 지녔다면, 그 정도는 어떠한가? 이런 명제나 물음이 '한심하다'는 의미다.

철학 공부를 하면서, 깊은 사고를 거치지 않고 스쳐 지나갔던 수많은 언표들의 놀이가, 정말 그렇게 느껴진다. 그게, 무슨 말이었지? 헛소리였던가? 다시 돌아보자. '선(善)'이 '미(美)'에 비해 어느 정도 동일한가? 이 물음이 왜 무의미할까? 무의미한 명제들은 뜻이 있는 명제들과 표면상 문법적으로 유사성을 지닌다. 하지만 실제로는 의미를 지니지 않는, 의미 있게 쓰이지 않는, 하나의 표현에 불과하다. 철학적으로 아주 심오한 문제들이라고 치부해오던 수많은 언표가, 실제로는 전혀 문제가 아닐 수 있다! 가장 깊은 문제들이 실제로는 아무 문제도 아니다!

비트겐슈타인의 언어관은 확연하다. 철학은 '언어에 관한 비판'이어야 한다. 모든 철학은 언어에 대한 비판이다! 그렇다고 인간이, 언어로부터, 즉 언어가 표현하는 어떤 미신으로부터, 또는 언어의 폭압으로부터 자신을 해방하기 위한 작업은 아니다. 언어는 인간에게 우주자연과 사회, 즉 세계에 관한 진리와 지식을 부여할 수 있는 도구일 수도 있지만, 그것은 언어에 대한 오해이자 착각일 수 있다. 어쩌면, 세계에 관한 인식 불가능성, 그 착잡한 통찰이 인간이 확보할 수 있는 최선의 지식인지도 모른다. 인간은 철학자들이 저질러 놓은 명제나 물음, 그 날말이나 개념을 통해, 세계를 다양한 양상으로 비유하며 묘사해 놓은, 이상향에 결코 도달할 수 없다.

그렇다면, 교육철학에서 사용해 온, 저 수많은 언어는 어떻게 처리해야 하는가? 교육철학적으로 아주 심오한 문제들이라고 치부해오던 수많은 교육에 관한 언표가, 실제로는 전혀 문제가 아닐 수 있다면, 이제 교육철학은 '교육에서 사용하는 언어에 관한 비판'이어야 하는가? 재고(再考)의 수위를 높여야 한다.

비트겐슈타인 14 - 『논리철학론』 4: 명제와 현실, 그 교육의 그림

2022. 7. 24. 10:30

철학자들이 헛소리로 세계를 해석하는 시절에, 아니 교육철학자들이 교육에 관한 헛소리를 즐기는 동안, 교육은 어떻게 진행되었을까? 수많은 교육적 명제와 물음은 무의미성을 간직한 채 방치되었던가! 교육이라는 현실의 그림을 끊임없이 스케치하고 색칠해 나갔던, 저 무수한 교육의 축적은 무엇으로 해명해야 할까? 그것은 명제와 현실의 관계를 설명하는 논리에서 해답을 모색할 수 있다. 비트겐슈타인은 말한다.

"4.01 명제는 현실의 그림이다."

"4.02 이것을 우리는, 명제 기호의 뜻이 우리에게 설명되지 않아도, 우리는 그 뜻을 이해한다는 점으로부터 안다."

"4.03 명제는 오래된 표현들을 가지고 새로운 뜻을 전달해야 한다."

"4.04 명제에서는 그것이 묘사하는 상황에서, 구별될 수 있는 바로 그만큼이 구별될 수 있어야 한다."

"4.05 현실은 명제와 비교된다."

"4.06 명제가 현실의 그림이라는 오직 그 점으로 인해, 명제는 참이거나 거짓일 수 있다."

『논리철학론』 '4.01~4.06'이 전해주는 명제와 현실에 대해, 의미를 확장하며 다시 이해해 본다.

명제는 현실, 즉 실재의 그림이다! 명제가 실재의 그림이라는 것은, 처음 대하는 명제 기호의 의미에 관한 설명을, 이전에 전혀 들은 적이 없는데도, '이해한다!'라는 사실에서 알 수 있다. 다시 말하면, 명제는 실재의 그림, 즉 현실을 그려낸 상징적 언표다. 때문에 내가 명제를 이해한다면, 나는 그 명제에 의해 묘사된 상황을 안다. 명제의 의미가 정확하게 나에게 설명되지 않았다 하더라도, 나는 명제를 이해한다. 그 명제가 대표하는 현실의 상황을 내가 알고 있기 때문이다.

그렇게 현실의 실재를 반영한 명제는, 그 속에 어떤 의미를 담고 있는지를 보여준다. 자신이 표현하는 언어의 의미를 보여주는 것이다. 더구나 어떤 명제가 참이라면, 그 실재 사정이 어떠한지를 지시한다. 사물들이 어떤 상태로 있는지를 확인시켜준다. '실재 사정이 그러하다', '현실의 사물들이 그런 상태로 있다'라고 일러주는 것이다.

이런 명제들을 가지고 인간은 의사소통을 한다. 스스로 자신이 던진 명제를 자신에게 이해시킨다. 의사소통 과정에서 새로운 의미를 전달할 수 있다는 것은 명제의 본질이다. 명제는 새로운 의미를 전달하기 위해 오래된 표현들을 사용하지 않을 수 없다. 그런 표현을 통해 인간은 어떤 상황을 전달한다. 명제의 역할이 그러하다. 그것은 언어의 본질과 연관된다. 이는 명제의 본질과 그 상황의 본질이 연결되어야 함을 의미한다. 명제는 본질적으로 실재 현실의 상황과 연관되지 않으면 안 된다. 그 연관은, 명제가 바로 실재 현실 상황의 논리적 그림이라는 뜻이다. 다시 표현하면, 그 연결 관계는 '명제가 상황의 논리적 그림이다'라는 말이다. 명제는 그것이 그림으로 그려진 경우에만 무언가를 진술할 수 있다.

명제에는 그 명제가 대표하는 실재 현실의 상황에 있는, 식별 가능한 부분들과 정확히 똑같은 만큼의 부분들이 있어야 한다. 인간은 실재 현실과 명제를 서로 맞대어서 같고 다름을 가린다. 현실이 명제와 비교된다는 뜻이다. 명제는 오직 실재 현실의 그림이기 때문에, 옳거나 그를 수 있다. 참이거나 거짓일 수 있다.

교육의 실재는 어떻게 그려지는가? 교육의 현실 그 자체로 존재하는가? 현상으로 드러나는가? 아니면 교육의 현실이 논리적 그림으로 표현되는가? 교육은 현실의 그림으로 드러나기가 쉽지 않다. 그것은 삶의 역동성 가운데 늘 살아 있는 것이므로, 실재의 그림으로 그려지기보다는 실재 자체로 남겨질 가능성이 크다. 이 지점에서 교육의 명제와 언어가 그림이론으로 회귀하기 힘든 난제에 부딪친다.

비트겐슈타인 15 – 『논리철학론』 4: 철학에 관한 인식①-인간 탐구

2022. 7. 25. 05:30

레이 몽크(Ray Monk)가 쓴 『비트겐슈타인 평전』을 보니, 비트겐슈타인이라는 천재 철학자의 인생이 참으로 다이내믹하다. 20대 후반의 비트겐슈타인! 연보(年譜)에 따르면, 1차 세계대전에 참전하여, 여러 전투를 경험한 그는 1916년 3월에 상사에서 소위로, 1918년 2월에는 중위로 진급한다. 그리고 1918년 7-8월 2개월의 휴가를 받는다. 그 두 달 동안 삼촌 집에서 『논리철학론』의 초고를 완성한다. 하지만 휴가에서 귀대한 지 3개월 후인 11월에 포로로 잡혀 코모의 수용소에 갇힌다.

포로로 잡혀 있던 시기인 1919년 6월, 너무나 잘 알려져 있는 경제학자 케인즈(John Maynard Keynes, 1883~1946)를 통해, 『논리철학논고』의 원고 사본이 그의 스승 러셀(Bertrand Arthur William Russell, 1872~1970)에게 전달된다. 그것은 1922년 독어-영어 대역본으로 공식 출판된다. 1919년 8월, 포로에서 석방된 후, 비트겐슈타인은 고향인 오스트리아 빈으로 갔다. 한 달 후 9월에 그의 전 재산을 형제들에게 나누어 준다. 그리고 초등학교 교사가 되기 위해 사범대학에 입학한다. 1889년생이니, 그의 나이 30세 때다.

연보를 보며, 생각이 깊어진다. 공자가 말하는 '삼십이립(三十而立)'인가? 나는 그때 겨우 대학을 졸업했는데 말이다.

어쨌건 100여 년 전에, 비트겐슈타인은 철학에 관한 그의 견해를 정확하게 밝혔다. 바로 『논리철학론』 '4.1'에서다. 그는 철학을 어떻게 정의하는가? 이전과는 상당히 다른 차원이다. '독일어-영어' 번역본과 해제 등을 참고하여, 다시 생각을 가다듬어 본다. 여기 말하는 '철학'을 '교육철학'에 대비하며 치환할 수 있을까? 명제를 '교육언어'로 비유할 수 있을까?

> "4.1 명제는 사태의 존립과 비존립을 묘사한다."

명제들은 실제로 존재하는 사태들과 실제로는 존재하지 않는 사태들을 대표한다. 교육언어는 교육 현실의 존립과 비존립을 묘사한다. 교육언어들은 실제로 존재하는 교육 현실과 가상의 교육 이상들을 대표한다.

> "4.11 참된 명제들의 총체는 전체 자연과학 또는 자연과학들의 총체다."

옳은 명제들 전체가 완전한 자연과학, 또는 모든 자연과학들의 집대성이다. 참된 교육언어들의 총체는 전체 교육과학들의 총체다. 옳은 교육언어들 전체가 완전한 교육과학들의 집대성이다.

> "4.111 철학은 자연과학들 가운데 하나가 아니다."

'철학'이란 낱말은 자연과학들의 위나 아래에 있는 어떤 것을 의미해야 한다. 자연과학과 나란히 있는 어떤 것을 의미해서는 안 된다.

자연과학들과 대등한 어떤 것을 의미하지 못한다는 말이다. 교육철학은 교육과학들 가운데 하나가 아니다. '교육철학'이란 낱말은 개별적 교육과학들과 차원이 달라야 한다.

조중걸 교수는 『비트겐슈타인 논고 해제』에서 다음과 같이 해석한다. 이 구절은 아마도 비트겐슈타인의 『논리철학논고』에서 가장 잘 알려진 언명 가운데 하나다. 철학은 실증과학이 아니다! 철학은 자연과학적 실증성과 관련된 사안이 아니다! 간단히 말하면, 철학은 논리형식, 즉 인간 자신에 관한 탐구다. 반면, 자연과학은 인간의 지식 안쪽에 위치하는 대상들의 참과 거짓에 대한 기술이다.

예를 들면, 화가가 그린 그림의 대상들이 자연과학의 주제다. 자연과학은 형식을 당연한 것으로 받아들이다. 그림의 형식, 즉 그림이 그렇게 그려져야 하는 '이유에 관한 탐구'가 철학이다. 따라서 철학은 자연과학의 하나가 될 수 없다. 그것은 가시적인 것이나 인식대상에 대한 탐구는 아니다.

> "4.112 철학의 목적은 사고의 논리적 명료화이다. 철학은 학설이 아니라 활동이다. 철학적 작업은 본질적으로 뜻풀이들로 이루어진다. 철학의 결과는 '철학적 명제들'이 아니라 명제들이 명료해짐이다. 철학은, 말하자면, 흐리고 몽롱한 사고들을 명료하게 만들고 명확하게 경계지어야 한다."

다시 설명해 보면, 철학의 목표는 사고를 논리적으로 명료하게 만드는 작업이다. 철학은 신조(信條) 체계가 아니라 탐구 활동이다. 철학적 저작이 해야 할 본래의 임무는 해명 작업이다. 철학은 '철학적 명제들'을 만들어 놓고 끝나는 것이 아니라 명제들을 명료하게 만드는 일이다. 철학에서, 명료화 작업을 거치지 않은 사고들은 흐릿해서 분명하지 못하다. 철학의 임무는 사고들을 명료하게 만들고 사고들에 명확한 한계를 설정하는 사업이다. 교육철학의 목적은 교육적 사고를 논리적으로 명료화하는 활동이다. 교육철학은 교육학의 이론적 학설이 아니라 교육의 활동이다. 교육철학적 작업은 본질적으로 교육에 관한 의미 해석들로 이루어진다. 교육철학의 결과는 '교육철학이 빚어내는 교육언어들'이 아니라 교육언어들이 명료해지도록 만드는 작업이다. 교육철학은, 흐리고 몽롱한 교육적 사고와 교육의 언어들에 대해, 그 의미가 명료하도록 만들고 그 작용의 명확한 경계를 고려해야 한다.

이 지점에서 철학의 목적과 임무가 선명하게 드러난다. 철학은 '활동'이다. 철학은 '탐구 활동'이다. 철학은 명제를 만드는 작업이 아니라 '명제의 명료화'다. 사고를 명료하게 만들고 그 '한계를 명확하게 설정하는 일'이다! 교육철학적으로 환언하면, 교육철학은 '교육활동'이다. 교육철학은 '교육에 관한 탐구 활동'이다. 교육철학은 교육언어를 만드는 작업이 아니다. '교육언어를 명료하게 만드는 사업'이다. 교육적 사고를 명료하게 만들고, 그 '교육의 한계를 명확하게 설정하는 일'이다!

다시, 조중걸 교수의 해제를 보면, 다음과 같이 이해된다. 비트겐슈타인은 철학을 그 안에 어떤 탐구의 주제들을 지닌 지적 총체의 학문으로 보지 않는다. 전통철학은 그 안에 형이상학, 윤리학, 정치철학, 신화 등을 다루며 실증적이지 않은 주제들을 다루어 왔다. 그러나 새로운 철학에는 이러한 주제들이 없다. '존재(the Being)', '제일자(the One)', 또는 '제일원인(the first cause)', '윤리적 행위' 등에 대해 그것은 '무엇인가?'라는 사안을 구명하려는 것이 전통철학의 주제였다. 그러나 새로운 철학은 그 안에 어떤 주제도 가지지 않는다. 그 새로운 철학은 인간에 관한 논리형식의 성격 탐구와 그 올바른 적용에 관한 것이다.

비트겐슈타인은 '사유(思惟)', 즉 생각을 '뜻을 지닌 명제(proposition with sense)'로 정의한다. 그렇다면 '뜻을 지니지 않은 명제'도 있는가? 없다! 인간은 때대로 그것을 명제로 오인할 뿐이다. 이때 뜻은 '실증적(positivistic)'이다. 다시 말하면, 분석의 종단에 요소명제와 그 구성요소인 대상(object)을 지니는 명제를 일컫는다. 주의할 사안은 '비논리'와 '무의미'는 다르게 사용된다는 사실을 아는 것이다. 비논리는 논리형식을 지키지 않는다. 물론, 인간의 사유가 그런 언명에 기만당하지는 않는다.

철학은 인간의 사유에 경계를 확실히 그어놓게 만든다. 인간이 사유를 할 때, 그 경계는 세계다. 논리형식은 인간 자신이고, 세계는 인간의 한계다. 이런 점에서 비트겐슈타인의 철학은 '사유에 대한 비판'이다. 그것은 철학이 '사유의 명료화'로 귀결한다는 의미다. 그러므로 교육철학은 교육적 사유에 대한 비판적 성찰이다. 교육적 사유의 명료화를 지향한다.

비트겐슈타인 16 - 『논리철학론』 4: 철학에 관한 인식②-사유의 명료화

2022. 7. 26. 05:20

다시, 비트겐슈타인의 사유 '4.112'를 상기해 보자. "철학의 목적은 사고의 논리적 명료화다. 철학은 학설이 아니라 활동이다. 철학적 작업은 본질적으로 뜻풀이들로 이루어진다. 철학의 결과는 '철학적 명제들'이 아니라 명제들이 명료해짐이다. 철학은, 말하자면, 흐리고 몽롱한 사고들을 명료하게 만들고 명확하게 경계지어야 한다." 이에 관한 해설은 아래와 같이 보다 적극적으로 이어진다.

> "4.1121 심리학이 철학에 대해 다른 그 어떤 자연과학보다 근친관계에 있지는 않다. 인식론은 심리학의 철학이다."

심리학은 다른 자연과학보다 철학과 보다 밀접한 관계에 있지 않다. 인식론, 즉 지식에 관한 이론은 심리에 관한 철학이다. 여기에서 인식론은 믿음의 정당화나 지식의 가능성, 또는 회의주의의 문제 등을 다루는 사안이 아니다. 믿음이나 판단, 또는 지각 등과 같은 것을 보고하는 문장들의 분석이다. 즉 심리철학이라 불리는 것으로 볼 수 있다.

> "4.1122 찰스 다윈(Charles Robert Darwin, 1809~1882)의 이론이 자연과학의 다른 그 어떤 가설들보다 철학적 관계가 더 많이

담겨있지는 않다."

자연과학의 가설이 철학과 더욱 밀접하게 관련되어 있는 것은 아니라는 의미다. 여기에서 '자연과학의 가설'과 '철학'이 어떻게 다른지, 그 구분을 명료하게 밝혀야 한다. 즉 자연과학의 가설(假說)은 실증적 사실에 관한 이론체계를 연역하기 위한 가정(假定)이다. 하지만 많은 사람이 자연과학의 가설과 비실증적 사실을 연계시킨다. 자연과학은 사유양식에 관한 사안이 아니다. 진화론에서 다루는 것처럼, 인간이 오랑우탄(Orangutan)이나 원숭이 같은 영장류(靈長類; 類人猿)의 후손인지 아닌지는 논리형식으로서의 철학과 전혀 관련이 없다. 다윈이즘은 자연과학 가운데서도 그 실증적 영역을 넘어 자신의 이론을 주장해 왔다. 신의 존재 유무나 창조와 진화의 문제 등에 대한 논란이 그러하다. 어떤 논의에도 불구하고, 다윈이즘은 하나의 자연과학적 가설, 그 이상도 이하도 아니다. 다윈이즘은 다양한 측면의 논란에 노출되어 있지만, 그것이 신앙이나 철학, 특히 교육철학과 같은 사유에 얽히는 경우, 곤란한 문제에 부딪친다. 자연과학적 가설이기 때문에, 오직 실증적 사실에 의해 검증받아야 할 이론일 뿐이다.

이 세상에는 세 영역의 세계가 존재한다. 그것은 '① 말해질 수 있는 세계, ② 드러나 보이는 세계, ③ 침묵 가운데 지나가는 세계'다. 진정한 명제라면 ①과 ②를 갖추어야 한다. 문제가 되는 경우는, ②를 갖춘 ③의 명제다. 다시 말하면, 논리형식은 갖췄지만, '뜻을 지니지 않은(withoutsense: senseless)'명제다. 다윈이즘은 ②의 형식을 지키면서 ①의 세계에 머물러야 한다. 왜냐하면, '실증과학'이기 때문이다. 그것이 자연과학과 철학의 경계를 분명하게 만든다.

"4.113 철학은 자연과학의 분쟁 가능한 영역을 한계 짓는다."

다시 말하면, 철학은 그동안 수많은 논쟁의 대상이 되었던 '자연과학 영역'의 한계를 설정한다. 그렇다면, '논쟁의 대상', 즉 논쟁적 영역은 무엇일까? 비트겐슈타인의 사유에 비춰볼 때, 그것은 '인과율(因果律: causalrelation)'에 관한 언급으로 보인다. 이것이야말로 자연과학에서 가장 중요한 주제이기 때문이다. 이런 측면에서, 무엇보다도 먼저, '자연과학'에 대한 정의를 내려야 한다. 자연과학에 대한 비트겐슈타인의 정의는, 앞의 '4.11'에서 정돈한 것처럼, "참된 명제들의 총체는 전체 자연과학 또는 자연과학들의 총체이다!" 즉 '참인 명제의 총체'다. 그것은 원자적 사실의 존립과 비존립의 총합(sum-total)일 뿐이다. '현재' 눈에 보이는 사실 이외에, 다른 자연과학은 없다!

자연과학에 대한 이러한 규정은 전통 과학의 입장에서 보면, 오해를 불러일으킬 수 있다. 자연과학은 어떤 학문보다도 현재를 벗어나 미래를 예언할 수 있다고 자신했기 때문이다. 과학자들은 현재 지구의 운동에 대해 파악했다면, 마땅히 미래의 지구가 어떻게 운동할 것인지 알 수 있다고 인식한다. 이는 인과율을 통해 가능하다. 어쩌면 자연과학자들에게, 인과율은 불변의 진리처럼 각인되었을지도 모른다. 예를 들면, 사람들은 모두가 '태양은 동쪽에서 뜨고 서쪽으로 진다!'라고 확신한다. 이는 일출과 일몰을 규정짓는 천체 운동의 인과율이다. 특히 근대 자연과학에서 상징적 존재인 뉴턴의 '만유인력(萬有引力: universal gravitation)의 법칙'은 궁극적 인과율에 해당한다. '질량을 지닌 두 물체'라는 '원인'과 '끌어당기는 힘'이라는 '결과'는 늘 서로 붙어 다닌다!

"4.114 철학은 생각될 수 있는 것을 경계 짓고, 그로써 생각될 수 없는 것을 경계지어야 한다. 철학은 안으로부터, 생각될 수 있는 것을 통해 생각될 수 없는 것을 한계지어야 한다."

철학은 인간이 '생각할 수 있는 사안'의 한계를 설정해야 한다. 그렇게 함으로써 '생각할 수 없는 사안'의 한계를 설정해야 한다. 철학은 인간이 '생각할 수 있는 사안'을 모조리 확인함으로써, 그 바깥의 '생각할 수 없는 사안'의 한계를 드러내야 한다. 교육철학은 생각될 수 있는 교육의 문제를 경계 짓고, 그로써 생각될 수 없는 교육의 문제를 경계 지어야 한다. 교육철학은 교육의 내부로부터, 생각될 수 있는 교육의 문제를 통해 생각될 수 없는 교육의 문제가 무엇인지 한계를 지어야 한다.

"4.115 철학은 말할 수 있는 것을 명료하게 묘사함으로써, 말할 수 없는 것을 의미한다."

철학은 인간이 '말할 수 있는 사안'을 명료하게 표현함으로써 '말할 수 없는 사안'을 드러낼 것이다. 교육철학은 말할 수 있는 교육의 현실을 명료하게 묘사함으로써, 말할 수 없는 교육의 이상에 대해, 그 의미를 밝힌다.

"4.116 생각될 수 있는 모든 것은 명료하게 생각될 수 있다. 언표될 수 있는 모든 것은 명료하게 언표될 수 있다."

생각할 수 있는 모든 것은 누구나 명료하게 생각할 수 있다. 교육의 현실에서 교육언어를 통해 생각될 수 있는 모든 것은, 교육의 차원에서 명료하게 생각될 수 있다. 교육의 현실이나 교육언어에서 언표될 수 있는 모든 것은, 교육적으로 명료하게 언표될 수 있다.

비트겐슈타인 17 - 『논리철학론』 4: 철학에 관한 인식③-실재와 표상

2022. 7. 27. 05:00

> "4.12 명제는 전체 현실을 묘사할 수 있다. 하지만 현실을 묘사할 수 있기 위해 명제가 현실과 공유해야 하는 것, 즉 논리적 형식을 묘사할 수는 없다. 논리적 형식을 묘사할 수 있으려면, 인간은 명제를 가지고 논리 밖에, 즉 세계 밖에 설 수 있어야 한다."

다시 독해하면, 말로 표현할 수 있는 모든 것은 누구나 명료하게 말할 수 있다. 명제들은 실재 전체를 대표할 수 있다. 그러나 실재를 대표할 수 있기 위해 실재와 공유해야 하는 논리적 형식은 대표할 수 없다. 논리적 형식을 대표할 수 있기 위해서는 인간들이 명제들과 함께 논리의 바깥, 다시 말하면 세계의 바깥 어딘가에 자리 잡을 수 있어야 한다. 교육언어는 교육의 전체 현실을 묘사할 수 있다. 하지만 교육현실을 묘사할 수 있기 위해서 교육언어가 교육현실과 공유해야 하는 것, 즉 교육의 논리적 형식을 묘사할 수는 없다. 교육의 논리적 형식을 묘사할 수 있으려면, 인간은 교육언어를 가지고 교육의 논리 밖에, 즉 교육의 세계 밖에 설 수 있어야 한다. 이것이 가능한가?

또 다시, 비트겐슈타인은 강조한다. '묘사할 수 있는, 즉 말로 표현하며', '드러나 보여줄 수 있는 영역'에 대해 언급한다. 이는 『논리철학논고』 전체를 관통하는 주요한 철학의 주제이기도 하다. 명제는 실재(實在)를 표상(表象)한다. 왜냐하면 '세계의 그림'이기 때문이다. 앞에서도 설명했지만, 그림은 세계와 '1:1의 대응 관계'를 가진다. 그렇다고 이 사실이, '그림은 실재의 표상이다!'라는 명제의 충분조건은 되지 않는다. 그 둘은 제각기 어떠한 동일한 질서 아래에 있다. 이 질서 아래에 있는 사실이 '표상-실제'의 관계를 위한 충분조건을 이룬다. 이것이 논리형식이다. 이 논리형식은 명제에 의해 말해질 수 없다. 그것은 보여져야 한다!

> "4.121 명제는 논리적 형식을 묘사할 수 없다. 논리적 형식은 자신을 언어에 반영한다. 언어에 반영되는 것을 언어는 묘사할 수 없다. 언어에서 스스로 표현되는 것을 인간은 언어에 의해 표현할 수 없다. 명제는 현실의 논리적 형식을 보여준다."

명제들은 논리적 형식을 대표할 수 없다. 논리적 형식은 명제들 속에서 제 자신을 보여주고 있다. 언어는 '언어 속에서 자신을 보여주고 있는 사안'을 대표할 수 없다. '언어 가운데 자신을 표현하는 일'은 인간이 언어를 사용하여 표현할 수 없다. 명제들은 실재의 논리적 형식을 보여준다. 명제들은 실재의 논리적 형식을 드러내 전시한다.

교육에서 언어는 교육의 논리적 형식을 묘사할 수 없다. 교육의 논리적 형식은 자신을 교육이라는 언어에 반영한다. 교육의 언어에 반영되는 것을, 교육에서 사용하는 언어 자체로만은 모두 묘사해 낼 수 없다. 교육의 언어에서 스스로 표현되는 것을 인간은 교육에서 사용하는 언어 자체에만 의지하여 표현하기는 힘들다. 교육언어는 교육현실이 제시하는 교육의 논리적 형식을 보여준다.

비트겐슈타인은 다시 '논리형식(logical form)'에 대해 말한다. 앞에서 언급한 것처럼, 그림은 그림 형식 자체를 그릴 수 없다! 여기에서는 그림을 '언어'로 교체한다. '명제'라는 것이 다름 아닌 '날말의 그림(word-picture)'이기 때문이다. 명제의 형식인 논리형식은 단지 보여 질 뿐이다. 말해질 수 없다! 논리형식은 인간 자신이다. 어떻게 인간 스스로가 인간 스스로에 대해 말할 수 있겠는가! 인간은 언어활동을 통해 언어에 스며있는 논리형식을 보여준다. 인간은 그 형식에 맞춰 명제를 구성한다. 형식에 맞지 않을 경우, 그것은 명제가 아니다. 문제는 그 형식은 말해질 수 없다는 것이다. 언어의 사용에 의해 보여 질 뿐이다. 인간은 각자가 어떤 존재인지, 스스로에 대해 말할 수 없다. 인간으로서 자신의 인품이 어떠한지는 그 사람의 행위를 통해 '보여 진다.' 인간 자신이 스스로를 말하는 것은 언어도단(言語道斷)이다. 세계에 '나'라는 존재는 없다! 내가 활동하고, 보여지는, 어떤 하나의 심리적 의지가 있을 뿐이다.

"4.1212 보일 수 있는 것은 말해질 수 없다."

오직 보아야 알 수 있는 사안은 인간이 말로 대신할 수 없다!; 교육활동을 통해 보일 수 있는 것은, 교육의 언어로 말하기 어렵다. 교육을 통해 현실적으로 구체적으로 보고 알 수 있는 사안에 대해, 인간이 '교육적'이라는 의미를 담아 말을 한다고 해서, 교육적으로 되는 것은 결코 아니다!

비트겐슈타인 18 –『논리철학론』4: 철학에 관한 인식④-내적 속성과 언어

2022. 7. 28. 10:10

> “4.123 어떤 속성을 지닌 대상이 그것을 소유하지 않는다고 생각될 수 없다면, 그 속성은 내적이다.”

‘어떤 대상이 어떤 속성을 소유하지 않는다!’라고 도저히 생각할 수 없다면, 그 속성은 그 대상의 ‘내적 속성’이다. 교육의 속성을 지닌 대상이 교육적인 차원을 포함하지 않는다고 생각될 수 없다면, 그 속성은 교육 자체다.

> “4.124 가능한 상황의 내적 속성은 그 존립이 명제에 의해 표현되지 않는다. 그 상황을 묘사하는 명제 속에서 이 명제의 내적 속성을 통해 표현된다. 명제에 형식적 속성을 부여하는 것은 명제에서 그것을 박탈하는 것과 마찬가지로 무의미하다.”

‘가능한 상황이 실제로 내적 속성을 갖고 있다’는 것은 명제에 의해 표현되지 못한다. 오히려 가능한 상황의 ‘내적 속성’은 그 상황을 대표하는 명제 속에서 그 명제의 ‘내적 속성’을 사용하여 자신을 표현한다. 어떤 명제가 ‘형식적 속성을 가졌다’는 주장은 ‘형식적 속성을 갖지 않았다’는 주장과 마찬가지로 헛소리일 것이다. 교육에서 가능한 상황, 교육 내부의 특성은 그 존립이 교육언어에 의해 드러나지 않는다. 교육적 상황을 묘사하는 교육언어 속에서 이 교육언어의 내부 특성을 통해 표현된다. 교육언어에 형식적 속성을 부여하는 것은 교육언어에서 그것을 박탈하는 것처럼 의미가 없다!

> "4.125 가능한 상황들 사이에 내적 관계가 존립하는 것은 그 상황들을 묘사하는 명제들 사이의 내적 관계를 통해 언어로 표현된다."

가능한 상황들 사이에 실제로 성립하는 '내적 관계'는 그 가능한 상황들을 대표하는 명제들 사이의 '내적 관계'를 사용하여, 언어를 통해 자신을 표현한다.

> "4.1251 이제 여기서 '모든 관계들은 내적인가? 또는 외적인가?'라는 논쟁은 끝장난다."

다시 말하면, '모든 관계는 내적 관계인가? 외적 관계인가?'라는, 논란이 많은 문제의 답을 알게 되었다. 그것은 '내적이냐? 외적이냐?'라는, 관계에 관한 논쟁적 질문의 해결이다. 비트겐슈타인은 명제의 관계를 둘로 나누어 설명했다. '모든 관계'라는 언급 자체가 잘못된 질문이다. 어떤 관계는 내적이고 어떤 관계는 외적이기 때문이다. 교육 활동에서, 교육에서 이루어지는 모든 관계는 내적인가? 또는 외적인가? '내(內)-외(外)'를 나누어 결정짓는 작업은 위험하다. 관계는 가능한 상황에 따라 교육의 언어를 형성하며 달라지기 때문이다.

> "4.1252 내적 관계에 의해 정렬된 계열을 '형식 계열'이라고 부른다. 수열(數列)은 외적 관계에 의해서가 아니라 내적 관계에

의해 배열되어 있다. 명제들의 계열도 마찬가지다."

비트겐슈타인은 '내적 속성'에 의해 순서가 부여된 계열을 '형식들의 계열'이라 부른다. '수-계열'의 순서는 외적 관계에 의해서가 아니라 내적 관계에 의해 정해진다. '명제들의 계열'이 보여주는 순서도 내적 관계에 의해 정해진다.

비트겐슈타인 19 –『논리철학론』4: 철학에 관한 인식⑤–명제 변수와 형식적 개념

2022. 7. 29. 05:20

“4.126 인간은 ‘형식적 속성’들에 관해 말하는 것과 같은 뜻에서, ‘형식적 개념[형상개념]’들에 관해서도 이야기할 수 있다. 어떤 것이 어떤 형식적 개념에 그 개념의 대상으로서 속한다는 것은 명제에 의해 표현될 수 없다. 그것은 오히려 이 대상의 기호 자체에서 드러난다. 이름[명칭]은 자신이 대상을 지칭한다는 것을 보여 준다. 실제로, 형식적 개념들은 본래적 개념[고유개념]들처럼 함수(函數)에 의해 묘사될 수 없다. 왜냐하면 형식적 개념들의 표지들, 즉 형식적 속성들은 함수에 의해 표현되지 않기 때문이다. 형식적 속성의 표현은 모종의 상징들의 한 모습이다. 그러므로 형식적 개념의 표지들을 나타내는 기호는 그 개념에 속하는 의미들을 지닌 모든 상징들의 특징적 모습이다. 형식적 개념의 표현은 오직 이 특징적 모습이 그 속에서 불변적인 하나의 명제변항(命題變項)-명제변수(命題變數)-이다.”

어떤 것이 형식적 개념의 대상들 가운데 하나로 형식적 개념에 포섭되면, 그 대상은 명제에 의해 표현될 수 없다. 대신, 그 대상을 나타내는 ‘기호’가 그 대상을 대신한다. 형식적 개념은, 진짜 개념이 함수로 표현될 수 있는 방식으로, 함수에 의해 표현될 수 없다. 왜냐하면 형식적 개념들의 특징, 즉 형식적 속성은 함수에 의해 표현되지 못하기 때문이다. 형식적 속성을 나타내는 표현은 어떤 상징들의 특징을 나타낸다. 따라서 형식적 개념들의 특징을 나타내는 기호는, 형식적 개념에 포섭되는 뜻을 가진, 모든 상징이 지닌 변별 특징이다. 형식적 개념을 나타내는 표현은 명제변수다. 그 명제변수 속에서는 이 변별 특징만이 변하지 않는다.

> "4.127 명제변수는 형식적 개념[형상개념]을 지칭하며, 그 값들은 이러한 개념에 속하는 대상들을 지칭한다."

명제변수는 형식적 개념을 나타낸다. 그 명제변수의 값들은 그 형식적 개념에 포섭되는 대상들을 나타낸다. 이 언표는 비트겐슈타인 사유의 결정적 전환을 엿보이게 하는 대목이다. 플라톤(Platon) 이래로, 전통철학에서는 '이데아(idea; logos: 理想)'의 문제가 매우 중요한 주제였다. 그런데 비트겐슈타인은 '형식적 개념([형상개념]: formal concept)'이라는 명칭을 붙이며, 이데아의 문제를 기호학으로 끌어들여 해소한다. 다시 설명하면, 'x는 말이다.'라는 명제가 있다고 하자. 이때 x는 무엇이 되기 이전에, 하나의 대상이다. 그러므로 x의 이데아는 대상이다. 그런 만큼 수많은 명칭이 x를 대신하여 채울 것이다. 그것 모두는 일단 대상이다. 하지만 그것들이 대상임을, 명제에 의해, 또는 무엇에 의해, 드러낼 수는 없다! 단지 거기에 x라는 명제변수, 즉 명제변항이 있다는 사실을 통해, 형상개념이 거기에 있다는 사실을 말한다. 전통철학은 이데아가 '마음 안에 있는가?' '마음 밖에서도 실재하는가?'의 문제를 둘러싸고 끊임없는 논쟁을 벌여왔다. 이에 대한 비트겐슈타인은 대답은 간단하다.

'변수 x가 이데아다! 그것이 실재하는지 그렇지 않은지는 알 수 없다! 인간은 단지 '언어' 속에서 그것을 사용하고 있다! 하지만 그것이 무엇인지 설명할 수는 없다! 그것은 보여지는 것이다. 말해지는 것이 아니다!' 때문에 형식적 개념[형상개념]과 본래적 개념[고유개념]의 차이는, 이런 사유의 누적을 통해, 다시 한 번 '고유개념/형상개념'의 차이로 수렴된다.

> "4.1271 모든 변수는 형식적 개념의 기호다. 왜냐하면 모든 변수는 각각 그것의 모든 값들이 소유하는 하나의 불변적 형식을 묘사하며, 이 불변적 형식은 이러한 값들의 형식적 속성으로 파악될 수 있기 때문이다."

다시 풀이하면, 모든 변수는 제각기 형식적 개념의 기호다. 모든 변수는 제각기 자신의 모든 값이 소유하는 불변의 형식을 대표한다. 이 불변의 형식은 그 값들의 형식적 속성으로 간주될 수 있다. 교육의 변수는 교육적 형상개념이 낳은 일종의 기호에 따라 설명된다. 교육에서 발생하는 모든 변수는 각각 그것의 모든 값들이 소유하는 하나의 불변적 형식을 묘사한다. 이 불변적 형식은 교육의 변수들이 가져오는 형식적 속성으로 파악된다.

형식적 개념은 그 개념 아래 포섭되는 모든 값에 대해, 어떤 한결같은 속성을 지닌다. f(x)라는 함수의 경우, 어떤 값이라도 x를 채울 수 있다는 가정을 하고, 또한 실제로 채운다. 이 모든 값을 수용하는, 또는 이 모든 값의 기저(基底) 역할을 해주는 것이, 바로 형식적 개념이다. 이는 명제변수로 나타난다.

"4.1272 그래서 'x'라는 가변적 이름은 '대상'이라는 사이비 개념의 본래적 기호다. '대상-사물/실물'이라는 낱말이 올바로 쓰이는 곳에서는 어디서나, 그것은 개념 표기법상으로는 가변적 이름에 의해 표현된다. 본래적 개념어로서 쓰이는 곳에서는 어디서나, 무의미한 사이비 명제들이 생겨난다. 예를 들어, '대상들이 존재한다.'라는 말을 '책들이 존재한다.'라는 언표를 하듯이 할 수는 없다. 마찬가지로, '100개의 대상이 존재한다.'라고 할 수도 없다. 모든 대상들의 수에 관해 말하는 것은 무의미하다. 이는 '복합체', '사실', '함수', '수' 등의 낱말들에도 동일하게 해당된다. 그것은 모두 형식적 개념들을 지칭한다. 개념 표기법에서는 함수나 집합에 의해 묘사되는 것이 아니다. 변수에 의해 묘사된다. '1은 수(數)다.', '오직 하나의 영(零: 0)이 존재한다.'라는 말이나 그와 비슷한 표현들은 무의미하다."

'임의의 이름을 대표하는 변수 x'는 사이비 개념인 '대상'을 나타내는 데 적당한 기호다. '대상'은 낱말이 올바르게 사용된 경우에는 언제나, 개념 표기법 속에서는 '임의의 이름을 대표하는 변수'인 'x, y, z' 등으로 표현된다. '대상'이란, 낱말이 이와 다른 방식으로, 즉 '진짜 개념-낱말인 것처럼 사용될 경우에는, 언제나 헛소리인 사이비-명제가 만들어진다. 예컨대, 우리가 책들이 있다.'라고 말할 수 있는 것처럼, '대상들이 있다.'라고 말할 수 없다. 즉 '대상이 100개 있다.'라고 말하는 것도 불가능하다. 뿐만 아니라, 모든 대상들의 총수(總數)에 관해 말하는 것도 헛소리다. 그것은 '복합체', '사실', '함수', '수'와 같은 낱말에도 그대로 적용된다. 이런 낱말들은 모두 '형식적 개념'을 나타낸다. 그래서 개념표기법에서는 이런 낱말들을 함수나 집합이 대표하지 않고, '변수'들이 대표한다. '1은 수다.' '오직 하나의 0이 있다.'를 비롯하여, 이와 비슷한 모든 표현은 헛소리다.

> "4.12721 형식적 개념은 그것에 속하는 대상과 함께 이미 주어져 있다. 그러므로 형식적 개념의 대상들 및 그 형식적 개념 자체가 근본 개념들로 도입될 수는 없다. 함수의 개념 및 특수한 함수들이 또는 수의 개념 및 특정한 수들이 근본 개념들로서 도입될 수는 없다."

형식적 개념은 그것에 포섭되는 어떤 대상이 정해지자마자 그 대상과 함께 주어진다. 형식적 개념에 포섭되는 대상들과 형식적 개념 자체를 둘 다 '원초적 개념'으로 도입하는 것은 불가능하다. 따라서 함수 개념과 특수한 함수들을 둘 다 '원초적 개념'으로 도입할 수 없다. 또 수 개념과 개개의 수들을, 둘 다 '원초적 개념'으로 도입할 수 없다.

> "4.1274 형식적 개념의 존재에 관한 물음은 무의미하다. 왜냐하면 어떤 명제도 그런 물음에는 대답할 수 없기 때문이다. 그러므로 이렇게 물을 수 없다. '분석 불가능한 주어-술어 명제들이 존재하는가?'"

형식적 개념이 실제로 존재하느냐고 묻는 것은 헛된 물음이다. 어떤 명제도 이러한 물음의 답이 될 수는 없다! '분석할 수 없는 주어-술어 명제가 있는가?'라는 물음은 아예 물을 수조차 없다! 교육 활동의 형식적 개념이 어떠한지에 관한 물음은 무의미하다. 어떤 교육언어도 그런 물음에는 대답할 수 없다! '분석 불가능한 교육 활동의 주어-술어, 그 교육언어들이 존재하는가?'라고 물을 수 없듯이 말이다.

"4.128 논리적 형식들에는 수(數)가 없다. 때문에 논리학에는 특출한 수들이 존재하지 않는다. 그러므로 철학적 일원론(一元論)이나 이원론(二元論) 따위는 존재하지 않는다."

논리적 형식들은 수와 전혀 관계없다! 논리학에는 다른 수보다 특별히 중요한 수가 전혀 없다. 그러므로 철학적 일원주의나 이원주의와 같은 이론은 성립할 가능성이 전혀 없다. 교육의 탐구활동, 즉 교육철학의 논리적 형식에는 수(數)가 없다. 특별한 수들이 존재하지 않는다. 그것은 교육 활동에서, 일원론이나 이원론을 별도로 강력하게 주장해서는 안 된다는 경고의 메시지다.

비트겐슈타인 20 – 『논리철학론』 4: 요소명제와 사태의 존립

2022. 7. 30. 05:10

> "4.2 명제의 뜻은 사태들의 존립과 비존립의 가능성들과 명제와의 일치, 그리고 불일치다."

명제의 '의미'는 명제가 실제로 존재하는 사태, 그리고 실제로 존재하지 않는 사태와 일치하거나 불일치한다. 교육 활동에서 교육언어의 뜻은 교육현실의 존립과 비존립의 가능성들과 교육언어와 일치하거나 불일치하는 상황을 말한다.

예를 들어, '비가 온다.' '학생이 공부한다.'라는 명제가 있다고 하자. 이 명제는 참일 수도 있고 거짓일 수도 있다. 그런 의미에서 이 명제는 '참'인 동시에 '거짓'이다. 비가 오고 있다면, 학생이 공부하고 있다면, 발생한 사건과 일치하므로 '참'이다. 비가 오고 있지 않다면, 학생이 공부하지 않고 있다면, 발생한 사건과 불일치하므로 '거짓'이다. 또한, 사건은 존립할 수도 있고 존립하지 않을 수도 있다. 비가 올 수도, 학생이 공부할 수도 있고, 비가 오지 않을 수도, 학생이 공부하지 않고 놀 수도 있다. 명제의 존재 의의는 그것이 '참'이라는 데 있지 않다. '뜻(sense)'을 가진다는 데 있다! 원자적 사실의 발생 가능성의 차원에서, 이 발생에 일치하는 명제도 있고, 일치하지 않는 명제도 있다.

> "4.21 가장 단순한 명제, 즉 요소명제(要素命題)는 어떤 한 사태의 존립을 말한다."

가장 단순한 종류의 명제, 즉 '요소명제'는 '어떤 사태가 실제로 존재한다!'라고 주장한다. 그것은 원자적 사실의 존립을 의미한다.

"4.211 요소명제의 한 표징은, 어떤 요소명제도 그 명제와 모순될 수 없다는 점이다."

어떤 명제가 요소명제라는 사실을 알려주는 한 가지 징표는, '그 명제와 모순되는 요소명제가 있을 수 없다'는 것이다. 다시 말하면, 어떤 요소명제도 그에 모순되지 않는다는 점, 그것이 요소명제라는 증표다. 요소명제는 상호 독립성을 옹호한다. 서로 독립적인 명제는 다른 명제와의 불일치에 의해 존재한다. 때문에 명제 사이에 불화가 일어나지 않는다. 예를 들면, 'p'와 '~p'는 서로 모순된다. 그러나 'p'와 '~p'는 그냥 동일한 명제이다. 뜻이 반대되는 명제일 뿐이다. 따라서 서로 반박하지 않는다. 요소명제는 독자적 개별자들이 구축하는 세계다. 모든 명제는 단지 병렬적으로 나열되어 있다. 하나의 명제가 다른 명제를 구축하지 않는다. 요소명제는 분석의 맨 끝에 자리한다. 그런 만큼 그것들 모두는 서로 다르다.

"4.22 요소명제는 이름들로 이루어진다. 요소명제는 이름들의 어떤 한 연관이자 연쇄다."

다시 말하면, 요소명제는 이름들의 연결체, 즉 이름들의 사슬이다.

"4.221 명제들을 분석할 때, 이름들의 직접적 결합으로 이루어진 요소명제들에 도달해야 한다는 것은 명백하다. 이 지점에서, '그러한 명제 연합은 어떻게 이루어지는가?'라는 물음이 제기된다."

명제들에 대한 분석은 이름들의 직접 결합으로 이루어진 요소명제들을 최종적으로 제시하고 끝나야 한다. 이 사실은 '그런 식의 분석이 가능하도록 명제들이 결합될 수 있는 방법이 무엇인가?'라는 문제를 제기한다.

> "4.2211 세계가 무한하게 복합적이어서, 모든 사실 각각이 무한하게 많은 사태들로 이루어지고, 모든 사태 각각이 무한하게 많은 대상들로 합성되어 있다 할지라도, 대상들과 사태들은 또한 존재하지 않으면 안 된다."

세계가 무한 복잡한 것이어서, 그 때문에 개개의 사실이 무한히 많은 사태들로 이루어지고, 또 개개의 사태들이 무한히 많은 대상들로 이루어질지라도, 대상들과 사태들은 여전히 있어야 한다.

이 부분에서 비트겐슈타인은 '단순자'를 요구한다. 인간은 어떤 실재 속에 살고 있다. 그것만은 분명한 사실이다. 그렇다면 그 실재의 세계는 '분석(分析) 가능'해야 한다. 또한 그 분석의 밑바닥에는 맨 끝이 있어야 한다. 그렇다고 인간의 그 궁극(窮極)이 무엇인지 구체적 예시를 들 수는 없다. 그렇다 하더라도 그것은 있어야 한다! 밑바닥의 맨 끝이 없다면, 현실적 존재도 가능할 수 없다. 하지만 인간의 세계는 분석의 맨 끝인 요소명제와 대상에서 출발하지는 않는다. 현실적 존재에서 출발한다.

교육이 삶의 원형적 현상인 한, 그것은 이미 현실적 존재다. 분석의 종단(終端), 그 맨 끝을 우선적으로 상정하여 분석하는 작업에만 머무르지는 않는다. 그러나 분명한 사실은 교육 활동에서 근거로 삼아야 할 기본 요소를 확인해야 한다. 이를테면, 전통적인 교육의 3요소인 '교사-교육내용(매개체)-학생'과 같은, 요소명제에 해당하는 기저(基底)의 종단이다.

비트겐슈타인 21 – 『논리철학론』 4: 요소명제와 함수

2022. 7. 31. 05:30

지난 일주일 동안, 비트겐슈타인의 '철학'에 관한 사유를 이해하느라 씨름했다. 간단한 것 같으나 의미심장하다. 벌써 7월의 마지막 날이다. 그 '철학', 즉 '활동'이라는 이름으로 명명된 사유의 길을 이어서 더듬어 본다.

"4.23 이름은 오직 요소명제의 연관 속에서 명제에 나타난다."

이름이 명제 속에 나타나는 경우는 오직 요소명제의 문맥 속에 이름이 나타날 때뿐이다. 교육 활동에서 다루는 교육적 명칭은 교육의 기본 요소로 등장하는 언어와의 연관 속에서 교육언어로 드러난다.

"4.24 이름들은 단순한 상징들이다. 그것들은 'x, y, z'와 같은 개별 문자들로 나타낸다. 요소명제는 이름들의 함수로서, 'f(x)'와 같은 형식이다."

"4.243 두 이름이 동일한 사물을 지칭하는지, 아니면 두 개의 상이한 사물을 지칭하는지 알지 못하고서도, 그 두 이름을 이해할 수 있는가?—두 이름이 동일한 것을 의미하는지, 아니면 상이한 것을 의미하는지 알지 못하고서도, 두 이름이 나타나는 명제를 이해할 수 있는가?"

두 개의 이름이 동일한 사물을 가리키는지, 아니면 두 개의 다른 사물을 가리키는지 모르면서도, 그 두 이름을 이해할 수 있을까?—두 이름의 뜻이 같은지 다른지도 모르면서도, 그 두 이름을 사용하고 있는 명제를 이해할 수 있을까?

비트겐슈타인 22 - 『논리철학론』 4: 세계와 명제

2022. 7. 31. 11:30

7월의 마지막 날 새벽에 이어, 한 밤에 다시 사유를 이어간다. 요소명제의 '참'값과 사태의 존립에 관한 문제가 등장한다.

> "4.25 요소명제가 참이면, 사태는 존립한다. 요소명제가 거짓이면, 사태는 존립하지 않는다."

어떤 요소명제가 옳다면, 그 요소명제가 주장하는 사태가 실제로 존재한다. 어떤 요소명제가 그르다면, 그 요소명제가 주장하는 사태는 실제로 존재하지 않는다. '세계'와 '명제'의 관계에서 중요한 사안이 있다. 거짓 명제는 단지 사태의 비존립을 의미한다. 그것뿐이다. 실재는 거기에 계속해서 존재하지만, 어디까지나 '가능성'으로 존재한다. 명제의 뜻은 세계의 참과 거짓에서 독립해 있다. 명제가 거짓이라고 해서 실재가 없어지지는 않는다. 그것은 존립과 비존립의 실재에서, 비존립만이 구현되었다는 의미다. 교육 활동도 마찬가지다. 교육 언어가 거짓이라고 해서 교육 현실이나 교육의 세계 자체가 없어지는 것은 아니다.

> "4.26 모든 참된 요소명제들의 제시는 세계에 대한 완전한 기술이다. 모든 요소명제들이 주어지는 것에 더해, 그 가운데 어느 것이 참이고 어느 것이 거짓인지가 제시되면, 그로써 세계는 완전히 기술된다."

모든 옳은 요소명제가 확인된다면, 그 결과는 '세계에 관한 완전한 기술'이다. 모든 요소명제가 확인되고, 그와 더불어 어떤 요소명제가 옳고 어떤 요소명제가 그른지 확인된다면, 세계는 완벽하게 기술된다. 교육 활동에서 다루는 모든 참된 요소들, 즉 교육언어들의 제시는, 교육의 세계에 대해 온전하게 기술한다. 참된 교육의 언어가 부여되면서, 참과 거짓이 구분되면, 그것을 통해 교육의 세계는 온전함을 더한다.

세계에 관한 비트겐슈타인의 사유가 번뜩이는 지점이다. 비트겐슈타인은 두 개의 세계를 하나로 묶는다. 하나는 '가능성'의 세계이고, 다른 하나는 '존립'하는 세계다. 가능성의 세계는 요소명제 전체가 주어지는 작업과 연관된다. 요소명제 전체가 주어지면 가능성의 세계가 주어진다. 하지만 진지하게 분별해야 한다. 어떤 요소명제가 참이고 어떤 요소명제가 거짓이냐에 따라, 현실적으로 존재하는 세계가 기술되기 때문이다.

교육 활동에서, 가능성의 세계는 무엇일까? 동시에, 존립하는 세계는 어떤 모습일까? 교육 활동에서 가능성의 세계는 교육언어 전체가 드러나는 문제와 관계한다. 교육언어를 통해 가능성의 세계가 주어진다. 중요한 포인트는 참과 거짓이다. 교육언어의 참과 거짓! 어떤 교육언어가 참이고 어떤 교육언어가 거짓이냐에 따라, 현실적으로 수행되는 교육의 세계가 설명된다.

비트겐슈타인 23 - 『논리철학론』 4: 진리의 가능성

2022. 8. 1. 9:10

인간의 언어(言語) 속에 진리(眞理)를 담을 수 있을까? '진리'라고 강변하는 그 언표는, 인간이 감각적으로 파악하거나 인식한, 현상(現像)이나 사실(事實)에 관한 기술(記述)은 아닐까? 진리의 가능성에 관한 비트겐슈타인의 사유가, 사태들의 '존립(存立)' 문제를 앞에 두고, 고심(苦心)을 더한다.

"4.3 요소 명제들의 진리 가능성들은 사태들의 존립과 비존립의 가능성을 의미한다."

요소 명제들의 진리치-조합들은 사태들이 실제로 존재할 가능성과 실제로 존재하지 않을 가능성을 의미한다.

"4.4 명제는 요소 명제들의 진리 가능성들과 일치 및 불일치의 표현이다."

명제는 요소 명제들의 진리치-조합 가능성들과의 일치와 불일치를 나타내는 표현이다.

"4.41 요소 명제들의 진리 가능성들은 명제들의 참과 거짓의 조건들이다."

요소 명제들의 진리치-조합 가능성들은 '명제들의 진리성과 허위성의 조건', 즉 '진리-조건'이다.

> "4.411 요소 명제들의 도입이 다른 모든 종류의 명제들을 이해하기 위해 기초적이라는 것은 처음부터 그럴듯해 보인다. 실로, 일반적 명제들의 이해가 요소 명제들의 이해에 달려 있음은 느껴질 수 있다."

요소 명제들의 도입이 모든 다른 종류의 명제를 이해하는 데 '기초 역할'을 한다는 것은 누구나 듣자마자 그럴 것 같다고 여길 것이다. 실제로 일반 명제들에 대한 이해는 요소 명제에 대한 이해에 명백하게 의존한다.

실제 존재와 존재하지 않는 사태의 가능성은, 수학적 확률로 표현하면 '반반(半半)'이다. '50%'의 가능성이라는 의미다. 하지만 50%라는 절반으로 나누어 놓은 산술은 무의미할 수도 있다. 사태가 구체적으로 존재할 경우에는, 존립의 확률이 100%다. 사태가 존재하지 않을 경우에는, 비존립의 확률이 100%다. 그것은 50%의 확률을 무색하게 만든다.

그런데 존립과 비존립의 가능성은 존립 비존립 자체에서 파악되는 사안이 아니다. 일반적 명제로 드러나기 전에 요소를 형성하는 명제들이 어떻게 형성되는지의 역동성 가운데, 이미 담겨 있다. 때문에 형성되는 '과정'의 사실과 진리의 양태를 고려해야 한다.

이 지점에서 요소 명제에 비유할 수 있는 교육의 속성을 고민해야 한다. 교육의 과정에 어떤 요소들이 작동하고 있을까? '교사-교육내용-학생'이 엮어나가는 교육에 어떤 사안이 개입하는가? 그것은 일반 명제로 드러날 교육의 의미를 지시하는 결정타가 된다.

비트겐슈타인 24 - 『논리철학론』 4: 동어반복과 모순①

2022. 8. 2. 8:20

세상은 동일(同一)한 사안의 반복(反復)일까? 이질적(異質的) 요소들 사이의 갈등(葛藤)일까? 어떻게 이루어져 있을까? 때로는 반복처럼 느껴지기도 하고 때로는 갈등으로 이해되기도 한다. 명제로 드러나는 진리의 양태도 이와 유사하다. 교육도 그러할까? 비트겐슈타인은 '동어반복'과 '모순'의 논리를 통해 세상을 그려보려고 한다.

"4.46 진리 조건들의 가능한 집단들 중에는 극단적인 두 경우가 존재한다. 그 한 경우에 명제는 요소 명제들의 진리 가능성들 전부에 대해 참이다. 우리는 그 진리 조건들이 '동어반복'적이라고 말한다. 두 번째 경우에 명제는 진리 가능성들 전부에 대해 거짓이다. 그 진리 조건들은 모순적이다. 첫 번째 경우에 우리는 그 명제를 '동어반복'이라고 부르고, 두 번째 경우에 우리는 그 명제를 '모순'이라고 부른다."

진리-조건들의 가능한 집단들 가운데는 '두 가지 극한의 경우'가 있다. 그 두 경우 가운데 하나는 요소 명제들의 모든 진리치-조합 가능성에 대해 '옳은' 경우다. 그러한 진리-조건들은 '항진 진리-조건(恒眞 眞理-條件)'이라 한다. 두 번째 경우는 모든 진리치-조합 가능성에 대해 그른 경우다. 그런 진리-조건들은 '항위 진리-조건(恒僞 眞理-條件)'이라 한다. 첫 번째 경우에는 그 명제를 '항진명제(恒眞命題)'라 하고, 두 번째 경우에는 '모순명제(矛盾命題)'라 한다. 다시 말하면, '동어반복(tautology)'은 'p∨~p'와 같은 형식의 항진명제이고, '모순(contradiction)'은 'p・~p'와 같은 형식의 모순명제다.

그렇다면, 교육에서 동일한 사안의 반복, 항진명제는 무엇일까? 교육내용의 보수화인가? 영원한 항존주의적 발상인가? 갈등을 겪는 사안은 무엇일까? 교육내용의 진보화인가? 문화재건주의 발상인가? 그것이 단순한 항진명제나 모순명제의 사이에서 유령처럼 멈춰 있어서는 혼란만이 가중된다. 교육은 가치를 지향하는 '유목적(有目的)'적 활동이기 때문이다. 다시 말하면, 교육은 '항존-모순'이나 '보수-진보' 사이를 오락가락하는 떠돌이가 되어서는 곤란하다. 인간의 삶에서 발생하는 '의(義)-불의(不義)'에 관한 이해와 의리를 향한 열정의 마당이어야 한다.

비트겐슈타인 25 -『논리철학론』4: 동어반복과 모순②

2022. 8. 3. 7:10

> "4.461 명제는 자신이 무엇을 말하는지를 보여 주는데, 동어반복과 모순은 자신들이 아무것도 말하지 않음을 보여 준다. 동어반복은 아무런 진리 조건을 갖지 않는다. 왜냐하면 그것은 무조건 참이기 때문이다. 그리고 모순은 어떠한 조건에서도 참이 아니다. 동어반복과 모순은 뜻이 없다."

명제들은 자신이 말하는 것을 보여준다. 항진명제와 모순명제는 세계에 관하여 아무 말도 하지 않는다는 것을 보여준다. 항진명제는 무조건 옳기 때문에 어떤 진리-조건도 갖지 못하며, 모순명제는 어떤 진리-조건에서도 그르다. 항진명제와 모순 명제는 세계에 관한 의미를 갖고 있지 않다.

동어반복은 무조건 참이고 모순은 무조건 거짓이어서, 세계 속에서 일어나는 특정한 것에 관해 아무것도 알려주지 않는다. 그것들을 구성하는 명제들은 각각 뜻을 지니지만, 그 명제들은 서로의 뜻을 상쇄(相殺)하는 방식으로 결합하고 있기 때문에, 비트겐슈타인은 동어반복과 모순이 뜻이 상실되어 없다고 한다. 그러나 어쨌든 동어반복은 참이고 모순은 거짓이기 때문에, 아예 참 또는 거짓이 될 수 없는 무의미한 것들과는 구별된다. 대립된 방향에 있는 두 화살이 헤어져 떠나는 출발점처럼 말이다. 예를 들어, 비가 '오거나' '오지 않는다'는 것을 내가 알 때, 나는 날씨에 관해서는 아무것도 아는 것이 없다!

동어반복이나 모순처럼, 아무 것도 말하지 않는, 진리조건을 갖지 않는, 뜻이 없는 명제가 난무한다면, 교육은 무엇을 추구해야 할까? 교육의 의리(義理)는 어디에 있을까? 문제가 복잡해진다. 교육이 무조건 '참'을 거론해야 한다면, 그 명제는 어떤 진리 조건도 갖지 않아, 가르치는 의미가 희석된다. 모순은 무조건 '거짓'이므로 그것은 본질적으로 비교육적이다. 명제의 동어반복과 모순의 가운데서, 비트겐슈타인이 해명한 항진명제와 모순명제를 한꺼번에 교육에 이입하면, 교육은 설자리를 상실한다. 교육적 명제의 존립이 불가능한 것처럼 보인다. 오히려 이런 현상이, 교육의 특징인가?

이 지점에서 심각하게 성찰할 사항이 있다. 비트겐슈타인의 태도다. '항진'이나 '모순'명제가 터무니없는 것은 절대 아니다! '논리형식'이 지켜지지 않을 경우에는 문제가 된다. 존립하지 않는 사태는, 말 그대로, '없는 사실'이다. 이에 대한 언급은 무의미하다. 하지만 그것에 대해 진술할 때, 논리형식을 지킨다면, 터무니없는 것만은 아니다. 거짓명제일 뿐이다. 다시 강조하면, 명제 자체가 의미 없는 것은 아니라는 말이다. 그러나 논리형식 자체를 지키지 않은 경우, 그야말로 말이 안 되는 명제로 전락한다는 의미다.

교육적 언어의 전개도 여기에서 긴장해야 한다. 먼저, 거짓명제에 대해서는 경계해야 한다. 하지만, 말이 되지 않는 명제로 교육을 어지럽혀서는 정말 곤란하다.

비트겐슈타인 26 –『논리철학론』4: 동어반복과 모순③

2022. 8. 4. 6:30

> "4.462 동어반복과 모순은 현실의 그림이 아니다. 그것들은 어떤 가능한 상황도 묘사하지 않는다. 왜냐하면 전자는 모든 가능한 상황을 허용하며, 후자는 어떤 가능한 상황도 허용하지 않기 때문이다. 동어반복에서는 세계와의 일치 조건들—묘사하는 관계들—이 서로 상쇄하기 때문에, 동어반복은 현실에 대해 어떤 것도 묘사하는 관계에 있지 않다."

항진명제와 모순명제는 실재의 그림이 아니다. 그것들은 어떤 가능한 상황도 대표하지 않는다. 왜냐하면 항진명제는 모든 가능한 상황을 허용하고, 모순명제는 어떤 상황도 허용하지 않기 때문이다. 항진명제 속에서는 세계와의 일치 조건들-대표하는 관계들-이 서로를 상쇄한다. 그런 이유로 항진명제는 실재에 대해, 결코 대표하는 관계를 형성하지 못한다.

다시 항진명제와 모순명제가 교육을 대처하는 방식을 그려본다. 두 명제는 실재의 그림이 아니다. 이유는 간단하다. 모든 상황을 허용하거나 허용하지 않는 특성 때문이다. 실제 세상이 그렇다. 모든 상황(狀況)을 허용(許容)하는 현실은 존재하기 힘들다. 모든 상황을 불허(不許)하는 현실도 존재하기 어렵다. 그렇다면 중간지대만이 존재하는가? 확률상 50%로, 반반으로 나눠지는 현실은 쉽게 존립하지 않는다. 그냥 어느 정도의 차이를 드러내며 섞여 있다! 잡다(雜多)한 존재들이 교착(交錯)을 이루고 있을 뿐이다.

그렇다면 실재는 '역(易)'이나 '중용(中庸)'이 제기하는 신묘(神妙)의 논리적 실체인가? 실재는 수시(隨時)로 변화(變化)하며 존립하는 세계 자체인가? 교육은 인간의 의도적이고 계획적인 사업이다. 신묘의 논리나 수시변화의 작용보다는, 명확한 스케치 위에 색을 입혀나가는 구체적 작업이다. '항진-모순'명제와 교육사업 사이의 이런 간극은 어떻게 조율해야 할까? 범주(範疇)가 달라, 함께 논의할 수 없는 문제인가?

비트겐슈타인 27 – 『논리철학론』 4: 동어반복과 모순④

2022. 8. 5. 5:20

'동어반복'과 '모순'에 관한 논리적 구조, 그리고 언어가 명제를 통해 던지는 메시지는, 진정 무엇일까? 단순히 '참'-'거짓'을, '의미'-'무의미'를 밝히는 철학적 작업일까? 세계에 관한, 사실 그대로의 인식에 관한 걸까? 비트겐슈타인의 고민은, 그 동안의 철학적 작업이, 너무나 세상을 잘못 이해한 오류에 사로잡혀 있다는 반성의 차원이 짙다. 그렇다면, 그의 사유는 사실을 진실하게 기술하려는 열정에 다름 아니다. 아래에 발췌한 그의 언표, 즉 '진리-명제-사실-공간'의 연결고리에서 생각의 싹을 다시 확인할 수 있다.

> "4.463 진리 조건들은 명제에 의해 사실들에 허용되는 놀이 공간을 확정한다."

명제의 진리-조건들은 사실들이 성립할 수 있는 가능성의 범위를 결정한다. 명제 그대로를, 교육적으로 환언하면, 교육적 진리의 조건들은 교육적 명제에 의해 현실에 허용되는 교육적 놀이의 공간을 확정한다. 공간은 교육현실이 성립할 수 있는 가능성의 범위다! 이런 점에서 교육은 다양한 교육적 언어에 의해, 교육적 진리의 조건이 현실로 투영되어, 다양한 양상으로 전개될 뿐이다. 그것만이 교육을 현실적으로 형성한다.

비트겐슈타인 28 - 『논리철학론』 4: 동어반복과 모순⑤

2022. 8. 6. 21:30

다시, 확인해 본다. 교육은 '참'만을 얘기하는, 항진명제를 지속적으로 숙지(熟知)하는 작업인가? 전통교육은 그러한 것처럼 보인다. '진리' 또는 '진실'에 해당하는 인간의 삶을 '참'으로 이해하고, 그렇게 행하도록 가치를 부여하여, 도덕의 차원에서 주입하는 특성이 강하다. 그러기에 명제로 얘기하면, 아래에 제시한 '항진명제'여야 한다. 동일한 내용을 반복적으로 안내하여, 확실하고, 가능한, 삶의 세계를 가르쳐야 한다. 교육은 그렇게 진행되어 왔다.

> "4.464 동어반복의 참은 확실하고, 명제의 참은 가능하며, 모순의 참은 불가능하다."

항진명제의 진리성은 확실하고, 명제의 진리성은 가능하며 모순명제의 진리성은 불가능하다. 그렇다면, 교육에는 모순이 없는가? 있다! 불가능은 없는가? 있다! 말이 안 되는 헛소리들이 많다! 정말이다. 주장이라는 가면(假面)을 쓰고 우기는 소리, 핵심이라는 탈을 쓰고 강변하는 소리는 양반이다. 이런 헛소리들은 모순명제로서 참에 해당하지만, 모순되어 있는 만큼, 참이라는 진리로 나아가는 명제의 차원에서는 불가능의 세계다. 명제로 남아 있는 이 언표의 참과 거짓을 구명하기 위해, 이 명제와 실재의 존립 여부를 억지로 대비시켜 볼 필요는 없다. 왜냐하면 그것은 현실의 경험과 어떤 관련도 맺고 있지 않기 때문이다.

하지만, 교육은 '경험(經驗: experience)'에 호소한다. 때문에 오묘한 사실 자체가, 명제로 표현할 때 모순이라거나 거짓일지라도, 실재로 불가능하다는 것은 아니다. 그 세계에 관한 인식을 어떻게 부여하느냐? 그것이 이제 비트겐슈타인의 논리를 보면서 깨달은, 교육이 문제 삼아야 할 새로운 주제다. 그런 의미에서 교육은 참이나 가능성을 지속적으로 전달하는 작업을 근본으로 한다. 그리고 그것을 넘어 거짓 또는 불가능성을 확인하고 인식하는 작업을 현실적으로 다룰 필요가 있다.

비트겐슈타인 29 – 『논리철학론』 5: 진리-함수

2022. 8. 7. 19:00

이제 '4'번의 영역이 마무리 되고, '5'번의 영역으로 진입했다. '5'번에서 비트겐슈타인은 그간 분석해온 과정을 거꾸로 종합하려고 시도한다. 현존하는 세계를 복합적으로 고려한다. 그 첫 마디가 '진리(眞理)-함수(函數)'다. 그런데 말 자체가 불가사의(不可思議)하다. 이상야릇하다. 진리면 진리이고, 함수면 함수인 것이지, '진리-함수'라니! 여기에 비트겐슈타인이 세상을 보는, 오묘한 맛이 깃든다.

"5 명제는 요소명제들의 진리함수이다"

요소 명제는 자기 자신의 진리함수다.

"5.01 요소명제들은 명제의 진리논항들이다."

요소 명제들은 그것들로 만들어지는 명제의 진리치를 결정하는 '진리-함수 독립 변항'이다.

> "5.02 함수의 논항들은 이름의 지표들과 혼동되기 쉽다. 지표에서처럼 논항에서도 그것들을 포함하는 기호의 의미를 인식하기 때문이다."

함수의 독립 변항은 이름들에 첨가되는 접두사 및 접미사와 혼동되기 쉽다. 왜냐하면 독립 변항과 접두사·접미사는 둘 다 우리에게 그것을 포함하는 기호들의 뜻을 깨닫도록 할 수 있기 때문이다.

세상을 분석하여 요소명제가 주어지면, 가능한 모든 세계가 동시에 주어진다. 요소명제는 분석의 끄트머리이고 현실세계는 거기에서 연역되었기 때문이다. 대상이 주어질 때, 세계의 형식은 동시에 주어진다. 요소명제 또한 일련의 형식에 준하는 대상들로 구성된다. 이 요소명제들이 엮어져 일반적 명제를 구성한다.

이 지점에서 '함수(函數: function)'라는 언표가 확연히 들어온다. 중·고등학교 수학 시간에 귀에 못이 박히도록 다루었던, <집합과 명제>, <방정식> 등, 그 내용의 핵심이 함수였다. 그런데 이 함수가 무엇이었던가? 제대로 이해하지 못하고, 무작정 외었던 기억이 선하다. 함수는 간략하게 말하면 '기능(機能)'과 '역할(役割)'이다. 세상을 어떻게 내 마음에 집어넣어 성찰하느냐에 따라 행위가 달라진다!

비트겐슈타인은 말한다. "요소명제는 스스로의 진리함수다!" 요소명제가 자기 자신의 진리함수가 되는, 독자적으로 존재할 수 있는 특성은, 다름 아닌, 분석의 끝자리를 차지하고 있기 때문이다. 전통철학에서 보면, '원인 그 자체' 또는 '최초의 원인'이라 불리는 개념이다. 그러므로 요소명제는 그 어떤 것에도 기초하지 않는다. 그것은 단지 '존재 그 자체'다.

예를 들어, '두 점 사이에 직선을 그을 수 있다.' 또는 '모든 직각은 서로 같다.'라는 구절은 분석될 수 없다! 분석의 종결이기 때문이다. 그 종결은 스스로 자신을 증명할 뿐이다. 이를 '자명(自明: self-evidence)하다'라고 말한다. 이런 명제가 바로 요소명제다. 요소명제는 세계의 기저(基底)다. 기초가 되는 밑바탕이다. 전통철학과 비트겐슈타인의 차이는 그야말로 자명하다. 전통철학에서 기저는 세계의 출발점으로서 경험 이전에 주어진다. 반면, 요소명제는 현존하는 일반명제에 의해 요청된다. 요소명제의 존재는 단지 '논리'에 의해 요구될 뿐, 그 예증은 존재하지 않는다. 그러기에 요소명제는 명제의 진리 독립변수다. 명제의 진리 값은 그 명제의 기반인 요소명제의 진리 값에 의해 결정된다. 이런 의미에서 요소명제는 그것을 기반으로 만들어진 명제의 독립변수로 작동한다.

다시 강조하지만, 교육은 인간 삶의 원형적 현상이다. 교육이 삶이고 삶이 교육이다. 삶의 경험이 교육이고 교육이 경험을 축적해 나간다. 이때, 원형(原型: prototype)을 요소(要素:element, important points/positions)로 치환한다면, 교육은 현실의 독립변수로 요소명제다. 그런 만큼, 교육은 현실을 적시하며, 삶의 필수적 요소를 담는다. 그것만이 현실을 드러내는 교육의 논리다.

비트겐슈타인 30 – 『논리철학론』 5: 진리함수의 계열화

2022. 8. 8. 05:10

내 철학적 사유의 박약(薄弱)이 바로 드러난다. 수학(數學)이나 논리학(論理學)의 세계를 조금 접해 보기는 했으나, 비트겐슈타인의 논리를 따라가기에는 너무나 한계가 크다. 특히, '5'번의 영역이 그렇다. 가능한 한 논리 기호가 없는, 문장으로 서술된 부분을 발췌하여, 교육철학적 고민을 해본다.

> "5.1 진리-함수들은 계열로 정렬시킬 수 있다. 그것이 확률론의 기초다."

다시 강조하면, 진리-함수들의 계열은 개연성(蓋然性) 이론의 기초가 된다.

> "5.11 일정한 수의 명제들에 공통적인 진리 근거들 전부가 또한 특정한 한 명제의 진리 근거들이기도 하다면, 우리는 이 명제의 참은 앞 명제들의 참으로부터 따라 나온다고 말한다."

일군의 명제들에 공통하는 모든 진리-근거가 동시에 어떤 다른 명제의 진리-근거이기도 하다면, 나중에 나오는 명제의 진리성은 앞에 나온 일군의 명제들의 진리성으로부터 연역된다고 말할 수 있다. 주어진 개수의 명제에 공통되는 모든 진리 근거가 어떤 특정 명제의 진리 근거이기도 하다면, 후자가 참임은 전자가 참인데서 귀결된다고 할 수 있다.

"5.124 명제는 자신으로부터 따라 나오는 모든 명제를 긍정한다."

어떤 명제든 그 명제로부터 연역되어 나오는 모든 명제를 긍정한다. 명제는 거기서 귀결되는 모든 명제를 긍정한다.

어떤 차원에서 보면, '진리-함수'이론은 아주 간단하다. 어떤 명제를 기반으로 연산(演算: arithmetic operation)을 진행해 나가면, 즉 식(式; 기준)이 나타내는 일정한 규칙에 따라 계산해 나가면, 새로운 명제를 만들 수 있다. 수학 시간에 그렇게 다루었던, p와 q라는 두 명제가 있을 때, 'p∨q', 'p∧q', 'p∨~q', 'p⊃q' 등 여러 명제를 새롭게 만들 수 있다. 이때 새롭게 만들어진 명제들이 명제 p와 q의 진리함수다. 그것은 세계에 대한 묘사를 할 때, 새로운 세계를 말해주지는 않는다. '연산의 결과'일 뿐이다. 때문에 그 의미와 진리의 값은 그 기초가 되는 명제들에 종속된다. 다시 강조하면, 진리함수는 기반이 되는 명제들의 종속변수다!

그렇다면, 교육은 어떤 진리함수를 포용하고 있을까? '교육'을 정돈하는, 기초가 되는 명제는 어디에 있을까? 무엇일까? 예를 들어, '교육은 인간을 성장(成長)시키는 동력(動力)이다.'라고 했을 때, 이것이 기초 명제가 된다면, '인간'이나 '성장', '동력'과 같은 개념을 포함하는, 파생된 모든 명제는 그에 종속된다. 교육이라는 이름 아래 진행된, 교육의 종속변수가 많은 만큼, 교육은 복잡해진다. 그것은 교육이 기초 명제에 근거하지 않을 때, 근본이나 본질을 상실하기 쉽다는 역설(逆

說)이기도 하다. 이 논리에 따른다면, 교육의 기초 명제를 확인하고, 교육의 세계에 관한 의미와 진리를 고려하는 작업이, 교육철학의 핵심으로 대두한다.

비트겐슈타인 31 – 『논리철학론』 5: 명제의 구조, 내적 관계

2022. 8. 9. 05:20

> "5.13 한 명제의 참이 다른 명제들의 참으로부터 따라 나온다는 것을 우리는 그 명제들의 구조로부터 알아본다."

어떤 명제의 진리성이 다른 명제의 진리성에서 연역될 경우, 이 사실을 그 명제들의 구조를 보고 알 수 있다. 다시 말하면, 하나의 명제가 참이라는 사실이 다른 하나의 명제가 참이라는 사실에서 도출될 때, 이것은 그 명제들의 구조에서 이미 알 수 있는 사안이다. 예컨대, 'q'가 참이라는 사실은 'p•q'가 참이라는 사실에서, 또는 '~p•q'가 참이라는 사실에서 도출된다. 그것은 이미 'p•q'와 'q' 사이에, 또는 '~p•q'와 'q' 사이의 구조에서 알 수 있다. 항진명제는 주어와 술어를 분석하는 과정에서 그 증명이 끝난다.

> "5.131 한 명제의 참이 다른 명제들의 참으로부터 따라 나온다면, 이는 그 명제들의 형식들이 서로에 대해 지니는 관계들에 의해 표현된다. 즉, 우리는 그 명제들을 어떤 한 명제 속에 서로 결합함으로써 그 명제들이 비로소 그런 관계에 놓이도록 할 필요가 없다. 이 관계들은 오히려 내적이며 그 명제들이 존립하자마자 그로 인해 존립한다."

어떤 명제의 진리성이 다른 명제의 진리성에서 연역된다면, 이 사실은 그 명제들의 형식들이 서로 유지하고 있는 관계 속에 표현되어 있다. 그리고 그 명제들을 하나의 명제로 결합시킴으로써 그 명제들의 형식들 사이의 관계들을 짜 맞출 필요가 없다. 오히려 그 형식들 사이의 관계들은 내적 관계이고, 그 내적 관계들이 성립한다는 것은 그 명제들이 실제로 존재한다는 사실에서 곧바로 따라 나오는 직접적 결과다.

'한 명제의 참이 다른 명제들의 참으로부터 따라 나온다면', 즉 '어떤 명제의 진리성이 다른 명제의 진리성에서 연역된다면', 이는 연역 즉 '분석적 지식'에 관한 언급이다. 비트겐슈타인은 강조한다. 연역을 보여주기 위해, 주어 부분과 술어 부분을 복잡하게 결합시킬 필요가 없다! 그것은 '이미 거기에 존재한다!' 그 사실만으로, 그 구조의 보임에 의해, 분명한 사실이다! 여기에서 '내적 관계(內的 關係: internal relation)'가 중요하다.

예를 들어, '삼각형의 내각의 합은 2R이다.'라는 명제를 두고, 이 명제를 증명한다고 하자. 그러면 '엇각이 같다.', '동위각이 같다.'라는 사실 증명을 통해, 삼각형의 내각의 합이 2R이라는 사실이 밝혀진다. 그러나 비트겐슈타인은 말한다. "'삼각형의 내각'과 '2R'은 내적 관계에 있다!" 삼각형의 내각의 합=p, 2R=q로 치환했을 때, 'p⊃q' 즉 'p이면 q이다'라는 명제가 성립한다. 'p⊃q'는 '~p∨q'라는 단일한 명제로 전환된다. 그런데 이런 작업은 할 필요가 없다! 왜냐? 명제의 연역 관계를 단일한 명제로 만드는 작업이 의미가 없기 때문이다.

그것은 교육활동이나 교육의 개념을 다룰 때 의미 있는 시사점을 던진다. 교육철학적 작업의 가능성을 획기적으로 의심하게 만든다. 내적 관계를 통해 발생하는 수많은 교육활동의 사태가 무의미한 탁상공론(卓上空論)일 수 있음을 경고한다.

비트겐슈타인 32 – 경험의 역할

2022. 8. 10. 20:20

이른 새벽, 큰딸이 졸업을 앞두고 독일로 출국했다. 인천공항으로 향하면서 진학 진로에 대해 간략하게 말을 나누고, 평소처럼 별 말없이 보냈다. 용돈을 조금 더 쥐여 줬을 뿐이다. 약 3주간의 휴가(休暇)라고나 할까? 내무군주가 먼 여행을 떠난 후, 두 딸과 함께 보낸, 두 번째 시간이 의미심장했다. 고등학교를 졸업하자마자, 홀로 독일 유학을 떠난 지, 5년만이다. 예술계 고등학교도 다니지 않았고, 거의 독학으로, 그것도 지휘(指揮: conduct) 공부를 하러 갔으니, 그 쓰라린 경험이 어떠했겠는가! 9월쯤 음악학교 졸업을 앞두고 있다. 블로그와 문자, 화상통화를 통해 수시로 대화를 하고는 있지만, 그래도 애비로서 잘해 주고 있는 것인지, 인생 경험이 새롭게 다가온다.

비트겐슈타인은 말했다.

> "경험이 존재하고, 경험의 기술이 존재한다! 때문에 다른 사람이 나와 동일한 경험을 하느냐의 여부는 내가 상관할 수 없다. 그리고 내가 나 자신과 이야기할 때, 나의 경험은 중요할 수밖에 없다. 내가 이 경험을 알고 있다는 사실-반면에 다른 사람의 경험은 내가 직접 잘 알고 있지 못하다!-은 나의 경험이 내 삶에 결정적 역할을 하는데 틀림없음을 일깨운다!"

딸들아, 자신의 경험을 소중히 해라! 그것은 긍정적이건 부정적이건, 내 삶을 가꾸어 나가고, 나와 너, 우리의 세상을 만드는데 기여한다. 단지, 내가 딸들의 경험을 모두 알고 있지 못하기에, 그것을 이해하는데 애쓰면서, 약간의 도움을 주려고, 여기 이때에서 노력할 뿐이다.

비트겐슈타인 33 – 『논리철학론』 5: 연역의 선천성

2022. 8. 12. 05:00

"5.133 모든 연역(演繹: deduction)은 선천적으로 행해진다."

다시 말하면 모든 연역은 선험적으로 이루어진다. 선험적으로 진행되는 연역은 구조(structure)상의 문제일 뿐이다! 예를 들면, 'p'는 'p · q'에서 연역된다. 그것은 이미 'p'와 'p · q' 사이의 구조적 관계, 즉 앞에서 언급한 '내적 관계'에 의해 분명하게 드러난다.

교육에 대입하면, 이런 명제로 재생된다. 교육의 모든 연역은 선천적으로 진행된다. 교육에서 이루어지는 모든 활동은, 크게 보면 삶의 문제는 구조상의 실제일 뿐이다.

비트겐슈타인 34 –『논리철학론』5: 요소명제의 추론 불가

2022. 8. 16. 05:30

"5.134 하나의 요소명제로부터는 다른 어떤 요소명제도 연역될 수 없다."

하나의 요소명제가 다른 하나의 요소명제에서 연역될 수는 없다. 모든 명제는 그 명제가 포함하고 있는 요소명제에서 연역될 수 있다. 하지만, 요소명제 사이에서의 연역은 있을 수 없다. '추론(推論)' 불가다. 왜냐하면 모든 요소명제는 서로 독립적이기 때문! 기호로 이해하면 명확하다. 'p'와 'q'는 제각각 요소 명제다. 'p'에서 'q'는 연역되지 않는다. 마찬가지로 'q'에서 'p'도 추론될 수 없다.

교육은 인격완성을 지향한다. 요소명제들을 다루듯이 논리적 구조로만 파악하면, 인격의 파편들이 제각기 유기체로 연결되기 어렵다. 요소명제들의 독립성은 교육 개념을 이해하는 과정에서 설명이나 해명을 위한 도구적 장치일 필요가 있겠다. 그렇지 않고, 요소명제의 독립성만을 분석할 경우, 인간 자체를 부분으로 조각내어 해체하는, 교육이라고 인식하기에는 너무나 거리가 먼, 전혀 다른 방향의, 교육이라는 외피(外皮)를 덧씌울 수도 있겠다.

비트겐슈타인 35 – 『논리철학론』 5: 인과관계라는 미신

2022. 8. 19. 05:20

일반적으로, 어떤 일이 발생했을 때, 우리는 '원인 없는 결과는 없다!'라고 생각한다. 그런데 그런 인식이 세상을 정확하게 파악하는 방해꾼이라고 한다면, 어떻게 반응해야 할까? 비트겐슈타인은 심각하게 지적한다.

> "5.135 한 상황의 존립으로부터 그것과 전적으로 다른 한 상황의 존립이 추론될 수 있는 방식은 없다."

실제로 존재하는 한 상황으로부터 이와 전혀 다른 상황이면서 실제로 존재하는 어떤 상황을 추리할 수 있는 방도는 전혀 없다. 다시 말하면, 전적으로 상이한 상황인 다른 하나의 상황에 처한 어떤 존재에서 하나의 다른 상황을 추론할 수 있는 어떤 방법도 없다!

이는 비트겐슈타인의 논리 양식에서 매우 중요한 지점이다. 그는 연역 이외에 다른 어떤 추론의 가능성도 인정하지 않는다. 앞에서 언급한 것처럼, 'p' 또는 'q'는 'p · q'에서 추론된다. 이때 'p'와 'p · q' 'q'와 'p · q'사이에는 내적 관계가 성립한다. 때문에 이들 존재는 전적으로 다른 상황에 처한 것이 아니다. 'p · q⊃p'나 'p · q⊃q'는 무조건 성립한다. 이것이 연역이다. 그러나 두 상황이 서로 다를 경우, 하나에서 다른 하나를 추론하는 것은 불가능하다!

"5.136 그러한 추론을 정당화하는 인과관계는 존재하지 않는다."

"5.1361 미래의 사건들을 현재의 사건들로부터 추론할 수 없다. 인과관계에 대한 믿음이 미신이다."

즉, 현재의 사건들에서 미래의 사건들을 추론할 수 없다. 미신(迷信: superstition)은 인과관계에 대한 믿음일 뿐이다. 인간은 '미래의 사건을 예견할 수 있다'라고 믿는 경우가 있다. 하지만 그것은 '인과관계(因果關係: causal nexus)'의 존재를 믿기 때문이다. 과연 그럴까? 불교(佛敎)에서는 철저하게 인과율에 근거한 12연기(緣起)의 문제를 진리로 제시한다. 과학적으로도 어떤 행성(行星)의 현재 위치와 운동량에서 내일의 행성 위치와 운동량을 계산해낸다. 그것은 인과율이 존재하기 때문에 가능하다. 행성(行星)과 항성(恒星)의 관계를 관통하는 뉴턴의 물리법칙을 기반으로 미래의 사건을 예견한다. 하지만 엄밀하게 말하면, 그러한 법칙은 없다! 모든 법칙의 탄생은, 연역이 아니라, 귀납(歸納) 추론이기 때문이다. 인과율은 하나의 사유양식이다. 그런 만큼 함수(函數)를 고려하는 사고방식과 밀접한 관계를 가진다.

'오늘의 태양이 동쪽에서 떴다!'라는 사실이 있다. 여기에서 '내일의 태양이 동쪽에서 뜬다!'라는 사실을 추론한다고 하자. 이는 현재의 사건에서 미래의 사건을 추론하는 일이, '모든' 태양은 동쪽에서 뜬다는 전칭(全稱: all) 인과율을 전제로 가능하다. 그것은 비트겐슈타인이 인과율이나 인과관계를 부정한다는 하나의 근거다. 그러기에 그것에 대한 믿음은 미신이다. 교육에도 인과 관계가 없을까? 미신이 없는 걸까?

비트겐슈타인 36 - 『논리철학론』 5: 의지의 자유, 자유의지

2022. 8. 21. 07:10

이어지는 사유에서 비트겐슈타인은 인과관계의 문제를 자유의지(自由意志: free will)와 연결 짓는다. '의지의 자유'이기도 하고 '자유의지'라고 표현하는 인간의 심리상황이, 그 무엇보다도 강렬한, 세상을 비추는 프리즘으로 돌아온다.

> "5.1362 의지의 자유는 미래의 행위들이 지금 알려질 수 없다는 점에 있다. 인과성이 논리적 추론의 필연성과 같이 내적 필연성일 경우에만 우리는 미래의 행위들을 알 수 있다. 앎과 알려진 것의 연관은 논리적 필연성의 연관이다."

'의지의 자유'라는 것은 '아직 일어나지 않은 미래의 행동을 지금 알 수 없다!'라는 말과 동일하다. 인과성이 논리적 추리의 필연성과 마찬가지로 내적 필연성을 지닐 때 미래의 행동들을 알 수 있다. 지식과 알려져 있는 것 사이의 연결은 논리적으로 볼 때, 필연적 연결일 뿐이다. 여기서 '의지의 자유'는 '자유의지'다. 자유의지는 미래에 놓여 있는 행위를 아는 것이 불가능하다는 사실에 기반한다. 인과 관계가 내적 필연성일 때만이, 논리적 연역의 내적 필연성과 같을 때만이, 그것을 알 수 있다.

비트겐슈타인이 말하는 '의지의 자유' 또는 '자유의지'는 실존(實存)의 차원이다. 전통철학에 의지하는 합리론자나 실재론적 신학자들은 미래의 행위를 알 수 있기 때문에 자유의지가 가능하다고 말한다. 즉, '훌륭한 삶'은 이미 알려져 있고, 그것을 선택하는 일은 각각의 의지에 달린 문제다. 여기에서 각자의 의지를 자유의지로 받아들인다면, 그런 전통철학의 견해와 비트겐슈타인의 자유의지는 의미가 다르다. 비트겐슈타인은 말한다. "현재의 행위에서 미래의 행위를 추론할 수 있다면, 인간의 모든 행위는 현재에서 연역될 수 있다!" 그렇다면 인간의 선택은 존재할 수 없다. 모든 것이 연역되기 때문에 선택할 필요가 없다. 하지만 비트겐슈타인은 다르게 생각한다. 미래는 알 수 없다! 매 순간 선택이 요청된다!

미래의 행위를 예견하기 위해, 현재의 행위와 미래의 행위 사이에는 논리적 인과관계가 존재해야 한다. 달리 말하면 '내적 필연성(內的必然性)'이다. 그것은 현재와 미래가 '항진명제(恒眞命題: tautology)'에 의해 묶여야 한다는 뜻이다. 그렇다면, 세상은 동어반복(同語反覆)인가? 문자 그대로 '항상 참인 명제'가 현실에 존재하는가? 모든 경우에 대해 합성명제의 진리 값이 항상 참인 경우! 그와 반대로 모든 경우에 대해 합성명제의 진리 값이 항상 거짓인 경우인 모순명제(矛盾命題: contradiction), 즉 '항위명제(恒僞命題)'의 경우, 어떤 해석이 가능할까? 교육은 '항진명제'여야 하는가? '항위명제'여야 하는가? 아니면, '항위명제'만이 교육성을 담보하는가?

문제는 교육의 '현실', 교육의 '사건'이다. 현실이나 사건은 늘 '실증적(實證的)' 사실이다. 사실을 유발하는 사건들 사이에 내적 필연성은 없다. 그것은 미래가 '우연(偶然)'이라는, 또 다른 사실을 지시한다. 항진명제는 어쩌면 무의미한 일상의 반복과도 같다. '어떤 사람이 10이라는 수는 5 더하기 5라는 사실을 안다'라고 했을 때, 이 명제는 무의미하다. '현재의 10은 미래의 5 더하기 5라는 사실에 대해 필연성을 가진다. 따라서 미래의 사건을 현재의 사건에서 추론할 수 있다.'라는 인식은 의미가 없다. 여기에서 어떤 사람은 항진명제에 대해 말하고 있을 뿐이기 때문이다. 그렇다면, 교육적 명제가 설 자리는 어디여야 할까?

비트겐슈타인 37 – 『논리철학론』 5: 명백함과 논리적 참

2022. 8. 23. 05:10

> "5.1363 어떤 한 명제가 자명하다는 점으로부터 그 명제가 참이라는 것이 따라 나오지 않는다면, 그 자명함은 그 명제가 참이라는 믿음을 정당화하지도 않는다."

어떤 명제의 진리성이 자명하다고 인정하는 명제로부터 연역되지 않는다면, 그 명제의 자명성은 그 명제의 진리성에 대한 신념을 결코 정당화하지 못한다. 다시 말하면, 하나의 명제가 명백하다는 사실로부터 그것이 참이라는 사실이 연역되지 않는다면, 그 명백성이 그것의 참에 대한 믿음의 근거는 아니다. 예를 들어, '물에 열을 가하면 끓는다.'라는 명제를 생각해보자. '물과 열'을 p로, '끓는다.'를 q로 할 때, 이는 'p⊃q'꼴의 명제다. 이 명제가 참이기 위해서는 q가 p로부터 '연역'되어야 한다. 그러나 '물과 열'에서 '끓는다.'는 연역될 수 없다. 이 둘 사이에는 어떤 '내적 필연성'이 없기 때문이다.

상식적으로 이해하면, '물에 열을 가하면 끓는다.'라는 명제는 명백하다. 하지만 '논리적'으로 '참'을 보장받지 못하면, 어떤 식으로도 참임을 보장받을 수는 없다. 사실은 논리적 참 이외에 다른 참은 없기 때문이다. 따라서 명백성이 참을 보장하는 요건이 될 수는 없다. 이런 차원이 비트겐슈타인이 생각하는 논리(logic)다. 논리만으로 따지면 참으로 어려운 문제가 아닐 수 없다. 무엇이 진정(眞情)일까?

비트겐슈타인 38 - 『논리철학론』 5: 전자와 후자 사이에 선 '교육목표 도식'

2022. 8. 24. 09:20

비트겐슈타인을 사유를 따라가면 갈수록, 명백한 것 같으면서도, 전통철학과의 혼돈에서 오는 자괴감(自壞感)이 깊이 깃든다. 상당히, 아니 전혀 이질적인 사유의 양상 때문인가? 세상을 이해하는 접근 방식의 차이 때문일까? '하나의 명제가 다른 명제에서 나온다면, 후자가 전자보다 많은 것을 말하고, 전자가 후자보다 적은 것을 말한다!'라는 『논리철학론』(5.14)을 논의하기 전에, 한국교육학회의 요청으로 보낸 뉴스레터 권두언(2022. 9)의 끝 부분을 기록해 둔다.

> "20세기 한국사회에는 두 가지 차원의 변혁이 몰려왔다. 하나는 '민주주의(民主主義: democracy)'이고 다른 하나는 '산업화(産業化: industrialization)'다. 민주주의는 군주제[왕정]에 대한 혁명이고, 산업화는 농업사회의 변혁이었다. 그것은 형식의 차원에서는 강력한 변화를 가져왔으나 내용상 독재와 독점의 양상을 띠며, 과도기를 거쳤다. 이제는 민주주의와 산업화의 내용이나 질적 성장과 성숙을 고려해야 한다. 즉 민주주의의 온전한 구현과 우주첨단 과학기술 문명의 진보라는 불확실한 변혁의 물결을 타고, 진정으로 인간의 '잘 삶(eudaimon)'이 무엇인지 숙고할 필요가 있다. 이 지점에서 나는 '두 차원의 네 가지 능력'을 가꾸는 교육의 목표를 제기한다. 이는 지식과 도덕, 신체와 정신, 현실과 이상 등, 다양한 측면이, 유기체 같은

교육의 상황에서 전 방위적 차원으로 인간과 사회에 스며들게 만드는 작업이다."

첫째, 세계와 존재를 '인식(認識)'하는 차원이다. 여기서는 두 가지 능력을 함양(涵養)하는 교육이 필요하다. 하나는 마주하는 상황(狀況: situation)에 대해 '파악(把握: grasp)'하는 능력이다. 그것이 지식을 형성한다. 다른 하나는 부딪치는 사태(事態: state of affairs)에 대해 '장악(掌握: domination)'하는 능력이다. 그것은 인간이 세계에 부응하는 자세와 태도를 부여한다.

둘째, 세상과 인생을 영위(營爲)하는 차원이다. 여기서는 두 가지 능력을 배양(培養)하는 교육이 요청된다. 하나는 현실에 '적응(適應: adaptation)'하는 능력이다. 그것은 마주하는 삶의 여러 문제를 '처리(處理: handling)'하는 역량으로 자리 잡는다. 다른 하나는 미래를 '선도(先導: lead)'하는 능력이다. 그것은 다가오는 삶의 문제를 새롭게 '조성(造成: making)'하는 힘을 갖추도록 인도한다.

'두 차원의 네 가지 능력'에 관한 구체적 내용은 생략하고, 이를 그림으로 표현하면 다음과 같다.

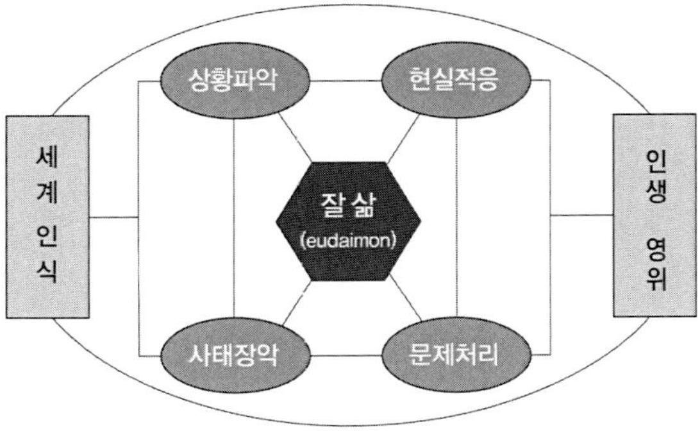
상황파악
현실적응
세계 인식
잘 삶
(eudaimon)
인생 영위
사태장악
문제처리

비트겐슈타인 39 - 『논리철학론』 5: 동어반복과 모순

2022. 8. 25. 15:30

수없이 되풀이되는 저 일상의 무수한 언어를 통해, 인간은 자신의 삶을 구성한다고 생각할 지도 모른다. 일상 언어를 보면, 의미 없는 말들의 향연이 하루를 장식하는 듯하다. 무의미한 일생의 연속이 소시민(小市民)이란 이름 속에 갇힌다. 정말 그렇게 무미건조한 일상이 삶이고 교육인 것일까? 비트겐슈타인의 동어반복과 모순, 즉 항진명제와 모순명제의 속성 가운데, 그 해답이 담겼을 수 있다.

> "5.14 한 명제가 다른 한 명제로부터 따라 나온다면, 후자는 전자보다 더 많이 말하고, 전자는 후자보다 더 적게 말한다."

> "5.141 p가 q로부터, 그리고 q는 p로부터 따라 나온다면, 그것은 하나의 동일한 명제다."

> "5.142 동어반복은 모든 명제로부터 따라 나온다. 그것은 아무것도 말하지 않는다."

> "5.143 모순은 명제들에 공통적인 것, 어떠한 명제도 다른 한 명제와 공유하지 않는다. 동어반복은 서로 아무것도 공유하지 않는, 모든 명제들에 공통적이다. 모순은 모든 명제들의 밖에서 사라지고, 동어반복은 안에서 사라진다. 모순은 명제들의 외적 한계이고, 동어반복은 실체 없는 중심점이다."

다시 설명하면, 어떤 명제가 다른 명제로부터 연역된다면, 후자는 전자보다 많은 것을 말하고, 전자는 후자보다 적은 것을 말한다. 만약, p가 q로부터 연역되고 또 q가 p로부터 연역된다면, p와 q는 동일한 명제다. 이처럼 항진명제는 모든 명제로부터 연역될 수 있다. 왜냐하면 항진명제는 세계에 관해 그 어떤 사실도 말하지 않기 때문이다.

모순명제는 어떤 명제도 다른 명제들과 서로 공유하지 못하는 명제들의 공통 요소다. 항진명제는 다른 명제들과 서로 공유하는 것이 전혀 없는 명제들의 공통 요소다. 여기에서 '명제들의 공통 요소'라는 말은 그것이 그 명제들 각각으로부터 도출될 수 있다는 의미다. 그리고 서로 공유하는 것이 전혀 없는 명제들이란 서로 대립되는 모든 명제들이다. 이는 한 명제와 그 명제의 부정으로 된 모든 명제 쌍, 즉 긍정과 부정의 모든 명제다. 항진명제, 즉 동어반복은 그것들에 공통적이다. 동어반복은 모든 명제들 각각으로부터 도출될 수 있기 때문이다. 모순은 동어반복과 역으로 모든 명제들에 공통적이다. 모순은 어떤 명제도 다른 한 명제와 공유하지 않으며, 그로부터 모든 명제가 각각 도출될 수 있기 때문이다. 그러기에 모순명제는 모든 명제의 바깥쪽으로 사라지고, 항진명제는 모든 명제의 안쪽으로 사라진다! 모순명제는 명제들의 바깥쪽 한계이고, 항진명제는 명제들 안쪽의 공허한 중심점이다.

다시, 교육은 어디에 자리할까? 교육의 언어는 동어반복하는 항진명제인가? 어떤 사안도 공유하지 못하는 모순명제인가? 모든 명제의 논리적 귀결은, 그 무엇도, 그 어떤 것도 말하지 않는 것 같다. 다른 명제와는 다른 세계에서 사는 명제로 보인다. 일상의 무의미한 지껄임! 언어의 세계가 그런 속살을 간직하고 있는 듯, 건조함을 더하며 메말라 간다. 교육도 그러한 가운데, 사무적인, 흔히 말하는, 비인간적 '소외(疏外: alienation)'를 조장(助長)하는 사회적 현상은 아닐까?

비트겐슈타인 40 -『논리철학론』5: 연산의 특징①

2022. 8. 26. 05:20

인간의 삶은, 수많은 '계산(計算: calculation)'들의 흐름일 수 있다. 수(數)를 셈하며 값을 치르고, 일을 예상하며 이해득실(利害得失)을 따진다. 이런 단순한 계산은 '연산(演算: arithmetic operation)'과는 다른 차원이다. 연산은 '운산(運算)'이라고도 한다. '운(運)'이라는 언표가 상징하듯, 돌고 회전하고 움직이는 차원의 역동성이 스며든다. 상대적으로 복잡한 양상의 알고리즘이 연출된다. 그 첫 단추가 명제들의 구조를 인식하는 작업으로 이어진다. 그 핵심은 '내적 관계'다.

"5.2 명제들의 구조는 서로 내적 관계에 있다."

다시 강조하면, 명제들의 구조들은 서로 서로 내적 관계에 처한다. 'p・q'는 'p' 또는 'q'와 내적 관계에 자리한다. 즉 'p・g'라는 명제와 'p'라는 명제의 사이 세계에 외적 요소는 개입하지 않는다. 예를 들어, 'p=비가 온다.' 'q=덥다.'라는 명제로 치환해서 생각해 보자. 'p・q'는 '비가 오고 덥다.'가 된다. 'p=비가 온다.' 'p・q=비가 오고 덥다.' 'q=덥다.'라는 명제 사이의 관계는 내적(internal)이거나 구조적(structural)이다. 여기에 별도의 외적(external) 차원은 끼어 들 수 없다. 엄밀히 말하면, 외적 관계란 존재하지 않는다! 외적 관계는 아무 관계도 아니다. 외적 관계는 앞에서 언급했던 인과관계(因果關係: causal relation)다. 다시, 확인하면, 이에 대한 믿음이 다름 아닌 '미신'이다.

> "5.21 내적 관계들은 하나의 명제를 어떤 연산의 결과로서, 즉 한 명제를 다른 명제들-연산의 토대-로부터 산출하는 연산의 결과로 묘사함으로써 하나의 표현 방식으로 부각될 수 있다."

다시 말하면, 명제들의 구조는 서로 '내적 관계'를 유지하고 있다. 이 내적 관계를 뚜렷이 드러내기 위해, 다음과 같은 표현양식을 채택할 수 있다. 즉 어떤 명제를, 연산의 기초인 다른 명제에 연산을 적용하여 만들어진 결과물처럼 표현할 수 있다.

인간은 하나의 명제, 즉 연산의 기초가 되는 다른 명제에서 산출하는 연산 결과로 그 하나의 명제를 제시하는 것을 통해, 표현상의 내적 관계들을 불러올 수 있다. 예를 들어, 'p', 'q', 'r'과 같은 수많은 요소명제가 있을 때, 'p'와 'q'라는 두 개의 요소명제를 고려해 보자. 'p'와 'q'로 이루어지는 명제들, 예컨대, 'p · q', 'p∨q', '~p∨q'와 같은 여러 명제를 생각할 수 있다. 이때 이 명제들의 기초는 'p'와 'q'다. 여기에서 'and, or, not'과 같은 작용이 바로 '연산'이다. 'p · q'는 'p'와 'q'에 대한 어떤 종류의 연산이 가해졌다. 나머지도 마찬가지다. 'p'와 'q'로 이루어진 명제들은 모두 'p'와 'q'에 가해진 어떤 연산의 결과다. 이때 'p'와 'q', 그리고 'p · q'를 보는 작업에서 바로 서로의 내적 관계를 포착할 수 있다. 때문에 '진리함수'에서 '요소명제'를 벗어나는 일은 없다!

그렇다면, 교육에서 요소명제는 어떤 것이 있을까? '교사'와 '학생', 교사와 학생의 매개체인 '교육내용'인가? '가르치다', '배우다', '탐구하다', '조사하다', '연구하다', '공부하다'와 같은 교육 행위를 의미하는 걸까? 아니면, 교육을 가능하게 만드는 수많은 인프라(infrastructure)나 환경적 요인이 그에 해당할까? 그런 사안들이 교육의 요소명제라면, 교육의 진리함수가 그것을 떠날 수 없는 것은 분명한 사실이다. 다만, 교육적 진실이 어디에 머물고 있는지, 그 함수가 문제다.

비트겐슈타인 41 – 『논리철학론』 5: 연산의 특징②

2022. 8. 28. 08:40

이어서, '연산'의 의미가 명제와 연관하여 심각하게 논의된다. 연산이 명제를 구성하고 형성하는 단계가 단순한 계산은 아니다. 변항을 통해 처리되면서 새롭게 출현하는, 삶의 양식을 빚어내는 인생의 창조처럼 고민을 더하게 만든다. 비트겐슈타인의 사고에 그런 신묘한 힘이 자리한다.

> "5.22 연산은 연산 결과의 구조와 연산 토대의 구조 사이를 드러내는 어떤 한 관계의 표현이다."

연산은 연산을 한 결과, 명제의 구조와 연산을 한 기초 명제의 구조 사이에 성립하는 관계를 표현한다.

> "5.23 연산은 한 명제로부터 다른 명제를 만들어 내려면 그 명제에 행해져야 한다."

달리 말하면, 연산은 어떤 명제로부터 다른 명제를 만들어내기 위해 그 명제에 적용되어야 하는, 하나의 '기호 작업'이다.

> "5.231 그것은 그 명제들의 형식적 속성에, 즉 그 명제 형식들의 내적 유사성에 의존한다."

그래서 연산은 명제의 형식적 속성들, 다시 말해 명제들의 형식이 지닌 내적 유사성에 의거한다.

> "5.232 어떤 한 계열을 정렬하는 내적 관계는 한 항을 다른 항에서 생겨나게 하는 연산과 동등하다."

즉 어떤 계열이 순서에 따라 정렬시키는 내적 관계는 다른 항으로부터 새로운 항을 만들어내는 연산과 동등하다.

> "5.233 연산은 한 명제가 다른 명제로부터 논리적으로 의미 있는 방식으로 생겨나는 곳에서 비로소 등장할 수 있다. 명제의 논리적 구성이 시작되는 곳!"

다시 설명하면, 연산은 한 명제가 다른 명제로부터 논리적으로 의미 있는 방식으로 만들어지기 전에는 나타날 수 없다. 명제들의 논리적 구성이 시작되기 전에는 나타날 수 없다는 말이다.

> "5.234 요소 명제들의 진리 함수는 요소명제를 토대로 갖는 연산들의 결과다. 예를 들면, 'p·q'라는 명제는 'p'와 'q'라는 요소명제를 기초로 하는 진리함수의 하나다. 이러한 연산이 '진리 연산'이다."

요소명제의 진리함수는 요소명제를 연산의 기초로 삼고 진행된 연산의 결과들이다. 비트겐슈타인은 이 연산들을 '진리치-연산(眞理値-演算)'이라 불렀다. '진리치-연산'은 쉽게 말하면, '부정(~p)'은 'p라는 명제에서 진리근거의 영역 바깔쪽을 골라낸다.'라는 연산이고, '논리합(p∨q)'은 'p의 진리근거 영역과 q의 진리근거 영역을 합병시킨다.'라는 연산이며, '논리곱(p•q)'은 'p의 진리근거 영역과 q의 진리근거 영역의 공통부분을 골라낸다.'라는 연산이다. 간략하게 정돈하면, '부정, 논리합, 논리곱'과 같은 것이 연산이다. '부정'의 경우, 어떤 명제의 의미를 정반대로 바꾼다.

> "5.24 연산은 변항(變項: variable)에서 드러난다. 그것은 어떻게 명제들의 한 형식으로부터 다른 한 형식에 도달할 수 있는지를 보여 준다. 연산은 형식들의 차이를 표현한다."

연산은 제 자신을 변항을 통해 드러낸다. 이는 한 명제의 형식으로부터 다른 명제의 형식을 만들어내는 방법을 보여준다. 다시 말해, 그 형식들의 차이를 나타내는 표현을 제공한다. 그러기에 어떤 연산의 근거가 되는 명제인 연산의 토대들과 그 연산의 결과로 나타나는 명제의 공통점은 바로 그 토대를 공유한다는 점이다.

> "5.25 연산의 출현은 명제의 뜻을 특징 짓지 않는다. 연산은 실제로 아무것도 진술하지 않는다. 오직 연산의 결과가 무엇인가를 진술하며, 이는 연산의 토대에 의존한다. 연산과 함수가 서로 혼동되어서는 안 된다."

다시 기술하면, 연산의 등장은 명제가 지닌 의미의 특징을 나타내지 않는다. 뿐만 아니라 연산은 그 어떤 것도 진술하지 못하고, 연산의 결과 명제만을 진술한다. 그 진술 내용은 그 연산의 근거명제에 의

존한다. 이때 연산(演算)과 함수(函數)를 서로 혼동하지 말아야 한다.

> "2.251 함수는 그 자신의 논항이 될 수 없다. 하지만 연산의 결과는 그 자신의 토대가 될 수 있다!"

함수는 제 자신의 독립 변항이 될 수 없다. 반면, 연산은 제 자신의 결과 명제들 가운데 하나를 다시 자신의 연산에서 기초로 삼을 수 있다.

이 지점에서 함수와 연산의 차이가 극명하게 드러난다. 무엇보다도 '변항(變項)'의 문제가 돋보인다. 연산은 변항에서 드러나기 때문이다 교육에는 변항이 너무나 많다. 변수(變數)가 곳곳에 도사리고 있다. 그것은 교육의 변혁을 가져오는 핵심요소들이다. 어쩌면 변항을 처리하는 문제가 교육의 정도를 형성하는 관건으로 작용할 수도 있다. 저 다양한 변항의 양상은 무엇일까?

비트겐슈타인 42 – 『논리철학론』 5: 진리함수와 '진리치-연산'의 결과

2022. 8. 29. 05:30

교육의 요소가 주어지면, 특히, 교육의 전통적 3요소인 '교사-교육내용-학생'이 구축되면, 교육은 진행된다. 이 기본 요소를 바탕으로 엮어 나가는 작업을 '교육의 연산'으로 명명할 수도 있겠다. 교육의 기본 요소나 교육의 기본 명제가 주어져 있다면, 교육이 추구하는 진리 연산의 결과도 주어질까? 비트겐슈타인은 고심을 더하며 사유를 전개한다.

> "5.442 어떤 명제 하나가 주어져 있다면, 그것과 함께 그것을 토대로 삼고 있는 모든 진리 연산의 결과들도 이미 주어져 있다."

인간에게 어떤 명제가 주어진다면, 그 명제와 함께 그 명제를 '진리-근거'로 삼는 모든 '진리치-연산' 결과들도 우리에게 주어진다.

> "5.45 논리적으로 원초적 기호들이 존재한다면, 올바른 논리학은 그것들 상호 간의 지위를 분명히 하고, 그것들의 현존을 정당화해야 한다. 논리학이 그 원초적 기호들로부터 어떻게 구성되어 있는지가 분명해져야 한다."

'논리적 원초기호'가 여러 개 있다면, 그 원초기호들 상호 간의 상대적 위치를 부여하는 방법을 밝히는 일과 그 원초기호들의 존재를 정당화하는 일에 실패하는 논리학은 어느 것이든 부정확한 논리학이다. 논리학을 원초기호들로부터 구성하는 일은 명료하게 진행되어야 한다.

> "5.451 논리학이 근본 개념들을 갖는다면, 그 개념들은 서로 독립적이어야 한다. 어떤 근본 개념 하나가 도입되었다면 그것은 무릇 그것이 나타나는 모든 결합들 속에서 도입되어 있지 않으면 안 된다. 그러니까 그것은 먼저 어떤 한 결합에 대해 도입되고 나서, 다른 한 결합에 대해 또 한 번 도입될 수 없다. 그것을 먼저 한 부류의 경우들에 도입하고, 그 다음 다른 부류의 경우들에 도입해서는 안 된다. 왜냐하면 그렇게 되면 그 두 경우에 부정의 의미가 같을지는 의심스러운 채로 남을 것이며, 그 두 경우에 동일한 기호 결합 방식을 이용할 아무런 이유가 없을 것이기 때문이다."

논리학이 원초 개념들을 갖는다면, 그 원초 개념들은 서로 독립된 사안이어야 한다. 어떤 원초 개념이 도입되었다면, 그 원초 개념이 항상 나타나는 모든 기호 조합 속에 도입되어야 한다. 그러므로 원초 개념은 먼저 한 기호 조합을 위해 도입되고, 나중에 다른 기호 조합을 위해 다시 도입될 수 없다. 그런 식으로 도입하면 부정의 의미가 두 경우에 같은지 다른지 의심이 생길 수 있고, 두 경우에 기호들을 동일한 방식으로 결합해야 할 이유를 전혀 알 수 없기 때문이다.

> "5.452 논리학의 상징체계 속에 새로운 미봉책을 도입하는 것은 언제나 중대한 결과를 갖는 사건임이 틀림없다. 논리학에는 어떤 새로운 미봉책도 괄호 또는 각주에서, 말하자면 전혀 무해하다는 투로, 도입되어서는 안 된다. 어떤 곳에서 새로운

미봉책의 도입이 필요하다고 입증되었다면, 즉시 이렇게 묻지 않으면 안 된다. '이 미봉책이 언제나 적용되어야 하는 곳은 어딘가?' 이제 논리학에서의 그 지위가 설명되어야 한다."

논리학의 상징체계에 무언가 새로운 장치를 도입하는 일은 반드시 논리학 전체에 영향을 미치는 중대한 사건일 수밖에 없다. 논리학에서는 '새로운 장치가 전혀 문제될 것 없다'라는 듯이 괄호나 각주로 도입되어서는 안 된다. 그러나 새로운 장치의 도입이 어떤 목적에 필요하다고 증명되었다면, 바로 '이 장치는 어디서나 그 목적에 항상 사용되어야 하는가?'라고 물어보아야 하며, 그 장치가 논리학 속에서 차지하는 자리를 명확히 밝혀야 한다.

"5.453 논리학의 모든 수(數)들은 정당화되지 않으면 안 된다. 또는 오히려, 논리학에서 수들은 존재하지 않는다는 것이 밝혀지지 않으면 안 된다. 특출한 수들은 없다!"

논리학에 등장하는 모든 수는 정당화를 필요로 한다. 보다 정확하게 말하면, 논리학에는 수가 전혀 없다는 사실이 명백하게 밝혀져야 한다. 다른 수보다 특별히 중요한 수는 없다!

"5.454 논리학에서 병립은 없다. 분류도 있을 수 없다. 논리학에서 보다 일반적인 것과 보다 특수한 것은 있을 수 없다."

논리학 속에는 '병립 상태'가 없다! 따라서 '분류'도 없다. 논리학에는 '일반적 사실'과 '특수한 사실'을 나누는 구별이 있을 수 없다!

> "5.4541 논리적 문제들에 대한 해결은 단순해야 한다. 왜냐하면 그 해결들이 단순성의 표준을 정립하기 때문이다. 사람들은 언제나, 그 대답들이, 선천적으로, 대칭적이면서 하나의 완결된 규칙적 구성물로 통합되어 있는 물음들의 영역이 존재해야 한다고 예감해 왔다. '단순성은 진리의 징표다!'라는 명제가 유효한 영역."

다시 강조하면, 논리학의 문제들에 관한 해결책은 단순해야 한다. 그 해결책이 '단순성의 표준'을 세우기 때문이다. 사람들은 물음들과 그에 대한 답들이 그것만으로 완비된 체계를 형성하도록, 선천적으로, 대칭적 결합을 이루고 있는 영역이 존재해야 한다고 예감해왔다. 이는 '단순성이 진리의 징표다!'라는 법칙이 지배하는 영역이다.

다시, 교육의 세계 또는 교육의 논리에 이입하면, 교육의 문제들에 관한 해결책은 단순해야 한다. 그 해결책이 '교육의 단순한 표준'을 세운다. 교육은 인간의 성숙을 향한 열망일 뿐이다. 그것은 큰 틀에서 이해하면, '인격(人格)'이다. 조금 나누어서 인식하면, 인간의 개인적 품격(品格: style: dignity)은 '성격(性格)'이고 인간의 사회적 품격은 '인격'이다. '인격'과 '성격'을 통합한 개념으로서 인성(人性)은 인간의 개체 수만큼 복잡하겠지만, 인간의 품격을 고려하는 만큼 단순화의 기준을 참고해야 한다. 그것은 건전한 사회의 정초(定礎)로 기능한다.

비트겐슈타인 43 – 『논리철학론』 5: 일반 논리형식과 세계의 본질

2022. 8. 31. 05:10

하지만, 인간의 세계는 긍정과 부정의 사이를 제멋대로 판단한다. 자기 이익을 향해 돌진한다. 그것이 교육을 더욱 고민하게 만드는 계기다. 교육적 논리학의 변항과 함수 사이에, 그 합성(合成)의 영혼이 빚어내는 사회성은, 어쩌면 영원한, 무량(無量)의 세상을 보고 소용돌이를 거듭한다. 비트겐슈타인의 논리형식과 세계 인식이 교육을 새롭게 보는 언어양식을 제공하는 듯하다.

> "5.47 모든 명제들의 형식에 관해 처음부터 말해질 수 있는 것은 단번에 말해질 수 있어야 한다는 것은 분명하다. 요소명제에는 실제로 이미 모든 논리적 연산들이 포함되어 있다. 합성이 있는 곳에는 논항(論項)과 함수(函數)가 있으며, 또 이것들이 있는 곳에는 이미 모든 논리적 상항(常項)들이 있다. 하나의 유일한 논리적 상항이 모든 명제들이 그 본성상 서로 공유하는 것이라고 말이다. 그것은 일반적 명제 형식이다."

인간이 모든 명제의 일반 형식에 관해 미리 말할 수 있는 것이 무엇이든 간에, 그 모두를 '한꺼번에 말할 수 있어야 한다!'라는 것은 분명하다. 실제로 요소명제는 모든 논리적 연산을 본질적으로 포함하고 있다. 날말 합성 기능, 즉 작문 기능이 있는 곳에는 어디든지 '독립 변항'과 '함수'가 있고, 독립 변항과 함수가 있는 곳에는 어디든지 이미

'논리 상항들'이 있다. '유일한 논리 상항'은 모든 명제가 본성상 서로 공유하는 것이라고 말할 수 있다. 그러나 모든 명제가 본성상 서로 공유하는 것은 '명제의 일반형식'이다. 명제의 일반형식은 일반적인 논리형식을 의미한다.

이런 설명을 통해, 비트겐슈타인이 강조하는 철학의 핵심은 '느닷없이 나타나는 논리적 설명들은 불가능하다!'라는 데 있다. 그렇다! '논리'는, 말 그대로 '논리'인데, 느닷없이 나타나는 논리가 뭔가? 논리는 물질의 문제도 지식 정보의 문제도 아니다. 명제의 형식과 표현이 관건이다. 여기에서 중요한 것은 '논항', 즉 '논리 상수(論理 常數)'다. 논리 상수는 감춰져 있다. 감춰진 양상으로 모든 명제가 공유한다. 이데아처럼 자리한다. 그것을 '명제의 일반형식', 또는 '일반 논리형식'이라 부른다.

> "5.471 '일반적 명제 형식'이 명제의 본질이다."

> "5.4711 명제의 본질을 제시하는 작업은 모든 기술의 본질을 제시하는 일을 의미하며, 그것은 '세계의 본질을 제시'하는 사업을 뜻한다."

명제의 일반형식인 논리형식이 명제의 본질을 제시한다면, 교육의 일반형식인 교육의 논리형식이 교육의 본질을 제시하는가? 그것은 교육이라는 세계의 본질일까? 명제가 다루는 '언어의 감각'과 교육이 다루는 '인간의 실정' 사이에 정합성(整合性)을 이루는 지점은 어디인가?

비트겐슈타인 44 - 『논리철학론』 5: 상황과 명제

2022. 9. 1. 05:10

2학기가 시작되는 9월의 첫날이다. 비트겐슈타인도 이런 시작의 날에 '어떤 의미'를 부여했을까? 아니면, 시작이라는 표현 자체가 우주의 진보적 순환 과정에서 볼 때, 의미 없는, 그 무엇으로 인식한 걸까? 시작이 확실한가? 불확실한가? 아니면 그것은 가능한 언표인가 불가능한 허상인가?

> "5.525 상황의 확실성, 가능성, 또는 불가능성은 명제에 의해 표현되는 것이 아니다. 표현이 동어반복이고, 뜻이 있는 명제이며, 또는 모순이라는 점에 의해 표현된다."

어떤 상황에 관한 확실성, 또는 가능성이나 불가능성은 명제에 의해 표현되는 것이 아니라 어떤 상황이 항진명제라는 점이나 의미를 가진 명제라는 것, 또는 모순명제라는 것에 의해 표현된다. 삶에서 상황은 끊임없이 발생하고, 발생한 상황은, 순간적으로 소멸되기도 하지만, 상당한 시간을 지속하며, 다른 상황을 유도하기도 한다. 그런데 이런 상황의 확실성은 그냥 명제가 아니라, 반드시 항진명제나 모순명제에 의해 표현된다. 이 무엇을 의미할까?

교육은 상황이다. 그렇다면 교육이 확실성, 교육의 가능성 또는 불가능성은 명제라는 문장이나 언어로 표시되는 것이 아니라는 말이다. 그럼 무엇으로 표현되어야 하는가? 교육의 항진명제? 그렇다면 동어반복의 연속이 교육일까? 아니면 거짓으로 인도하는 모순명제의 폭로가 교육일까? 다시, 교육의 실체가 무엇이어야 하는지, 교육적 진실의 의미가 고민된다.

비트겐슈타인 45 – 『논리철학론』 5: 세계의 완전한 기술과 명제의 합성

2022. 9. 2. 05:30

세계를 기술하는 일이 이렇게 어려운가? 그렇다면, 인류가 기술해 온 수많은 언표 작업은 무의미한가? 그건 아니다. 비트겐슈타인은 세계의 기술을 일반화된 명제와 결부시키며, 그 완전성의 맥락을 지시한다. 그것은 교육의 세계를 기술하는 지침이 될 수 있다.

> "5.526 세계는 완전히 일반화된 명제들에 의해, 그러니까 처음부터 그 어떤 이름을 특정한 대상과 짝 짓지 않고서, 완전히 기술될 수 있다."

인간은 완전히 일반화된 명제들, 즉 어떤 이름도 특정한 대상에 먼저 관련시키지 않는 명제들에 의해, 세계를 완벽하게 기술할 수 있다.

> "5.5261 완전히 일반화된 명제는 다른 모든 명제와 마찬가지로 합성되어 있다. 다른 상징들과 어떤 영역을 공통으로 갖는다는 점, 이것이 합성된 상징의 특징이다."

합성 상징의 징표는 그것이 다른 상징들과 어떤 사안을 공유한다는 점이다.

> "5.5262 실제로 모든 명제의 각각의 참 또는 거짓은 세계의 일

반적 구성에서 무엇인가를 변화시킨다. 그리고 요소명제들의 총체에 의해 세계의 구성에 허용되는 놀이 공간은 전적으로 일반적 명제들이 한계 짓는 놀이 공간 바로 그것이다."

어느 명제의 진리성이나 허위성이든 모두 세계의 일반적 구성에 약간의 변화를 일으킨다. 그리고 요소명제들 전체가 세계의 구성에 미결의 상태로 놔두는 범위는 완전히 일반적인 명제들이 정하는 범위와 정확히 똑같다.

세계를 완전하게 기술할 수 있는, 일반화된 명제란 무엇을 의미할까? 단순한 일상 언어인가? 논리형식을 갖춘 보편적 언표인가? 문제는 요소명제와 그 총체의 세계 구성, 명제의 합성이 가져오는 변화의 문제를 고려해야 한다. 교육의 세계도 그렇다. 교육의 일반화된 명제는 교육이 기본요소와 그 요소들의 총체성, 나아가 교육적 명제들의 융합과 복합에서 파생되는 변화를 고심할 때, 합리성을 갖춘 교육을 상정(想定)할 수 있다!

비트겐슈타인 46 - 『논리철학론』 5: 경험과 논리학

2022. 9. 3. 07:20

경험(經驗)은, 쉽게 말하면, '개인이 기억할 수 있는 과거의 삶 전부'를 의미한다. 철학적 의미를 부여하면, 경험은 '객관적 대상에 대한 감각이나 지각 작용에 의해 깨닫게 되는 내용'이다. 인간은 삶의 다양한 경험을 바탕으로 또 다른 삶을 영위하는 판단의 근거로 삼는다. 개인의 경험은 제각기 겪어온 과정에 따라 다르다. 그러기에 자신이 직접 겪은 경험은 물론, 자신이 겪어보지 못한 경험도 삶의 판단 근거로 활용할 수도 있다.

경험은 개인의 기억에 의존하는 만큼, 기록하지 않는다면 변질되기 쉽다. 또한 경험에 지나치게 의존할 경우, 급격하게 변화하는 인간사회에 적절하게 대처하지 못하고, 자신의 경험만을 옹호하며 고집을 부리기도 한다. 하지만, 경험이 많을수록 다양한 상황을 겪었을 가능성이 높고, 경력이 길수록 다양한 변화를 마주쳤을 확률이 높다.

이런 인식이 경험의 모든 것일까? 진정한 경험이란 무엇일까? 비트겐슈타인이 제기하는 경험의 세계는 매우 독특하다. 그는 철저하게, 경험을 '논리(論理: logic)'에 견주어 언급한다.

> "5.552 논리를 이해하기 위해, 인간이 필요로 하는 '경험'은 '어떤 것이 사정은 이러이러하다'라는 것이 아니라, '어떤 것이 있다'라는 것이다. 그러나 이것은 경험이 아니다. 논리는 모든 경험에-즉 '어떤 것이 어떠하다'라는 것에-앞선다. 논리는 '어

떻게'에는 앞서나 '무엇이'에는 앞서지 않는다."

다시 말하면, 논리학을 이해하기 위해 필요로 하는 '경험'은 '무언가의 상태가 어떠하다'라는 말이 아니라, '무언가가 있다'라는 것이다. 하지만 단지 '무언가가 있다'라는 것을 인정하는 일은 경험이 아니다. 논리학은 개개의 모든 경험, 즉 '어떤 것이 어떠하다'라는 차원보다 앞서 있다. 논리학은 '어떻게 있는가?'라는 물음보다는 앞서 있지만, '무엇이 있는가?'라는 물음보다 앞서 있지는 못한다.

논리는 경험의 문제가 아니다. 논리를 알기 위해 어떠어떠한 사례를 알거나 이해할 필요는 없다! 논리는 단지 거기에 있는 그 무엇이다. 인간을 물들이고 있는 그 무엇이다. 세계에 가득 차 있는 그 무엇이다. 왜냐? 이 모든 것의 궁극에 인간이, 인간 자신인 것이 자리하고 있기 때문이다. 비트겐슈타인은 그것을 '~이다(is)'라고 말한다. '~이다'는 세계에 있는 존재를 말하는 것이 아니다. 무엇인지 모르지만, 어떤 것이라고 여겨서는 안 되는 '어떤 법칙'을 지시하고 있을 뿐이다. 그것은 경험하는 것이 아니라 이미 인간을 물들이고 있다.

이 지점에서 과학과 철학의 사명이 구분된다. 과학은 '무엇'에 대해 연구하지 않는다. 예를 들어, '지구는 '무엇'에 의해 태양을 돌고 있는가?'라고 했을 때, 과학은 그 '무엇'에 대해 큰 관심을 두지 않는다. 대신, '지구가 태양을 '어떻게' 돌고 있는가?'에 대해 탐구한다. 그러나 철학은 근본적으로 과학적 주제에 앞선 주제를 파고든다. '과학을 가능하게 만드는 그 무엇'을 궁리한다. 그 '무엇'이 다름 아닌 '논리(logic)'다.

그렇다면, 교육은 단순 논리를 넘어서 있다. 과학과 철학의 영역을 '전방위적(全方位的)'으로 합성하는 거대한 사업이기 때문이다. '어떻게'와 '무엇'을 동시에 고려하며, 인격의 수준을 높여나가려는 의도성을 지닌다. 그것은 단순한 논리적 명제로만 설명하기에는 너무나 곤란한, 명제 논리의 무한지대다. 형이상학과 형이하학이 교차하고 과학과 철학이 병존한다. 교육의 명제가 지닌 논리는 복합적 차원이기에 더욱 그러하다.

> "5.5521 그렇지 않다면, 어떻게 인간이 논리를 적용할 수 있을까? 이렇게 말할 수 있다. 만일 세계가 존재하지 않을지라도 논리가 존재한다고 하면, 세계가 존재하는 경우에는 어떻게 논리가 존재할 수 있을까?"

다시 보자. 인간은 어떻게 논리학을 응용할 수 있을 것인가? 우리는 이 점을 다음과 같이 말할 수도 있다. 세계가 없을지라도 논리학이 있다면, 어떻게 세계가 있기 때문에 논리학이 있단 말인가? 세계와 논리의 존재 양태가 어떤 관계이기에, 선후(先後)의 존재 유무를 따지는 걸까? 인간의 모든 경험은 논리형식 가운데 가능하다. 인간의 경험은 논리의 적용이나 응용을 통해 생명을 얻는다. 그것은 논리가 세계에 앞서 있다는 의미다. 세계가 없더라도 거기에 논리는 있다! 세계가 주어진다면, 그때, 논리는 세계에 앞선다. 논리는 이미 거기에, 선험적으로 존재한다. 다름 아닌, 하나의 형식으로 세계에 적용되기 위해서다.

경험은 논리가 추구하는 세계의 존재를 인식하고 묘사하며 실천하는 양식과 연관된다. 경험의 세계는 논리학이 서술하려는 '상태'를 지시하지 않는다. 세계의 실재를 고려한다. '무엇이 있는가!' 그것은 철저히 현실 존재의 문제다. 존재가 어떻게 자리하는지에 대한 관심이 아니다.

논리학을 염두에 둔 경험의 문제를 교육에 치환하면, 교육적 경험은 교육의 사정이나 상황에 관한 문제가 아니다. 교육의 존재 문제다. 그것은 교육의 현실이 어떠하냐에 관한 기술이 아니라 교육의 현실이 실재하는, 교육 자체에 관한 실천이다.

비트겐슈타인 47 -『논리철학론』5: 일상 언어의 논리적 질서

2022. 9. 4. 06:10

내가 사용하는 일상 언어는 어느 정도 진실한가? 정말 믿을 수 있는가? 참과 거짓의 언어 게임에서, 교육적 언어는 논리적 질서가 온전한가? 비트겐슈타인은 일상 언어의 완전성을 적극 옹호한다. 그것은 인간의 문제를 가장 구체적인 차원으로 이해하는 순간에 적시되는, 일종의 진정성인 것처럼 보인다.

> "5.5563 일상 언어의 모든 명제들은 사실상, 있는 그대로, 논리적으로 완전히 질서 잡혀 있다. 여기서 지시해야 마땅한 저 가장 단순한 것은 진리의 초상이 아니라, 완전한 진리 그 자체다. 인간의 문제는 추상적이지 않고, 존재하는 문제들 가운데, 아마 가장 구체적인 것이리라."

실제로 일상 언어의 모든 명제는 그 상태 그대로 완전한 논리적 질서를 갖추고 있다. 여기서 인간이 명확하게 밝혀내야 하는 가장 단순한 사실은 논리적 질서와 닮은 유사품이 아니다. 논리적 질서 그 자체의 완전한 전모(全貌)다. 인간의 문제는 추상적인 문제가 아니다. 인간이 부딪힐 수 있는 가장 구체적인 문제다.

인간의 문제가, 나와 너, 우리의 문제가 추상적이지 않고, 구체적이라는 강조가 눈길을 끈다. 인간의 삶이나 일상 언어의 모든 명제들이, 진리의 초상이 아니라 진리 자체라는 언표는 교육적 차원을 열망한다. 초상(肖像)은 인간의 얼굴이나 모습을 나타낸 그림이나 사진이다. 초상이 아니라 진리 자체라는 표현은, 그러니까 인간의 문제, 인생의 활력은, 그림이나 사진이 아니라, 인간 자신이다. 그 구체적인 것이 교육에 투영되어 있다. 칸트의 표현처럼, 교육만이 인간을 인간답게 만들 수 있는, 가장 구체적인 논리적 질서를 담고 있는 건 아닐까?

비트겐슈타인 48 -『논리철학론』5: 나의 언어 세계의 한계

2022. 9. 5. 05:50

역사상 한 번도 경험하지 못한, '괴물 태풍'이 한반도로 몰려온다는 뉴스가 연일 지속되고 있다. 지난 8월에도 300년에 한번 있을 법한 폭우와 홍수에 난리를 겪었는데, 한 달도 채 되지 않은 '괴물 태풍'이라는 별명까지 붙은 '힌남노(Hin Namno)' 태풍이 걱정이다. 힌남노는 라오스에서 제출한 태풍 이름으로 라오스 캄무안 주에 있는 국립공원의 이름이고, 그곳은 종유석이 있는 동굴로 유명하다고 전해졌다. 그 아름다운 국립공원의 명칭이 가장 강력한 태풍의 명칭으로 발탁(?) 되다니.

어느 구름이 비를 머금고 있는가? 어떤 구름 가운데 비를 몰고 오는 기운이 담겼는가! 저 시퍼렇다 못해 은빛으로 번뜩이는 칼날 색 같은 먹구름이 비바람을 동시에 품었는가?

어쨌건, 한반도는 제주도를 비롯한 남쪽 지방에 이미 피해가 속출하고 있다는데, 피해가 적기를 소망할 뿐이다. 저 거대한 자연 앞에, 분노(憤怒)의 포효(咆哮) 같은 재화(災禍)를 마주하며, 조그마한 소리조차 묻혀버리는 인간의 울부짖음 속에, 가능한 한 인명(人命)이나 재산(財產) 피해가 최소화이기를 소망할 뿐이다. 코로나 팬데믹이 아직도 기승을 부리고 있는데, 이 무슨 혼란의 순간들인가!

이 태풍의 '순간'조차도, 운명(運命)처럼, 조용히 기다려 마주하며, 비트겐슈타인의 고뇌를 다시 들여다본다. '한 번도 경험하지 못한 가장 강력한 태풍이 몰려온다!' 이 언어는 무엇을 말하고 있을까? 어떤 메시지를 던지고 있을까?

언어는 존재의 표상이다. 사람의 말이 어떠한가에 따라 그 사람의 품격이 다르게 보인다. 말의 표현에는 긍정과 부정이 교차하고 점잖은 표현과 지나친 표현이 뒤섞이기도 한다. 그 말은 인간의 품격 자체다. 그러기에 말은 성격을 드러내고 인격을 나타내고, 한 사람의 존재의의를 보여준다. 비트겐슈타인은 명제의 논리적 작업을 통해 이 지점을 정확하게 짚어냈다.

> "5.6 나의 언어가 가진 한계들은 나의 세계가 지닌 한계들을 의미한다!"

내 언어의 한계는 내 세계의 한계다! 너무나 유명한 비트겐슈타인의 언명이다. 그의 철학을 소개할 때마다 인용되는 유명한 문구이다. 여기에서 '나의 언어'란 무엇일까? 그것의 한계가 왜 내 세계의 한계로 이어질까? '언어=세계'라는 의미인가? 이 '나의 언어'는 '인간 사회에 횡행하는 언어'와 독립된, 별도의 존재인가? 내가 알고 있는 어휘 수가 다른 사람이 알고 사용하는 어휘 수보다 적다면, 나의 세계는 다른 사람의 세계보다 좁은 것을 말하는가? 비트겐슈타인은 '언어'에 대해 어떤 정의를 내리고 있을까?

여기서 말하는 '언어'는 '경험적 사실의 명제적 처리'일 뿐이다. 나의 세계는 내 명제의 세계다. 내 명제의 세계는 내 경험의 세계다. 때문에 '나의 언어'는 '나의 경험', 즉 '감각적 경험'을 뜻한다.

'내 언어의 한계는 내 세계의 한계다!'

비트겐슈타인이 힘차게 선언한 이 언명이 내포하는 의미는 두 가지다. 하나는 언어[명제]로 집성(集成)되지 않은 경험은 무의미하다는 뜻이다. 이때의 경험은 이미 경험이 아니다. 그것은 명제로 합성되지 않은 지식은 지식이 아님을 지시한다. 다른 하나는 지식의 한계가 인간의 경험에 의해 그어진다는 뜻이다. 그러기에 '언어'라고 했을 때, 그 언어는 이미 경험을 의미한다. 이 언어가 나의 세계다. 다시 말하면, 나의 세계는 내 언어의 테두리에 갇힌다. 나는 나의 언어를 초월할 수 없다. 명제로 정돈된 나의 경험을 벗어날 수 없다. 이것이 바로 나의 세계이기 때문이다.

그렇다면 이 언어는 어떤 시점에 자리하고 있을까? 영원한 시점을 확보하고 있지 않은 것은 명백하다. 영원한 시점에 자리하는 명제라면, 그것은 영원한 사실을 말해야 한다. 동시에 우월하거나 형식을 달리하는 명제로 바뀌어야 한다. 그런 만큼 이 명제는 실재(實在: reality)를 벗어난다. 사이비 명제로 전락할 뿐이다.

그것은 인간의 언어가 자리하는 시점이 '순간(瞬間)'임을 뜻한다. 바로 '그 순간'이다. 세계는 1초 전이나 1초 후의 세계도 아니다. '바로 그 순간'의 세계다. 그러기에 인간은 바로 다음 순간의 세계에 대해 알 수 없다! 앞에서 언급한 것처럼, 현재의 사건에서 미래의 사건을 추론할 수는 없다! 인간이 미래에 대해 알 수 있는 사실이나 실재는 없다.

다시 보자! '내 언어의 한계는 내 세계의 한계다!'라고 할 때, 이는 '네 언어의 한계는 네 세계의 한계다!'라는 언표나 '그 언어의 한계는 그 세계의 한계다!'라는 표현과 동일한 논리이자 양상(樣相)을 보인다. 그렇다면, 이러한 세계는 공유되는 공동체인가? 보편적 세계인가? 비트겐슈타인의 생각은 다르다. 그렇지 않다! 인간은 각자, 자기의 언어를 말한다. 이 언어의 세계는 제각기 다르다.

그렇다 하더라도, 언어는 동일한 형식을 공유한다. 보편적 논리를 수긍한다. 그래야만 소통(communication)의 근거를 확보할 수 있기 때문이다. 이런 열망 이외에 인간이 서로 공유할 수 있는 사안은 거의 없다. 나는 나의 세계를 살고 있을 뿐이다. 그만큼 인간은 서로에 대해 이해할 수 없는, 인식 불가능한 언어를 말하고 있다. 소통의 근거는 확보되어 있으나, 공유할 수 있는 사안이 적거나 거의 없다! 무슨, 어떤, 교육이 가능할까? 인간사회는 교육될 수 있는 세계인가? 다시, 혼동이 순수 영혼을 밀어낸다.

비트겐슈타인 49 - 『논리철학론』 5: 논리와 세계, 그 한계

2022. 9. 6. 22:10

세계는 어떻게 형성되어 있을까? 그 구성의 체계는 어디에서 빚어졌을까? 물론, 교육의 세계는 인간이 구성했다. 인간이 형성해 나간다. 그런데 그것을 구성하고 형성해 나가는, 창조의 논리가 정확(正確)하게 지시되는가? 논리(論理)가 '언어의 손질'에 의한 삶의 양식을 마련하는 작업이라면, 언어와 논리가 교육의 세계를 적확(的確)하게 반영하는 것으로 믿어도 좋을까? 교육에 난무하는, 교육 논리에 휘몰아치는 말의 향연은 무엇일까? 비트겐슈타인은 논리와 세계의 관계를 다음과 같이 강조한다.

> "5.61 논리는 세계를 가득 채우고 있다. 세계의 한계들은 또한 논리의 한계들이기도 하다. 그러므로 인간은 논리학에서 이렇게 말할 수 없다. '이것과 이것은 세계 내에 존재하고, 저것은 존재하지 않는다!' 왜냐하면 외견상 그것은 모종의 가능성들을 배제한다고 전제하게 되는데, 이는 사실일 수 없기 때문이다. 그렇지 않다면 논리는 세계의 한계들을 넘어가야만 한다! 요컨대, 논리가 이 한계들을 다른 쪽으로부터도 고찰할 수 있다면 말이다. 인간이 생각할 수 없는 것을 인간은 생각할 수 없다. 그러므로 인간은 또한 인간이 생각할 수 없는 것을 말할 수도 없다."

다시 해설하면, 논리학은 세계를 가득 채운다. 그래서 세계의 한계는 논리학의 한계이기도 하다. 따라서 인간은 논리학 속에서 '세계 속에 이것과 이것은 있고, 저것은 없다!'라고 말할 수 없다. 이 표현은 인간이 어떤 가능성을 배제한다는 것을 전제하는데, 이는 논리학이 세계의 한계를 넘어가는 것을 필요로 하는 일이므로 실제로 이루어질 수 없기 때문이다. 논리학이 세계의 바깥에서 세계의 한계를 바라볼 수 있는 방도는 그것뿐이다. 인간은 자신이 생각할 수 없는 것을 생각할 수 없다. 따라서 인간은 자신이 생각할 수 없는 것을 말할 수도 없다.

'논리는 세계에 팽배해 있다!'라는 언표가 사실일까? '세계의 한계가 또한 논리의 한계다!'라는 언표도 그럴까? 논리의 차원에서 볼 때, 세계는 그 속에, '이것을 또한 이것도 가지고 있고, 저것을 가지고 있지 않다!'라고 말할 수 없다. 왜냐하면, 그것은 인간이 어떤 가능성을 배제하고 있는 것을 상정하는 작업으로 보이기 때문이다. 그러나 이것은 있을 수 없다. 그것은 논리가 세계를 넘어설 것을 요구한다.

이 지점에서 말잔치가 지닌 일상의 한계를 고려해야 한다. 교육에서 지칭한 수많은 말의 놀이는 한계를 지닐 수밖에 없다! 언어와 논리와 세계는, 모두, 같은 한계에 처한다. 어쩌면 '한계(limit)'라는 표현조차도 부적절할지 모른다. '한계'는 그 너머에 무엇인가 존재한다는 사실을 전제한다. 인간은 이 세계, 즉 어떤 세계에서 살고 있다. 그 어떤 세계, 이 세계 이외에 다른 세계에 대해, 그 존재조차도 가정할 수 없다. 인간의 세계는 전체 세계다. 마찬가지로 인간의 근원적 삶을 형성하는 바탕으로서 교육은 세계를 감싸 안는다. 그 가운데 인간의 언어가 활보한다. 언어의 활보는 논리를 낳고, 그 논리는 세계를 형성한다. 그 논리는 교육이고, 그 교육은 세계를 팽창시켜 나간다. 그로부터 교육의 논리는 세계를 가득 채운다!

하지만 인간은 인간 자신의 세계가 어떤 것은 포함하고 있고 어떤 것은 배제하고 있다고 말할 수 없다! 이것과 저것! 그런 두 영역의 세계를 논의하는 것 자체가 무의미하다. 인간이 살고 있는 세계 이외에 다른 세계에 대해, 그 언급조차 불가능하다! 불교적 감각을 빌어 표현하면, '색(色)'과 '공(空)'에 관한 인식과도 유사하게 보인다. '색즉시공(色卽是空), 공즉시색(空卽是色)'인가!

예를 들면, 세계의 하루는 낮과 밤, 빛과 어둠으로 되어 있다. 그런데 그런 세계에 대해, '빛을 포함하고 있고, 어둠을 배제하고 있다'라고 한다면, 어떻게 되는가? 인간의 세계에 대한 논리는, 빛은 물론 어둠에까지 미쳐야 한다. 그것은, 인간의 언표에서 우러나오는 논리의 대상이 되기 때문이다. 문제는 논리를 허용되는 시공간이다. 논리는 인간의 세계를 벗어나 다른 세계에 미칠 수 없다. 때문에 세계의 바깥에 대해 무언가를 언급한다고 했을 때, 단지, 다른 세계의 존재를 언급한다고 해도 모순에 빠진다. 그것은 이미 '침묵 속에 지나쳐야 할 것(what should be passed over in silence)!'이다.

예컨대, 인간은 신(神: God)의 세계에 대해, 어떤 실제도 말할 수 없다. 신(神)은, 인간의 세계 안에, 객관적 실체로 존재하지 않는다. 인간의 세계 안에 존재하기 위해서는, 인간의 실증적 경험 안에, 다시 말해, 대상들(objects) 가운데 있어야 한다. 그렇기에 비트겐슈타인이 주시하며 사유를 펼쳤듯, '인간이 생각할 수 없는 것은, 인간이 생각할 수 없다!' 세계의 안이 아닌 세계의 밖, 그것에 관한 사유는, 인간이 생각할 수 없다. 인간 세계의 밖에 관한 사안을 생각할 수 없기에, 그에 대해 말할 수 없다!

교육은 인간 세계의 ‘적극적 현실’이다. 적극적 속성만큼, 충분히 말할 수 있다. 문제는 그 교육의 세계성이다. 교육적 언어의 향연이, 정말, 인간 세계의 안에 있는, 대상들의 역동적 움직임에서 우러난 현실적 삶인가? 아니면, 대상들과 거리가 먼, 허황된 비현실적 삶의 영역인가? 비현실적 이상(理想: idea)이라면, 그것은 교육에서 말할 수 없는, 세계 밖 존재로 전락할 뿐이다.

비트겐슈타인 50 –『논리철학론』5: 유아주의, 세계와 나의 삶

2022. 9. 7. 6:20

교육은 인간 세계의 안인가? 밖인가? 분명히 인간 세계의 안에 자리 잡아야 한다. 그렇지 않다면, 교육은 존재 불가능한 세계 밖의 허상을 맴돌 뿐이다. 그런데 교육의 특수성과 보편성 앞에서, 달리 말하면, 수월성(秀越性)과 평등성(平等性)을 저울질하며, 시소게임을 할 때, 다시 생각해야 할 영역이 떠오른다. 그것은 유아주의(唯我主義: Solipsismus)라는 철학적 견해가 교육에 반영될 시점이다.

> "5.62 '5.61'에서 드러낸 소견은, '나 홀로' 생각해낸 의견인 유아주의가 '어느 정도까지 진리인가?'를 결정해줄 열쇠가 된다. 유아주의가 뜻하는 것은 전적으로 옳다. 다만, 그것은 말해질 수는 없고, 드러날 뿐이다. 세계가 나의 세계라는 것은, '내가 유일하게 이해하는 그 언어의 한계들은 나의 세계가 지닌 한계들을 의미한다!'라는 점에서 드러난다."

다시 말하면, '5.61'에서 드러낸 견해는 유아주의가 '얼마나 진실한 것인가?'라는 문제를 해결할 수 있는 열쇠를 제공한다. 왜냐하면 유아주의자가 의도하는 바는 완전히 올바르지만, 그 의도하는 바는 말로 표현될 수 없고, 스스로 드러날 뿐이기 때문이다. 세계는 나의 세계다. 이는 내가 이해하는 그 언어의 한계가 나의 세계가 지닌 한계라는 사실 속에 드러난다.

이러한 언급은 유아주의가 어느 정도까지 참일 수 있느냐는 의문에 대한 단서를 제공한다. 사실상 유아주의가 의미하는 것은 매우 올바르다. 그것은 스스로를 보여줄 뿐, 말해질 수 없는 속성을 지녔다. 세계는 '나의 세계'라는 사실! 그것은 자신만이 이해하는 언어의 한계가 나의 세계가 지닌 한계를 의미한다. 거기에서 나와 세계의 모습이 드러난다.

유아주의는, 나 혼자만이, 그리고 나의 의식 상태들만이 유일하게 존재하며, 나와 나의 의식 상태들만이 실제로 인식될 수 있다는 철학적 견해다. 여기에서 비트겐슈타인은 유아주의에 대해 어떤 방식으로 '진리'를 부여할 수 있다고 말한다.

언어! 그리고 논리! 인간은 자신이 유일하게 이해하는 언어의 한계들을 품에 지녔다. '유일하게 이해하는'에서 '유일하게'는 '나 자신'이 아니라 '언어'와 관련된다. '나만이 이해하는 어떤 언어가 있다!'라고 할 때, '그 언어의 한계들'을 의미하는 것이 아니다. '내가 어떤 언어만을 이해한다!'라고 할 때, '그 언어의 한계들'을 뜻한다. '나의 언어'라고 할 때, 그 언어는, 모든 자연 언어의 공통적 본질이 되는 유일한 언어다. 흔히 말하는 개인적 언표, 사람들에게 보편적으로 이해되는 '공적 언어'와 대조되는, 사적 언어로서 나만의 언어로 간주되는 것이 아니다.

불교의 관점을 도입하면, 유아주의는 '천상천하유아독존(天上天下唯我獨尊)'과 같은 싯타르타의 외침처럼 느껴진다. '하늘 위와 하늘 아래에 오직 나 홀로 존귀하다!' 싯타르타는 태어나자 곧바로 일곱 걸음을 걷고, 오른손으로 하늘을 가리키고 왼손으로 땅을 가리키면서 '우주 가운데 나보다 존귀한 사람은 없다!'라고 읊었다고 전하는 글귀다. 모든 중생에게 자신의 인격이 얼마나 존엄한지를 일깨우는 언어! 정말, 이 우주에서 인간보다 존엄한 존재가 없을까! 세계를 돌아보면서, '나 홀로', 또는 '나 만이', '존귀하다'라는 이 언표! 그것은 세계를 꿰뚫어본, 한계 설정의 명확함이다. 단순하게 말하면, '세계는 내가 아는 세계로 제한된다!'

이 지점에서 나는 그려본다. 비트겐슈타인의 저 흥분된 심경(心境)을. 그것은 심경(心鏡)의 심경(深境)이다. 마음의 거울로 비추는 깊은 경지다. 그는 들뜬 상태의 철학적 마음을 꼭 껴안고 있었음에 틀림없다! 세상을 제대로 발견한 듯, 기뻐 날뛰었음에 분명하다. 그 속에는 매우 겸허하고 조심스러워 하는, 그의 언어 철학이 자리 잡는다.

다시 강조하면, 비트겐슈타인에게서 세계, 즉 나의 세계라는 사실은, 나만이 이해하는 언어의 한계가 내 세계의 한계라는 것에서 드러난다. 이는 모든 사람이 제각기 서로 독립적인 동시에 서로에 대한 완전한 일치가 불가능함을 의미한다. 세계의 종류는 존재하는 사람의 수만큼 많다. 다양하다. 다채롭다. 사람은 제각기 각자의 언어에 갇힌다. 왜? 각자의 감각 인식, 달리 말하면, 경험이 사람마다 고유한 것이기 때문이다. 각각의 경험은, 결코 다른 사람과 완전하게 공유될 수 없다. 그것은 인간에게 외로움을 선사한다. 그 외로움은 선험적(先驗的)이다. 경험에 앞서, 인식의 주관적 형식이 인간 자신에게 있어서일까?

그리하여 "5.621 세계와 삶은 하나다(The world and life are one)!"

세계와 인생은 하나다! 세계를 교육으로 환언하면, '교육과 삶은 하나다!' 인간은 제각기 삶을 영위한다. 각자에게 세계란, 교육이란, 자신의 삶일 뿐이다. 여기에 자아(自我)란 없다! 자아는 의식하는 사람이 다른 의식하는 사람이나 대상으로부터 스스로를 구별하며 자신을 일컫는 언표다. 자아실현(自我實現)? 무슨 소릴까? 없는 자아를 어떻게 실현하는가? 창조해서 구현하나?

교육의 목표나 목적 가운데 '자아실현'이라는 말은, 교육의 과정에서 진리처럼 부각되곤 한다. 그런데 '자아란 없다!' 그런 자아는 허상이다. 거기에 있는 것은 감각적 인식뿐이다. 다시 말하면, 교육에 존재하는 것은, 오직 교육을 실천하며 느끼고 깨닫는 감각적 인식이다. 세계는 나에게 인식되는 세계 이외에 어떤 것도 아니다. 교육도 마찬가지다. 나에게 인식되는 교육 이외에 어떤 것도 아니다. 세계 또는 교육과 감각적으로 인식되는 존재는 하나다. 그러기에 세계[교육]와 감각은 하나다. 세계[교육]는 존재다. 그것은 단지 인식되는 교육적 작업에 의해 존속한다.

비트겐슈타인 51 – 『논리철학론』 5: 나는 소우주다

2022. 9. 8. 6:10

저 대자연의 세계를 '우주(宇宙)'라고 한다면, 인간은 '소우주(小宇宙)'라고 한다. 그것은 동양철학(東洋哲學)이나 한의학(漢醫學)에서 흔히 쓰는 용어다. 비트겐슈타인도 '소우주(microcosm)'라는 표현을 썼다.

> "5.63 나는 나의 세계다(I am my world)! 나는 '소우주(小宇宙)'다(The microcosm)!"

생각할수록, 의미심장하다. 전통적으로 서양철학에서 의미하는 소우주론은 '이 세계로부터 완전히 독립하여 세계 전체를 지성으로 조망하는 작업'이었다. 하지만 비트겐슈타인이 사용한 소우주론은 다른 의미를 담고 있다. 그것은 앞에서 언급한 "논리는 세계에 가득하다(Logic pervades the world)!"라는 언표에 제시되어 있다. 논리와 세계는 하나다. 논리는 곧 '나'다. 따라서 나는 세계에 가득하다. 내가 곧 세계다. 내가 곧 우주다! 뭐 이런 의미를, 이 언표에 실었다. 그것은 '나 자신이 교육의 세계에 팽배하다'는 의미이자, '내가 곧 교육 세계다'라는 말로 환언할 수 있다.

그렇다고 그런 나의 세계, 교육의 존재가 생각하고 표상하는가? 비트겐슈타인의 인간과 세계에 관한 인식은 엄혹하다. 전통적 사유 양식이 완벽히 해체된다. '이성(理性)'을 화두로 근대 주체의식으로 똘똘

뭉쳐진 생각과 표상의 상징이 여지없이 무너진다. 이런 이성에 기초한 근대교육의 정신도 무너지는가?

비트겐슈타인 52 -『논리철학론』5: 주체, 세계의 한계

2022. 9. 9. 10:30

주체가 무너진다면, 나의 존재 양식은 어디에서 찾아야 하는가? 특히, 교육은 근대적 사유로 말미암아 형성된, 근대 가운데서도 근대의 정신을 가득 실은, 일종의 제도적 특산물(特産物)인데, 이 존재의 이유를 어떻게 확립해야 할까?

> "5.631 생각하고 표상하는 주체는 존재하지 않는다. 만약, '내가 발견한 대로의 세계'라는 책을 쓴다면, 그 속에서 나는 나의 몸에 관해서도 기술하고, 어느 부분들이 나의 의지에 종속되고 어느 부분들이 종속되지 않는지 등등도 말해야 한다. 이는 주체를 격리하는 한 방법이다. 어떤 중요한 뜻에서 이해하면, 주체는 존재하지 않는다는 것을 보여 주는 한 방법이다. 왜냐하면 오로지 그것만이 이 책에서 이야기될 수는 없기 때문이다."

스스로 생각하거나 관념들을 담고 있는 주관 같은 것은 없다. '내가 발견한 대로의 세계'라는 책을 쓴다면, 그 책에 나의 신체에 관한 보고를 써야 하며, 내 신체의 어느 부분들이 내 의지에 따르고, 어느 부분들이 내 의지에 따르지 않는다는 것 등등을 써야 할 텐데, 이것이 주관을 분리시키는 방법이다. 아니, 더 정확하게 말하면, 이는 중요한 것에 주관이 없다는 사실을 보여주는 양식이다. 왜냐하면 그 책에서 주관만 분리되어 언급할 수 없기 때문이다.

> "5.632 주체(主體: subject)는 세계에 속하지 않는다! 오히려 세계의 한 한계다!"

다시 말하면, 주관(主觀)은 세계에 속하지 않는다. 오히려 주관은 세계의 한계다. 생각하고 표상하는 주체, 즉 주관은 세계의 안에 있는 것도 밖에 있는 것도 아닌, 세계의 내적 한계다. 그 주체는 공간성이나 시간성이 없다. 장소나 연장의 성격이 없다. 시공(時空)으로부터 격리된 것이다. 내가 세계를 보는 관점일 뿐이다. 공간성[장소]이나 시간성[연장]과 같은 외적인 면, 즉 세계의 외적 한계를 이루는 측면에서 존재가 없을 뿐이다. 그렇다고 아주 없는 것은 아니다.

비트겐슈타인은 지속적으로 사유하는, 또는 이념을 품는 존재로서, 주체를 부정한다. 주체라는 용어를 굳이 사용한다면, 그것은 '세계'를 의미한다. 나의 세계! 나는 세계를 물들이며 세계에 두루 퍼져있다. 흔히 말하는, 지성과 같은 것은 나에게 없다. 나는 단지 세계를 구성하는 일부분의 껍질막일 뿐이다. 이 세계에는 위계가 없다. 모든 존재는 세계의 구성요소에 지나지 않는다. 세계를 종합하고 거기에서 일반 법칙을 알아내는 '주체', '주관'과 같은 것은 존재하지 않는다. 명제 사이에 위계가 없는 것처럼 존재 사이에도 위계는 없다. 모든 존재가 제각기 병렬되어 있다. 그것이 바로 세계다. 한 마리의 개나 소, 한 마리의 꿀벌이나 나비, 이 모든 존재는 제각기 하나의 세계를 가진다. 그리고 제각기 세계에 두루 퍼져 있다. 그러기에 존재는 세계다! 인간도 세계이고, 다른 모든 동식물도 세계다. 심지어는 돌과 같은 무생물도 하나의 세계다. 마찬가지로 교육도 하나의 세계다.

비트겐슈타인 53 - 『논리철학론』 5: 형이상학적 주체와 지식

2022. 9. 10. 11:30

추석날 아침이다. 엊그제부터 100년 만에 가장 밝은 보름달이 떠오른다는 뉴스가 전해 졌고, 오늘밤에 차오를 달님 모습에 기대가 가득하다. 어젯밤 보름달을 보니, 비록 구름에 가리긴 했으나, 밝게 빛나는 듯하다. 이 추석날 아침에 비트겐슈타인의 사유를 다시 이어간다.

> "5.633 세계 속 어디에서 형이상학적 주체가 인지될 수 있는가? 인간이 보는 사정(事情)은 눈과 시야(視野)의 관계와 전적으로 동일하다고 말하곤 한다. 그러나 인간이 실제로 눈을 보지는 않는다. 시야 속에 있는 어떤 것도, 그것을 '어떤 눈이 보고 있다'라는 추론을 허용하지 않는다."

형이상학적 주관이 발견될 수 있는 곳은 세계 속의 어디인가? 인간은 이 상황이 눈과 시야, 즉 시력이 미치는 범위의 경우와 똑같다고 말할 수 있다. 그러나 인간은 자신의 눈을 실제로 보지는 못한다. 또 시야 속의 어떤 것도 인간이 눈으로 본 것을 추리하도록 허용하지 않는다. 다시 풀이하면, 이 세계 어디에서 형이상학적 자아가 발견될 것인가? 이는 정확히 눈과 시야의 경우와 같다. 인간은 실제로 눈, 즉 '눈 자체'를 보지는 않는다.

형이상학적 주체는, 세계를, '시야에 대한 눈의 관계'로 본다. 그 주체는 시야 안에 있는 것이 눈에 보이듯, 세계 안에 있어서 직접지(直

接知)의 대상이 되는 것도 아니다. 그렇다고 시야를 벗어나 있는 것처럼 오직 추론에 의해 기술될 수만 있을 것으로 여겨지는, 세계 밖의 어떤 것도 아니다.

지식은 세 가지로 분류할 수 있다. 하나는 '사실에 대한 지식'이고, 다른 하나는 '사물에 대한 지식'이며, 세 번째는 '방법에 대한 지식'이다. 러셀(B. Russell)에 의하면, 사실이 아닌 사물에 대한 지식은 대면지(對面知: knowledge by acquaintance)이고, 사실에 대한 지식은 기술지(記述知: knowledge by description)다. 방법지(方法知: knowledge of method)는 무엇을 어떻게 해야 하는지 아는 경우다. 직접지는 사물적 지식과 사실적 지식이고 간접지는 단어적 지식과 명제적 지식으로 불린다. 여기에서 직접지와 간접지의 변별 지점이 보인다.

교육은 이 모든 차원의 지식을 염두에 두고, 그것을 다룬다. 지식은 세계를 대변하고 인간을 상징한다. 그런데 형이상학적 주체가, 또는 주관이나 자아가, 교육의 세계 어디에서 발견될 수 있을까? 형이상학적 자아는 '심리적 자아'나 '물리적 자아'와 다르다. 심리적 자아는 '살려는 의지(意志: will)'이고 물리적 자아는 육체(肉體)를 지닌 존재로서의 인간일 뿐이다. 즉 몸 덩어리만을 지니고 있는 인간이다. 하지만 형이상학적 자아는 '사유(思惟)하고 판단(判斷)하는 주체'다. 그런데 비트겐슈타인의 생각은 다르다. 이런 전통철학이 다루는 자아를 부정한다. 그런 측면에서 자아실현을 꿈꾸는 교육의 세계도, 교육이 추구하는 자아도, 당연히 부정된다.

비트겐슈타인이 언명한, 눈(目: eye)과 시야(視野: visual field)의 관계를 다시 보자. 거기에는 분명한 어떤 정경(情景: landscape)이 펼쳐진다. 인간이 보는 것은 정경뿐이다. 그렇다면 무엇이 그 정경을 펼쳐놓는가? 어떤 주체가 그 정경을 바라보는가? 이에 대해, 인간은 당연히, '눈'이 그렇게 한다고 답할 것이다. 하지만 비트겐슈타인은 다르게 판단한다. 인간이 '눈'이라고 말할 때, 그건 어떤 것일까? 인간이 스스로 자신의 '눈 자체를 볼 수 없는 것'은 확실하다! 인간이 직접 스스로 확인할 수 없으면서, 그 존재를 가정한다는 것은 근거 없는 일이다. 인간이 아는 것은 단지 '어떤 정경이 펼쳐져 있다!'라는 사실 뿐이다. 인간이 가정하는 눈과 같은 것이 있다면, 그것은 사실 '정경 그 자체'다.

그렇다면, 인간의 눈, 그 시선은 무엇인가? 교육이 펼쳐 놓은 정경은, 인간의 눈으로 본 교육임이 분명한데, 인간의 눈이 그렇게 펼쳐 놓은 것이 아니란 말인가! 그렇다. 아니다! 교육은 어떤 양상으로 펼쳐져 있고, 인간은 교육 그 자체를 보고 있을 뿐이다. 스스로 볼 수 없는 눈, 직접 확인할 수 없으면서, 아니 그렇게 하지 않으면서, 함부로 교육의 존재를 가정하지 말라! 보이지 않는, 볼 수 없는 시선으로 함부로 교육에 개입하며 논하지 말라!

비트겐슈타인 54 –『논리철학론』5: 생각하지 말라! 단순히 보라!

2022. 9. 12. 14:10

역(易)은 늘 변화의 세계를 대변한다. 그것은 경험을 두고 펼치는 삶의 역동성이다. 어쩌면, 서양의 전통철학을 거부하며, 자신의 세계를 구축하려는 비트겐슈타인 사유가 그것과 닮아 있는지도 모르겠다. 비트겐슈타인을 만나면 만날수록 그런 생각이 스친다.

> "5.634 인간이 경험하는 어떤 부분도 또한 선천적이지 않다! 인간이 보는 모든 것은 또한 다를 수 있다! 또한 인간이 기술할 수 있는 모든 것은 또한 다를 수 있다! 사물들의 선천적 질서는 존재하지 않는다."

인간 경험의 어떤 부분도 경험이면서 동시에 선천적인 것일 수 없다. 보는 것은 무엇이든 본 것과 다를 수 있다. 기술할 수 있는 것은 무엇이든 기술한 것과 다를 수 있다. 사물들 사이에 선천적 질서는 없다!

전통철학이 강조해온, 실재론이나 합리론이 가능한가? 인간이 정경(情景)을 주시하는 주체적 '시지각(視知覺)'을 가정한다면, 인간의 눈은 정경을 사유하게 된다. 시지각 내에 원통형 기둥이 있다. 지속적으로 그것을 주시하는 눈은 추상화 작용을 통해 기하학적 형상을 분리해낸다. 대상의 기하학적 입체화는 언제나 인본주의적 단일 시지각과 관련된다. 고대 그리스와 르네상스 고전주의가 이를 지향했다. 르네상스의 예술은 기하학적 추상에 질료를 살짝 입힌 것이다.

비트겐슈타인은 이런 고전주의 이념과 그것을 가능하게 만드는 실재론의 이념을 부정한다. 주체를 지속적으로 주시하는 단일한 시지각은 없다. 거기에 있는 것은 계속 변해나가는 정경뿐이다. 인간은 그 정경을 바라보는 주체가 아니다. 스스로 거기에 속한 정경의 한 요소일 뿐이다. 때문에 거기에는 기하학적 종합, 즉 원근법이나 단축법에 의한 정적 세계는 존재하지 않는다.

플라톤 이후, 서양철학에서 강조하는 세계는 '형상(形相: form)'에 관한 인간 인식의 선험성과 직결된다. 인간은 기하학적 형상에 대한 인식의 가능성, 이른 바 '아프리오리(a priori)'를 지낸 채 태어난다. 거기에 '시지각'이 없다면 세계는 평면적이고 변전(變轉)하는 것이 된다. 입체(立體: solid)는 종합과 지성의 결과다. 평면(平面: plane)은 단순과 감각의 결과다.

비트겐슈타인이 강조하는 세계는 끊임없이 변전해 나가는 평면의 세계다. 자신보다 한 세대 앞서기도 했고 동시대를 살며 예술을 펼쳤던 인상주의(印象主義: impressionism)에서 그것을 처음 발견한 것처럼, 비트겐슈타인은 세계를 그렇게 파악했다.

피사로(Jacob-Abraham-Camille Pissarro, 1830~1903), 마네(Edouard Manet, 1832~1883), 드가(Edgar Degas, 1834~1917), 세잔(Paul Cezanne, 1839~1906), 모네(Oscar-Claude Monet, 1840~1926), 르누아르(Auguste Renoir, 1841~1919), 고갱(Paul Gauguin, 1848~1903), 고흐(Vincent van Gogh, 1853~1890) 등, 인상파 화가들은 공상적 표현기법을 포함한 모든 전통적 회화기법을 거부했다. 대신, 색채나 색조, 그리고 질감 자체에 관심을 두었다. 빛과 함께 시시각각으로 움직이는 색채의 변화 가운데 자연을 묘사했다. 색채나 색조의 순간적 효과를 이용하여 눈에

보이는 세계를 정확하고 객관적으로 기록하려고 안간힘을 쏟았다.

비트겐슈타인도 그랬다. '인간의 경험에 선험적 요소는 없다!' 그것은 단지 감각(感覺)의 문제다. 전적으로 경험(經驗)의 문제다! 우리에게 어떤 대상이 보여 진다면 그것은 그것 자체 외에 아무것도 아니다. 대상의 이면(裏面)에 숨어 있는 기하학적 형상 같은 것은 없다. 전통철학은 감각적 대상의 이면에 그것을 가능하게 만드는 다른 대상들이 존재한다고 주장했다. 그리고 철학의 의무는 그것들의 인식(認識)과 발견(發見), 그리고 기술(記述)이라고 강조했다.

그러나 비트겐슈타인은 이를 부정한다. '보여 지는 것은 그 이외에 아무것도 아니다!' 이면이나 그 이면에 존재하는 것은 없다. 때문에 보여 지는 것, 그 자체만 기술하면 그만이다. '생각하지 말라!', '단순히 보라!'

비트겐슈타인 55 -『논리철학론』5: 유아주의와 실재주의, 그리고 진실

2022. 9. 13. 6:20

다시 유아주의가 문제다. 그것은 홀로 주장하는 형이상의 언저리에 불과한가? 인간 자신의 진정한 세계를 드러내려는 현실적 고뇌인가? 유아(唯我)와 실재(實在) 사이에서 자신을 어떻게 어디까지 탐색할 수 있을까?

> "5.64 유아주의가 엄격히 관철되면, 그것은 순수한 실재주의와 합치된다. 유아주의에서 자아는 연장 없는 점으로 수축되면서, 그것과 동격인 실재가 남는다."

유아주의가 함축하고 있는 내용이 엄격하게 철저히 규명될 때, 유아주의가 '순수한 실재주의'와 일치한다는 것을 알 수 있다. 유아주의가 강조하는 자아는 공간을 차지하지 않는 점으로 인해 수축되긴 하지만, 그 자아와 동등한 자격과 위치를 갖는 실재는 남아 있다. 다시 말하면, 유아주의는 그 의미가 철저히 포착된다면, 순수한 사실주의와 일치한다. 유아주의에서 자아는 어떤 연장도 없는 점으로 수축된다. 그리하여 자아와 함께 하는 실재만이 남는다.

유아주의의 자아는 세계의 내적 한계를 이루는 주체다. 연장 없는 점으로 수축되어 자신의 세계만을 실재로서 남긴다. 이 자신의 세계와 동격화하는 과정을 거친다. 즉 나는 나의 세계다! 비트겐슈타인은

『철학일기』에서 다음과 같은 사유를 한다.

> "내가 나아간 길은 이러하다. 관념주의는 세계로부터 인간을 유일무이한 것으로서 골라낸다. 유아주의는 나만을 골라낸다. 마지막으로 나는, 나 또한 나머지 세계에 속한다. 그러니까 한편으로는 아무것도 남아 있지 않고, 다른 한편으로는 세계가 유일무이한 것으로서 남아 있다! 나는 그것을 본다. 그래서 관념주의는 엄격히 숙고되면 실재주의로 통한다."

여기에서 비트겐슈타인이 실재주의(實在主義: realism)라고 말하는 것은 일반적인 철학 개념으로서 '실재론'이 아니다. 어떤 철학자, 또는 어떤 예술가든, 그들은 자신의 철학과 작품을 모두 실재적(realistic)이라고 강조한다. 비트겐슈타인이 말하는 실재주의(realism)는 사실로서의 실재라기보다 진실로서의 진리(truth)를 의미한다. 실재(reality)와 일치한다는 뜻으로 사용된다.

다시 강조하면, 유아론(唯我論)에서 자아는 '소멸'이다. 자아는 점차 수축되어 결국은 보일까 말까 하는 조그마한 점이 된다. 그러다가 사라져 흔적도 없어지는가? 그건 아니다. 그것은 세계를 구성하는 요소다. 물론 세계를 주관하는 차원의 것은 아니다. 주관이 아니라 구성요소다. 그러므로 자아가 세계를 본다면, 희미한 상태로, 곁눈질 정도로 보게 된다. 하지만 이것은 실재다.

교육은 유아주의가 추구하는 철학적 태도에 엄격하다. 그럴 수밖에 없다. 교육은 자기 혼자만의 세계를 추구하기도 하지만, 강력한 사회성을 띠며, 보편적 차원을 진리처럼 고려해야 할 때가 많다. 그렇다면 교육의 실재는 어디에서 움직이고 있을까? 자아 속에서 그 실현을 향한 보편성을 찾는가? 자아 너머에서 새로운 진리의 세계를 구성하는가? 유아에서 실재로 나아가는 진실의 문을 열 수 있을까?

비트겐슈타인 56 - 『논리철학론』 5: 자아의 세계

2022. 9. 14. 5:10

자유주의 교육의 최고 단계에 '자아실현(自我實現: self-actualization)'이라는 목표를 걸어 놓는 경우가 많다. 사전적 정의로 인지하더라도, 자아실현은 '하나의 가능성으로 잠재되어 있던 자아의 본질이 실현되는 작업'이다.

아리스토텔레스(Aristoteles, 기원전 384~기원전 322) 이래로 여러 철학자들과 교육자들이 자아실현의 문제를 화두로 잡고 고민해 왔다. 아리스토텔레스는 인간의 본질을 '합리성(rationality)'으로 보고, 그것을 최대한 발휘함으로써 인간의 궁극 목적인 행복에 이를 수 있다고 생각했다. 이때 자아실현은 목적적 존재인 인간이 자신의 잠재능력과 가능성을 그 목적에 맞게 최대한 발휘하는 작업이다. 예컨대, 인본주의 심리학자인 매슬로(Abraham Harold Maslow, 1908~1970)는 이를 인간의 성장 동기가 계속적으로 충족되는 일로 설명했다. 교육철학자 브라멜드(Theodore Brameld, 1904~1987)의 경우, 문화에 의해 성립된 사회에서 자신의 가능성과 잠재력이 발휘되는 사안으로 이해했다.

이와 같이 자아실현은 인간 개체의 목적과 본질을 중시하며, 교육의 궁극 목적을 표현하는 개념으로 그려진다. 그 전통이 교육사상의 절대 진리처럼 뿌리 깊게 박혀, 교육이라는 세계를 정확하게 구명하지 못하게 방해하고 있는 것은 아닐까? 비트겐슈타인의 사유 속에서 고민하면, 자아실현은 허상(虛像)의 허상(虛想)일 수도 있다. 교육의 세계를 담아내기는커녕 교육적 사태에 관한 이해조차도 방해하는, 낡은 인습이나 박제된 진실이라면, 현실적 역동성이 부여되어 있지 않다면, 진지한 해체를 검토해야 할지도 모른다.

개념의 실패를 방지하기 위해서라도, 다시, 돌이켜보자. 자아실현이라는 개념 가운데, 교육의 비인간화를 방지하고, 교육의 인간화를 실현하려는 의지가 담길 수 있을까? 비트겐슈타인은 『논리철학론』(5.641)에서 '자아'의 개념에 대해 다음과 같이 강조한다.

> "5.641 철학에서는 자아에 관해 '비-심리학적'으로 이야기할 수 있는 어떤 뜻이 실제로 존재한다. 자아는 '세계는 나의 세계다!'라는 점을 통해 철학에 들어온다. 철학적 자아는 인간이 아니다. 인간의 신체가 아니다. 그렇다고 심리학에서 다루는 인간 영혼도 아니다. 그것은 형이상학적 주체다. 세계의 일부가 아니라 세계의 한계다."

그러므로 철학이 '자아'에 관해, 비-심리학적 방식으로 언급하는 말은 실제로 의미 있는 말이다. 철학 속에 '자아'를 끌어들이는 일은 '세계는 나의 세계다!'라는 사실 때문이다. '철학적 자아'는 심리학이 다루는 인간도, 인간의 신체도, 인간의 영혼도 아니다. 오히려 형이상학적 주관(主觀), 바꿔 말하면, 세계의 일부가 아니라 세계의 한계다.

마찬가지로 교육에서 자아는 나의 세계다. 그것이 교육 형이상학의 주관으로 작동할 때, 교육의 세계는 한계에 봉착(逢着)한다. 그 한계를, 이해하고 해석하고 판단하여, 세계로 돌리는 작업을 통해, 교육은 다시, 생명력을 지속한다. 그것이 사유로만 점철된 관념론적 철학과 결정적으로 성격을 달리하는, 실천의 지침으로서 교육철학이 헤쳐가야 할 운명이다.

비트겐슈타인 57 – 『논리철학론』 6: 논리학의 명제들

2022. 9. 16. 09:20

다시 논리학의 명제들이 문제다. 논리학의 명제들은 언어를 다루는 분석적 명제다. 사실을 다루는 경험적 명제가 아니다. 교육은 언의 분석이 아니라 사실의 경험에 관한 인식이자 실천이다. 그렇다면 교육에서 논리명제는 무엇을 드러낼 수 있는가? 비트겐슈타인의 사유를 따라 교육적 아이디어를 구해본다.

"6.1 논리학의 명제들은 동어반복들이다."

즉 논리학의 명제들은 '항진명제'다. 이 지점에서 '논리명제'와 '논리적 명제'의 차이를 구분할 필요가 있다. 논리명제(論理命題: propositions of logic)는 '논리 그 자체'에 관한 것이다. 그것은 분석적 명제(分析的 命題: analytic propositions)다. 술부(述部: predicative)가 이미 주부(主部: subject) 속에 들어 있는 명제다. 예컨대, '삼각형은 각이 세 개인 도형이다.'라는 명제는 논리명제다. '각이 세 개인 도형'은 이미 '삼각형'이라는 언표 가운데 들어 있기 때문이다.

'논리적 명제'는 논리적 형식을 준수하는 경험적 명제(經驗的 命題: empirical propositions)다. 이것이 일반적 명제다. 이 명제의 참과 거짓은 부차적 중요성밖에 가지지 않는다. 이 명제가 논리형식을 준수하느냐 그렇지 않으냐가 중요하다. 예컨대, '자주색의 나이는 오후 세 시다.'와 같은 언표는 논리적 명제가 되지 못한다.

논리명제와 논리적 명제의 차이는 명백하다. 논리명제는 단지 형식(形式: form)에 관한 것이다. 그러나 논리적 명제는 구체적 사실(事實: fact)을 담고 있다. 엄밀하게 말하면, '논리적 명제'라는 용어는 과잉이다. 명제이면서 비논리적일 수는 없기 때문이다.

"6.11 그러므로 논리학의 명제들은 아무것도 말하지 않는다. 그것은 분석적 명제들이다."

이 언표는 논리학의 명제들이 세계에 관해 그 무엇도, 그 어떤 것도 말하지 않는다는 의미다. 흄(David Hume, 1711~1776)은 분석적 명제라고 부르는 것을 '논증적 지식(demonstrative knowledge)'이라고 했다. 칸트(Immanuel Kant, 1724~1804)는 이 논증적 지식을 '분석적 지식(analytic knowledge)'이라 불렀다. 분석적 지식은 '선험적 지식(a priori knowledge)'이다.

분석적 지식은 어떤 정보를 인간에게 말해주지 않는다. 이때 말해주지 않는 어떤 것은 경험적 지식이다. 이를테면 "'p·q'이면 'p∨q'이다.'라는 명제는 분석적이고 선험적이다. 따라서 새로울 것이 없다. 'p・q'에는 이미 'p∨q'가 들어 있다. 'p・q'가 참이면 'p∨q'는 무조건 참이다.

논리명제가 아닌 논리적 명제는 어떠할까? '지금 비가 온다.'라는 명제를 보자. 이 명제는 논리형식을 지키고 있다. 무의미하지 않다. 인간에게 새로운 지식을 보태준다. '비가 오고 있다!'는 사실이 증명한다. 따라서 이 명제는 경험적 명제다. '비가 오고 있지 않다'면, 거짓 지식을 주었다. 그러므로 항진명제일 수 없다.

> "6.111 논리학의 명제를 내용 있어 보이게 만드는 이론들은 언제나 거짓이다. '참'과 '거짓'이라는 낱말은 다른 속성들 가운데 두 개의 속성을 지칭한다고 믿을 수 있다. 그럴 경우, 모든 명제가 각각 이러한 속성들 가운데 하나를 소유한다는 것은 주목할 만한 사실로 보인다. 이제 그것은, '모든 장미는 노란색이거나 붉은 색이다.'라는 명제가 참일지라도, 자명하게 들리지는 않듯이, 전혀 자명해 보이지 않는다. 실제로, 논리학의 명제는 이제 전적으로 자연과학적 명제의 성격을 부여받는다. 이는 그 명제가 잘못 파악되었음을 나타내는 명확한 표시다."

다시 말하면, 논리학의 명제가 내용을 가진 것으로 여기게 만드는 모든 논의는 그릇된 이론이다. '옳다' 또는 '그르다'라는 낱말이 여러 가지 속성들 가운데 두 가지 속성을 가리킨다고 생각할 수 있다. 그렇다면, 모든 명제가 이 두 가지 속성 가운데 하나를 소유한다는 것이 주목해야 할 사실로 여겨질 수 있다. 이런 이론에 따라 생각하면, '모든 장미는 노랗거나 빨갛다!'라는 명제가 옳다고 할지라도, 확실히 명백하지 않는 것과 마찬가지로, 어떤 명제도 확실하게 명백하지 않다. 이렇게 되면 논리적 명제도 자연과학의 명제가 지닌 모든 특성을 실제로 갖게 된다. 이는 논리적 명제를 오해했다는 확실한 징표다.

비트겐슈타인은 논리명제를 내용이 진공(眞空)인 하나의 형식으로 보고 있다. 논리명제가 항상 참이라는 사실로부터 논리명제 또한 내용을 가진 일반 명제로 생각되기 쉽다. 왜냐하면 모든 명제가 '참' 또는 '거짓'이라는 두 개의 속성 가운데 하나를 갖기 때문이다. 그러나 사실상 모든 명제가 '참' 또는 '거짓'의 속성을 갖는 것이 자명하지는 않다. 앞에서 언급한 것처럼, '모든 장미는 노란색이거나 붉은색이다.'

라는 명제는 그것이 사실이라 할지라도 자명하지 않기 때문이다. 논리명제는 그것이 소유하는 '참'이라는 속성 때문에도 자연과학이 지니는 속성을 지닌다. 그리고 이것이 논리명제를 잘못 이해하게 되는 이유다.

논리명제가 하나의 진공 형식이라면, 교육에서 사용하는 수많은 논리명제로 인해, 교육활동도 진공의 형식이 되는 걸까? 교육이 색상을 초월한 참으로 공허한 현상에 불과한 것인가? 교육이 사실에 기초한 현실의 폭과 깊이를 가늠할 수 없다면, 그것은 지속되는 불가사의의 세계인가? 그런 속성이 교육의 원형일까?

비트겐슈타인 58 -『논리철학론』6: 논리학 명제의 특징

2022. 9. 18. 10:10

동어반복이라는 항진명제가 세상을 담보하는가? 인생은 변화무쌍(變化無雙)하다. 변화의 순간순간이 넘쳐난다. 교육도 마찬가지다. 세계에 움직임에 따라 사회의 전환이 이루어지고, 사회의 전환은 교육의 변화를 유발한다. 그것은 일종의 사실이자 진리다. 우주자연과 인류의 역사가 그것을 증명한다.

그런데 동어반복을 통해, 세계를 '항진'이라는 언제나 '참'으로만 구성하려는, 저 '논리의 욕망'은 어떻게 처리할 수 있을까? 비트겐슈타인은 '아무 것도 말하지 않는' 논리학의 명제들, 그 속성을 지적하며 허무(虛無)를 실토한다.

> "6.12 논리학의 명제들이 동어반복이라는 것은 언어의, 그리고 세계의, 형식적·논리적 속성들을 보여 준다. 동어반복의 구성 요소들이 이렇게 연결되면 동어반복을 낳는다는 것은 그 구성 요소들의 논리를 특징 짓는다. 명제들이 특정한 방식으로 연결되어 동어반복을 낳으려면, 명제들은 특정한 구조적 속성들을 지녀야 한다. 그러므로 명제들이 이렇게 연결되면 동어반복을 낳는다는 것은 그것들이 이러한 구조적 속성들을 소유하고 있음을 보여 준다."

다시 말하면, 논리학의 명제들이 '항진명제'라는 세계의 형식적 속성 또는 논리적 속성을 보여준다. 이는 언어와 항진명제가 그 구성 요소들이 결합하는 특별한 방식에 의해 만들어진다. 이런 사실은 항진명제의 구성 요소들이 지닌 논리의 특징을 나타낸다. 명제들이 일정한 방식으로 결합될 때, 항진명제가 만들어질 수 있다면, 명제들은 어떤 구조적 속성들을 갖추고 있어야 한다. 따라서 명제들이 이 방식으로 결합될 때 항진명제가 되는 사실은 명제들이 이런 구조적 속성들을 갖추고 있음을 보여준다.

논리명제가 항진명제라는 사실은 언어의, 또한 세계의 형식적-논리적-속성을 보여준다. 그 구성 부분들이 이러한 양식으로 연결되어 있을 때, 항진명제를 제시한다는 것은 그 구성 부분들의 논리를 특징짓는다. 어떤 특정한 양식으로 결합한 명제들이 항진명제를 산출하기 위해서는 그 명제들은 특정한 구조적 속성을 가져야 한다. 그렇게 연결되어 있을 때, 그 명제들이 항진명제가 된다는 것은 이러한 구조적 속성을 가졌다는 사실을 보인다.

이 논리명제에 관한 언표는 좀 번거로운 수준에서 '논리명제의 특징'에 대해 언급하고 있다. 예를 들면, 'p · q이면 p∨g이다.'라는 명제는 항상 참이다. 그것은 '비가 오고 더우면' 늘 '비가 오거나 덥다.'와 동일하다. 따라서 이 언명은 항진명제다. 이 명제가 항진명제라는 사실은 'p∨q는 p · q이다.'에서 나온다는 의미다.

명제를 구성하고 있는 요소들이 어떠한 관계에 있느냐에 의해 항진명제가 만들어지는 것이 아니다. 항진명제이기에 그 구성요소들이 어떤 관계에 있는지 그 사실을 알 수 있다. 논리는 이런 것이다. 이 지점이 논리학의 핵심이다. 언어, 즉 세계의 형식이 어떠하다면, 그 형식의 구성요소들이 어떤 구체적 관계를 맺고 있는지 알 수 있기 때문이다.

"6.121 논리학의 명제들은 명제들을 아무 것도 말하지 않는 명제들이 되게 결합함으로써 명제들의 논리적 속성들을 명시한다. 이 방법은 '영위법(零位法: zero-method)'으로 부를 수도 있다. 논리 명제 속에서 명제들은 서로 평형을 이루게 되고, 그러면 그 평형 상태는 이 명제들이 논리적으로 어떤 성질이 있어야 하는가를 지적해 준다."

논리학의 명제들은 명제들을 세계에 관해 아무 것도 말하지 않는 명제가 되도록 결합함으로써 그 명제들의 논리적 속성들을 드러낸다. 이는 '백지화(白紙化) 방법'이다. 논리적 명제 속에서는 명제들이 서로 평형 상태를 이루게 된다. 그것은 명제들이 논리적으로 어떻게 구성되어 있는지를 알려준다.

논리명제는 아무것도 말하지 않는 명제를 구성하기 위해, 명제의 속성들을 결합시키는 작업을 통해, 그 명제의 속성들을 제시한다. 이 양식이 '영위법'이다. 논리명제에서 명제들은 상호간에 평형 상태로 존재한다. 그 평형상태는 명제들의 논리적 구성이 어떠해야 하는지를 제시한다.

논리학의 명제들은 모두 '정언명제(定言命題: categorical proposition: categorical statement)'다. 정언명제는 주사(主辭: subject term)와 빈사(賓辭: predicate term)와의 일치 또는 불일치를 아무런 제약이나 조건 없이 내세우는 명제다. 예를 들면, '꽃은 붉다.' '사람은 착하다.'와 같은 언표다. 이는 추론의 기초 형식으로 사용된다. 이 정언명제는 어떤 유예나 조건이 없다. 참과 거짓을 확인하기 위해 실재와 비교할 필요가 없기 때문이다.

'(p⊃q) • p:⊃:q이다.'라는 논리명제를 예로 들면, 이는 항진명제다. 또 '~(p·~p)이다.'라고 말할 수도 있다. 전자의 경우나 후자의 경우나, 명제들은 그 어떤 사항도 말하지 않는다. 그것은 항진명제이나 세계에 대한 어떠한 정보도 알려주지 않는다. 이는 단지 형식상의 문제다. 이 논리명제들은 'p', '~p', 'q'와 같은 명제를 통해, 명제의 속성을 구성한다. 이때 논리명제의 구성양식이 앞에서 강조했던 '영위법'이다. 여기에서 물적 요소는 모조리 증발된다. 오로지 형식만이 남는다. 그것이 논리다.

예를 들어, '비가 온다.'라는 명제를 보자. 이 언표에는 '비'와 '온다'라는 질료가 개입되어 있다. 영위법(零位法: zero-method)은 전류나 전압을 '영(零: 0: zero)의 상태에 놓는다!'라는 전제 아래, 또 상당한 정도로 거기에 접근하는 계측 결과를 얻어내기 위한 방법이다. 이때 전류나 저항, 전압 등은 단지 '자국만을 남기고 사라진다!' 여기에서 '자국'이 바로 '형식'이다. 이런 점에서 논리명제는 영위법에 비교될 수 있다.

다시, '(p⊃q) • p:⊃:q이다.'라는 논리명제를 생각해 보자. 이 논리명제는 그 자체로 참이다! 이때 이 명제는 평형 상태(state of equilibrium)에 있다. 이 명제는 얼어붙은 것과 같은 균형을 가진다. 여기에 변수(變數: variable)는 없다. 모든 것이 '영원' 속에 고정된다. 이때 고정된 명제들의 논리적 구성이 어떻게 되어야 하는지를 명확히 알 수 있다.

그렇다면 교육의 논리학, 교육의 명제들은 제로 게임의 선두에 서야 할까? 교육에는 인간의 가치(價値: value)가 적극적으로 개입된다. 교육이 가치를 지향하는 한, 형식으로만 무장한 논리학의 명제들이, 교육의 논리를 대변하기에는, 그 한계가 너무나 크다! 그렇다고 교육의 논리가 부정될 수도 없다. 무엇이 남아, 기다리고 있을까?

비트겐슈타인 59 – 『논리철학론』 6: 세계의 골격, 삶의 딜레마

2022. 9. 19. 05:20

> "6.124 논리명제들은 세계의 골격을 기술한다. 또는 세계의 골격을 묘사한다. 하지만 아무것도 다루지 않는다. 그 이름들이 의미를 지니고 요소명제들이 뜻을 지닌다는 것을 전제한다. 그리고 이는 그것들이 세계와 이루는 결합이다. 상징들의 어떤 결합들-본질적으로 특정한 성격을 지니는 결합들-은 동어반복들이라는 점에서 세계에 관해 무엇인가를 지적하고 있다. 여기에 결정적인 것이 놓여 있다."

다시 설명하면, 논리학의 명제들은 세계의 기본 구조를 기술한다. 더 정확하게 말하면, 세계의 기본 구조를 제공한다. 논리학의 명제들에는 '주제와 내용'이 전혀 없다. 논리학의 명제들은 '이름들이 지칭 대상을 갖는다.'라는 것과 '요소명제들이 의미를 갖는다.'라는 점을 전제로 한다. 이 두 전제에 의해, 논리학의 명제들은 세계와 연결된다. 상징들의 어떤 조합들-그 본질이 반드시 명확한 특성을 갖춰야 하는 조합들-이 항진명제라는 사실이 세계에 관한 무언가를 암시해야 한다는 것은 분명하다.

논리명제는 세계의 발판, 즉 '비계(飛階: scaffolding)'를 묘사한다. 또는 발판을 표상한다. 논리명제는 물질적 주제(subject-matter)를 지니지 않는다. 그 이름은 의미를 지니고 요소명제는 뜻을 지닌다는 것을 전제한다. 그것이 논리명제가 세계와 맺고 있는 관계다. 세계에 대한 어떤 것이, 기호의 어떤 조합, 그 본질은 확정적 성격의 소유를 포함한다. 이는 항진명제라는 사실에 의해 제시되어야 한다. 이 사실은 중요한 결정적 요점을 포함한다.

이 길고 상당히 복잡한 언명은 다시 논리명제의 성격에 관한 부연 설명이다. 논리명제가 세계전체는 아니다. 세계의 형식(形式: form)일 뿐이다. 건물과 그 건물의 설계도를 생각하면, 이해하기 쉽다. 건물은 드러난 세계다. 하지만 설계도는 건물로 직접 드러나 보이는 것이 아니다. 이때 비가시적 설계도가 논리명제에 해당한다. 모든 물질적 명제들은 이 비가시적 명제, 논리명제에 준한다. 이 논리명제, 즉 비가시적 설계도는 물질적 대상을 가져서는 안 된다. 그것은 순수형상이어야 한다. '비가 온다.'라는 명제를 예로 들면, 거기에는 '비'와 '온다.'라는 물질적 주제가 있다. 그러나 논리명제는 이러한 주제를 가져서는 안 된다. 그것은 형식의 규정이기 때문이다.

논리명제가 세계와 어떤 직접적 관계를 맺는다면, 그것은 '이름=의미'이고, '요소명제=뜻'이다. 그러기에 모든 논리명제는 사실 '항진'이다. 항진이라는 의미는, 명제들이 분석적 명제라는 뜻이다. 그러므로 논리명제는 사실 분석의 도구다. 모든 분석은 궁극적으로 세계와 닿는 이유가 된다.

인간은 어떤 세계에 산다. 그 세계는 지시한다. '사실은 언어이고, 그 언어는 어떤 형식, 즉 논리에 의해 지배받는다!' 이는 '언어분석의 종착지가 세계와 닿는다!'라는 사실에 의해서만 가능하다.

아파트의 구조가 논리의 이해를 돕는다. 나는 현재 15층 건물의 15층에 살고 있다. 이 높은 아파트에서, 나는 어떻게 안전을 확신하며 살 수 있을까? 그것은 14층이 흔들리지 않고, 안정되어 있다는 사실 때문이다. 그 사실이 일상에서 확인되어 있기에 만족하는 것이다. 하지만 그런 만족에 회의를 가진다면, 다시 불안에 휩싸인다. '14층이 안전하다?' 그것은 어떻게 확신할 수 있는가? 그에 대한 답변은 다시 13층의 안정성에 의지할 것이다. 이러한 과정은, 12층, 11층 순으로 아래로 내려가면서 계속된다. 마지막으로 1층의 확고한 안정을 확정하기 위해, 기초를 확인할 것이다. 그런데 기초는 땅 아래에 묻혀있다. 보이지 않기에 확인이 불가능하다. 아파트에 살고 있는 나는, 15층에 살면서, 일상의 안정을 14층에서 1층까지 아래에 있는 층층의 안정성에 의존해 왔다. 그런데 그 마지막 근저(根底)인 1층 아래, 지하에서 안정성이 확보되지 않는다! 딜레마에 빠진다. 삶이 그러하다. 교육이 삶의 원형이라면, 교육도 당연히 그런 범주에서 역동성을 지닐 뿐이다.

그렇다고, 삶이 딜레마에 빠진다고 해서, 철학이나 교육에서, 삶이 불안하다거나 무의미하다고 말하지는 않는다. 오히려 그 반대다. 열정적으로 삶을 파고든다. 여기에 인간의 실존적 명제와 실존적 삶이 자리한다. 이는 분명한 사실이다. 그렇다면 무엇이 세계와 닿는가? 분석의 종점이다. 건물의 기초가 건물의 세계와 닿는 것과 마찬가지다.

근저에 분석의 종단(終端)이 없다면, 현존도 존재하지 않는다. 따라서 종단이 존재해야 한다. 이는 '단순한 것에 대한 요청(demand for the simples)'이다. 거기에는 반드시 분석의 종단이 있어야 한다. 이를 실증적으로 보여줄 수는 없다. 아니, 그럴 필요도 없다. 왜냐하면 그것은 단지 논리적이기 때문이다.

분석의 종단에 있는 '그 무엇'에 대해서는 사례를 들 수 없다. 물질에서 분석의 종단인 소립자(素粒子)가 무엇인지 사례를 들 수 없는 것과 동일하다. 어쩌면 영원히 그 사례를 들 수 없을 수도 있다. 분석은 영원히 계속되기 때문이다.

명제는 세계다. 그러기에 명제는 계속 분석된다. 그 끝에 물질에서 소립자와 같은 것이 존재한다. 이것이 요소명제다. 이런 논리에 의거하여, 인간의 세계는 안정성을 갖는다. 근저가 있기 때문이다. 이는 논리상의 문제다. 논리가 세계와 맺는 관계는, 먼저 분석의 종단이 존재한다는 사실을 전제해야 한다.

세계를 인식하고 삶을 이해하는 과정은 모두 분석을 통해 전개된다. 이는 대단히 중요하다. 분석의 과정은 모두 논리의 문제다. 논리학의 명제, 즉 항진명제와 직결된다. 그것은 인간이 세계를 파악하는 양식이다!

앞에서 언급한 것처럼, 논리의 세계는 정언적 세계다. 거기에 표현의 자유는 없다. 인간은 p나 q라는 명제를 통해, 수많은 진리함수를 만들 수 있다. 논리형식(論理形式: logical form)만 지킨다면, 그 명제는 뜻(sense)을 지닌다. 예를 들어, 'p'를 '비가 온다.'로 'q'를 '바람이 분다.'로 가정하고, 'p · q', 'p∨q', 'p⊃q' 등등의 명제를 자유롭게 만들 수 있다. 이때 이 명제들은 사고(思考)가 낳은 산물이다. 사고에 따라 진리함수는 실험의 형식으로 만들어진다. 하지만 자유롭게 만들어진 이 명제들의 참과 거짓은, 아직 유예(猶豫)되어 있다. 실재(實在: reality)와 비교되어야 하기 때문이다.

문제는 논리가 주어지는 양식이다. 논리는 단숨에, 그리고 한 번에 주어진다. 그것은 세계, 즉 인간 자신이기 때문이다. 논리명제가 '항진'인 이유는 그것이 인간 자신을 표상하기 때문이다. 인간 자신은 무조건 '참'이다. 그렇지 않다면, 모순이 발생한다. 인간인데 인간이 아닐 수는 없다! 이 논리는 언어의 종류에 따라 바뀌는 것도 아니다. 인간이 어떤 기호언어의 문법을 알 수 있다면, 인간은 그 언어에서 논리명제가 어떻게 형성되는지를 바로 알 수 있다.

교육도 그렇게 알 수 있는 세계일까? 인간 자신의 모순을 선제적으로 예방(豫防)하는 차원이 교육에 녹아 있다면, 인간 세계의 문제를 정돈할 수 있을까? 그것이 '항진'이고 '참'인가? 비트겐슈타인은 말한다. "모든 '참'인 논리명제들에 대해 처음부터 기술하는 것은 가능하다. 게다가 논리학에 대한 낡은 파악 방식을 따르더라도 그러하다!(6.125)" 다시 강조하면, 모든 옳은 논리적 명제들을 사전에 미리 기술할 수 있다. 이러한 기술은 논리학에 관한 옛날 개념에 따르더라도 가능하다. 논리명제가 인간 자신이기 때문이다.

"그라므로 논리학에서 뜻밖의 일들이란 결코 있을 수 없다!(6.1251)"

그런가? 그럴 것이다. 논리학에 뜻밖의 일은 없다. 인간 세계도 그러한가? 본능처럼 한꺼번에 주어진 인간자신의 세계! 그 인간의 본능 자체가 인간이다. 때문에 인간 세계의 논리도 인간에게 이미 주어져 있다. 그것이 인간의 본능이기 때문이다. 마찬가지로 교육의 논리도 인간에게 이미 주어져 있다. 그것이 인간의 본성이기 때문이다.

비트겐슈타인 60 -『논리철학론』 6: 세계의 거울상

2022. 9. 20. 05:10

교육은 인간이 주체적으로 실천해 나가는 영역인가? 교육이 인간을 비추며 세계를 형성하는가? 교육의 논리가 교육이론으로 설계되면서 교육의 실천을 추동하는가? 아니면, 교육의 논리가 인간의 삶에 선험적이면서 교육의 세계를 구축하는가? 논리에 관한 인간의 학술은 어떤 형이상학과 인식의 틀을 가지고 있을까? 비트겐슈타인의 논리와 세계에 관한 이해는 서구 전통철학을 강력하게 비판한다.

> "6.13 논리학은 학설이 아니라, 세계의 거울상이다. 논리는 초월적이다."

논리학은 학설의 체계가 아니다. 언어라는 거울에 비친 세계의 모습이다. 논리학은 선험적인 것이다. 비트겐슈타인 이전의 서구 전통철학, 즉 실재론이나 합리론에서는 이데아(idea)나 신(God)과 같은 '제1원리(Causa Prima)'를 설정한다. 그리고 거기에서 세계 존재의 원리들을 도출해 낸다. 다시 말하면, 그것은 '학설의 집성'이다.

하지만 비트겐슈타인은 '그러한 것은 없다!'라고 강조한다. 거기에 있는 것은 '명제들'뿐이다. 이 명제들은 논리의 비준을 받아야 한다. 논리는 손에 쥐어지는 것이 아니다. 그것은 단지 세계, 즉 언어의 형식이다. 논리가 철학의 전부다. 전통철학에서는 형이상학이 모든 학문의 왕이었다. 그러나 비트겐슈타인은 형이상학의 존재를 부정한다.

형이상학이 다루는 대상들은 경험에서 주어진 것에 있지 않기 때문이다.

비트겐슈타인이 제시하는 새로운 철학에서는 '논리(論理: logic)'가 모든 것이다. 논리는 투명하다. 그런데 인간은, 그러한 논리가, '왜 그렇게 존재해야 하는지', 모른다. 인간이 그것을 밝혀내지 않은 것은 분명하다. 그럼에도 불구하고 인간은 이미 그 세계 속에서 산다. 이런 의미에서 논리는 선험적이다.

기존의 교육철학은 거의 대부분의 사유를 서구 전통철학에서 빌리고 있다! 플라톤·아리스토텔레스에서 데카르트, 칸트를 거치면서 형성된 근대 유럽 철학이 교육철학의 주요 근거다. 그런 점에서 전통 교육철학은 비트겐슈타인의 사고가 상당히 낯설게 느껴질 수 있다. 그 낯선 특징은 새로운 교육철학을 예고한다. 그것은 교육 형이상학의 해체다. 학설과 이론으로 점철된 명제들, 그것이 무엇을 지시하는지 성찰해야 한다. 교육의 세계가 펼쳐온 언어의 형식들, 그 논리의 세계에 살고 있는 인간은 무엇일까? 그 인간이 빚어내는 교육은 세계의 모습을 어떻게 그려내는가?

비트겐슈타인 61 -『논리철학론』 6: 법칙과 법칙의 형식

2022. 9. 21. 05:00

또 다시 생각해 봐도, 쉽지 않다. 정말 난해하다. 비트겐슈타인의 사고가 독특해서인가? 세계를 너무나 분명하게 정돈해서인가? 오히려 헷갈릴 지경이다. 비트겐슈타인이 "수학은 논리적 방법이다. 수학의 명제들은 방정식이며, 그렇기 때문에 수학의 명제들은 사이비 명제다(6.2)"라고 지적한 것처럼, 수학 또한 '논리의 숫자'에의 적용이다. 수학에 문외한이다 보니, 비트겐슈타인의 사유를 꿰뚫어 보지 못한 것 같아 더욱 안타깝다. "수학의 명제는 '사고(思考)'를 표현하지 않는다!(6.21)"라는 언급을 위안 삼아, '사유(思惟)'할 수 있는 언명으로 뛰어 넘어가 본다.

> "6.3 논리의 연구는 모든 법칙성의 연구를 의미한다. 그리고 논리 밖에서는 모든 것이 우연이다."

다시 말하면, 논리학에 관한 탐구는 법칙에 지배 받는 모든 것에 관한 탐구다. 그러기에 논리학의 바깥에 있는 모든 것은 우연에 의한 표출이다. 논리에 대한 탐구는 법칙에 종속되는 모든 것의 탐구를 의미한다. 그리고 논리 밖에서는 모든 것이 우연적이다. 여기에서 '법칙'이 지시하는 것은 '논리'와 '6.2'의 항목에서 강조한 수학의 항진성이다. 과학에서 말하는 법칙을 의미하지 않는다. 그리고 '논리'는 세계의 형식이다. 그 형식을 벗어난 것은 논리의 필연성 저편에 있는 우연성이다. 이는 매우 중요한 사실이다.

세계와 인간은 무한히 자유로운 존재가 아니다. 거기에는 준수되어야 할 '법칙', 즉 '논리'라고 말해지는 것이 있다. 이 법칙이 준수된다는 가정 아래, 어떤 사안이 발생할 수 있다. 그때, 모든 것이 우연이다!

"6.32 인과법칙은 법칙이 아니라 어떤 한 법칙의 형식이다."

인과율은 법칙이 아니라 법칙의 형식일 뿐이다. 여기에서 인과법칙, 즉 인과율은 위에서 언급한 법칙이나 논리가 아니라 '과학철학'과 연관된다. 전통적으로 과학은 인과율의 집합으로 여겨져 왔다. 주지하다시피, 뉴턴(Sir Isaac Newton, 1642~1727)의 만유인력(萬有引力)을 보면, 두 물체와 끄는 힘 사이에는 어떤 관계가 존재한다. 그 양상은 '두 물체의 거리의 제곱에 반비례하고, 두 물체의 질량의 곱에 비례하는 힘이 존재한다.'라는 공식으로 표현된다. 이것이 힘에 관한 하나의 정의이고, 인과율이다. 과학의 인과율은 수학에서 함수로 표현된다. 수학은 '의미 없는 명제(proposition without sense)', 즉 '논리명제(proposition of logic)'에 대한 것이다. 하지만 과학은 '의미를 가진 명제(proposition with sense)'에 관한 것이다.

의미를 가진 명제, 즉 과학은 귀납추론에 의해 드러나고, 선험적일 수 없다. 과학의 가장 중요한 기능은 인과율을 설정하여 하나의 사건에서 다른 하나의 사건을 추론하는 작업이다. 때문에 인과율의 선험성이 보장되어야 한다. 선험적이어야 예외 없는 포괄성을 담보할 수 있기 때문이다.

'태양은 동쪽에서 뜬다!' 이 상식적인 언표에 대해 한번 고민해 보

자. 이 명제는 보편적인 것인가? 이렇게 주장할 근거는 어디에 있을까? 이 명제의 보편성을 주장하는 사람은 과거의 모든 경험에 관해 말할 것이다. 하지만 그런 주장에 대해 즉각 반박할 수 있다. 아니, '미래의 태양을 미리 본 것도 아닌데, 어떻게 태양이 동쪽에서 뜬다고 알 수 있는가?' 그러면 어떤 답변이 돌아올까? '상식에 입각하라!' 뭐 이런 정도가 아닐까? 하지만 진지하게 생각해 보면, 다시 반박할 수 있다. '법칙은 상식의 문제가 아니다!'

이 지점에서 과학의 귀납추론이 가진 문제점이 혼란스럽게 요동친다. 그 추론에 의해 일반화를 거친 법칙이, 사실은 '법칙의 형식을 가지고 있지만 법칙은 아니다!'라는 점이다. 법칙은 논리명제와 수학의 명제에 항진명제의 형식으로 자리할 뿐이다.

그렇다면, 과학적 사고에 의존하는 교육은 어떠한가? 귀납추론에 의한 교육의 일반적 법칙이, 교육의 원리나 법칙이 아니란 말인가? 법칙의 형식이라는 옷을 입고만 있단 말인가?

비트겐슈타인 62 - 『논리철학론』 6: 세계와 나

2022. 9. 22. 05:10

그렇다면, 나는 무엇인가? 인간은? 교육의 주체적 담지자(擔持者)로서 인간, 또는 내가 존재하려면, 세계와 내가, 또는 교육과 내가, 어떤 관계인지를 진솔하게 규정해야 한다. 비트겐슈타인의 한 마디가 다시 충격을 더한다.

"6.373 세계는 나의 의지로부터 독립적이다."

즉 세계는 내 의지와 상관없이 독립해 있다. 형이상학적 주체로서 나는 세계 내에 있는 것이 아니다. 세계의 내적 한계다! 나는 '세계 내의 어떤 일들이 나의 의지에 종속 되는가.' 또는, '어떤 일들이 나의 의지에 종속되지 않는가.'라는 사안을 통해 세계로부터 격리된다! 세계 내의 일들은 나의 의지에 종속될 수도, 종속되지 않을 수도 있다. 그런 의미에서, 세계는 나의 의지로부터 독립적이다. 세계와 나, 이 둘의 관계는 필연적이거나 논리적인 관계에 있지 않다. 우연적이다! 모든 일이 내 의지대로 일어난다고 하더라도, 그것은 그 순간에 운(運)이 좋은 우연일 뿐이다.

내가 지금, 이 세계에서, 나름대로는 열정을 다해 교육에 종사하고 있는데, 이 또한 우연이란 말인가? 어쩌면, 내가 세계를 이해하지 못하고, 교육을 이해하지 못하고, 비트겐슈타인의 사고를 오해하여 엉터리 사고를 전개하고 있는지도 모른다. 아니면, 내가, 교육의 세계와 세계의 일반적 특성을 혼동한 것인가?

비트겐슈타인 63 -『논리철학론』6: 세계의 뜻, 우연

2022. 9. 23. 05:00

'세계는 나의 의지로부터 독립적이다'라는 언표가 사유에 혼란을 부추긴다. 세계와 나를 분리시키다니. 나는 세계에 살고, 세계가 나를 감싸고 있는데, '독립적'이라니. 이 무슨 말인가? 불교식 화두를 던지면, '이것은 무엇인가?'

> "6.41 세계의 뜻은 세계 밖에 놓여 있지 않으면 안 된다. 세계 속에서 모든 것은 있는 그대로 존재하며, 모든 것은 일어나는 그대로 발생한다. 세계 속에는 가치가 존재하지 않는다. 가치가 존재한다면, 그것은 아무 가치도 지니지 않는다. 가치를 지니는 어떤 가치가 존재한다면, 그것은 모든 사건과 이러저러하게 있는 존재의 밖에 놓여 있지 않으면 안 된다. 왜냐하면 모든 사건과 이러저러하게 있는 존재는 우연적이기 때문이다. 그것을 비우연적으로 만드는 것은 세계 속에 놓여 있을 수 없다. 왜냐하면 그렇지 않다면 이것은 다시 우연적일 것이기 때문이다. 그것은 세계 밖에 놓여 있어야 한다."

다시 풀이해 본다. 세계의 의미는 세계의 바깥에 있어야 한다. 세계 속에서, 존재하는 모든 것은 있는 그대로 존재한다. 또 일어나는 모든 것은 일어나는 그대로 일어난다. 그렇기 때문에 세계 속에는 가치가 없다! 뿐만 아니라, 설령, 가치가 세계 속에 들어온다고 해도, 그것은 전혀 가치 없는 것으로 바뀐다. 참으로 가치 있는 가치는 어느 것이든 사실과 변화의 영역바깥에 있어야 한다. 모든 사실과 변화는 우연한 것이기 때문이다. 사실과 변화를 우연이 아니게 만드는 것은 세계 속에 있을 수 없다. 그것이 세계 속에 있다는 것 자체가 우연한 일이기 때문이다. 그러므로 사실과 변화를 우연이 아니게 만드는 것은 세계의 바깥에 있어야 한다!

세계의 뜻은 세계 바깥에 있어야 한다. 세계 내에서는, 있는 것은 그대로 있고, 발생하는 것은 그대로 발생한다. 세계 안에서는 가치 체계가 없다. 가치가 있다면 그것은 무가치(無價値)다. 가치 있는 가치가 있다면 그것은 모든 발생과 존재 밖에 있어야 한다. 모든 발생과 존재는 우연이기 때문이다. 그것을 비우연적인 것으로 만드는 것은 세계 내에 존재할 수 없다. 그렇지 않다면, 이는 다시 우연적인 이유를 갖는다. 다시 강조하지만, 그것은 세계 밖에 있어야 한다!

이 지점에서 '세계와 삶은 하나다!'라는 사실을 고려해야 한다. 그런 만큼, 세계의 뜻은 '삶의 뜻'이다. 세계 또는 삶의 뜻, 그것은 동시에 가치의 문제를 고민한다. 윤리의 문제, 그것도 탁월한 윤리의 문제를 상정해야 한다.

하지만, 형이상학에 관한 비트겐슈타인의 의견은 강력하다. 그의 의견은 간단하다. '세계 내에 형이상학은 없다!' 전통철학의 관점에서 보면, 혁명적 발상이다. 형이상학에 준하는 존재론이나 인식론, 윤리학이나 미학, 신학, 정치학, 교육철학 등은 세계 내에 존재하지 않는다. 비트겐슈타인은 '형이상학'을 '가치(value)'의 문제로 인식했다. 그러기에 이전의 사유에 대해 너무나 과격하다. 단호하게 거부한다!

세계 내에 가치는 없다! 이 무슨 뚱딴지같은 소리인가? 교육을 비롯한, 세계 내의 수많은 인간 활동은 가치 지향적이지 않는가? 정말 가치가 없는 건가? 비트겐슈타인의 사고는 정밀하게 타격한다. 가치가 있다면, 그것은 사실, 무가치일 뿐이다! 인간은 침묵 속에 지나쳐야 할 사안을 지상에 끌어들이고 있다. 부나 명예, 지위에 관한 욕망 때문인가? 아니면 세상을 지배하려는 권력 추구인가?

인간은 세계 자체의 뜻을, 다시 말하면, 세계의 가치가 어떠한지 알 수 없다. '무엇인가'의 뜻을 인식하기 위해서는 그 대상의 바깥쪽에 있어야 한다. 화가가 대상을 묘사하기 위해 대상 밖에 있는 것처럼 말이다. 하지만 우리는 세계의 바깥에 존재할 수 없다. 나 자신이 바로 세계이기 때문이다. 아이 엠 마이 월드(I am my world)!

'어떤 인간이 세계의 뜻을 안다!'라고 했을 때, 그것은 세계가 어떤 필연적 법칙에 따라 운영된다는 것을 의미한다. 그러나 세계 안의 모든 일은 우연이다. 어떤 사안이 벌어지건 존재가 자리하건, 그것은 모두 우연이다. 세계 내의 자리하는 존재와 벌어지는 사안은 어떤 필연이나 논리에 따르지 않는다. 전통철학은 '세계 내의 모든 것은, 플라톤이 말한 것처럼, 이데아에 준하는 필연성을 지닌다!'라고 강조해 왔다. 비트겐슈타인은 그것을 거부한다. '그러한 것은 없다!'

이런 사유의 운동은 '세계 내에 가치 체계가 없다!'라는 의미를 창출한다. 세계 속에 윤리적 의미는 없다. 윤리나 도덕 가치가 있다면, 그것은 가치를 위장하고 있는, '어떤 것'일 따름이다. 윤리적 가치는 하나의 당위(當爲)다. 당위는 마땅히 있거나 행해져야 하는 일이다. 때문에 그것은 필연이다. 필연은 발생과 존재의 우연성 밖에 있어야 한다. 그러기에 세계 내의 가치는 무가치다.

이런 차원에서 윤리 도덕 가치와 우연은 격돌한다. 그것은 '세계의 바깥'과 '세계의 안'을 충돌하게 만든다. 윤리가 존재한다면, 그것은 세계의 바깥에 있어야 한다. 윤리는 일종의 명령이고 필연이기 때문에 우연의 지배를 받는 세계의 안에 자리할 수 없다. 세계의 바깥으로 밀려 나가야 한다. 세계의 바깥은 침묵 속에 지나쳐야 할 세계다!

비트겐슈타인은 신(神: God)과 과학(科學: science)이 폐기된 시대를 고민했다. 이런 시대에, 인간은 세계의 뜻과 의미를 알기 힘들게 되었다. 아니, 진정, '모르게' 되었다. 칸트의 정언명령(定言命令)과 같은 것은 사라졌다. 인과율(因果律)과 같은 것도 없어졌다. 그 자리에 우연(偶然)만이 남았다. 세계 내에 윤리 도덕적 가치가 존재하지 않는다!

엄밀하게 따져보면, '세계 내에 윤리 도덕적 가치가 존재하지 않는 것'을 의미하는 것은 아닌 것 같다. '가치가 존재하지 않는다!'라기보다 침묵(沈默) 속에 지나쳐야 하는 어떤 것이 되어 버렸다는 의미다. 그것은 보편적 가치 체계의 증발이다. 인간의 세계가 그렇게 흘러가는 것에 대한 두려움!

이런 인식을 앞에 두고 보니, '교육' 또는 교육철학이라는 이름 아래, 마구 던져지는 저 메시지가 너무나 두렵다! 전통철학의 형이상학, 그 가치가 세계 내에 존재하지 않듯이, 윤리 가치가 없듯이, 교육도 없는가? 침묵으로 일관할 수 없는 현실에서, 비트겐슈타인의 사고를 받아들이기 위한 중압감(重壓感)이 온몸을 휘감는다.

비트겐슈타인 64 - 『논리철학론』 6: 윤리학의 명제와 실천

2022. 9. 24. 04:30

세계 내에 가치가 존재하지 않는다는 발언은 교육 자체에 관한 사고나 실천을 힘들게 만든다. 아니, 우울하게 이끈다. 그것은 윤리 가치에 관한 다른 인식을 통해 침묵을 강요한다. 비트겐슈타인의 세계 내 가치에 관한 언급은 다음 언표에서 다시 획을 긋는다.

> "6.42 그렇기 때문에 윤리학의 명제들도 존재할 수 없다. 명제들은 더 높은 것을 표현할 수 없다."

앞에서 강조했듯이, '사실과 변화를 우연이 아니게 만드는 것은 세계의 바깥에 있어야 한다!' 때문에 윤리에 관한 명제 또한 있을 수 없다. 명제는 사실보다 고귀한 것을 표현할 수 없다. 결코 가치를 드러낼 수 없다! 그러면 교육은 어떻게 되는가? 실천할 수 없는 건가? 세계의 바깥에서 맴도는 주변부에 불과한가?

비트겐슈타인의 언명을 다시 풀이하면, '윤리적 명제는 있을 수 없다. 명제는 어떤 고차원적인 사안을 표현할 수 없다.' 명제는 세계 안에 있는 것만을 대상으로 한다. 그런데 윤리는 세계 안에 있지 않다. 따라서 윤리적 명제는 없다. 모든 명제는 분석될 경우, 궁극적으로 요소명제로 드러난다. 그 요소명제는 실재(reality)에 대한 것이다. 때문에 모든 명제는 동일한 가치를 지닌다. 명제 사이에 질적 차이는 없다. 명제는 단지 어떤 사례가 일어났는지 아닌지에 대한 것이고, 그 명제는 우연이다.

이 구체적 성격의 명제 위에 필연적 성격을 지니는 명제는 없다. 명제가 다루는 모든 것은 세계 내의 사례이기에, 보다 고차원적인 사안을 다룰 수는 없다. 고차원적인 윤리 가치는 필연에 관한 것이다. 윤리적 명제는 '당위'를 말한다는 점에서, 고차원적이자 필연적이다. 문제는 세계의 안에 그러한 것을 위한 자리는 없다는 점이다.

비트겐슈타인의 명제이론에서 보면, '모든 명제는 그림이다. 이 점에서 가치가 같다!(6.4)' 명제들은 세계 속에서 일어나는 사안들, 즉 우연적이고 가치가 없는 것들을 기술한다. 그러나 윤리학은 다르다. 단순하게 어떤 사실의 기술에 그치지 않는다. 보다 높은 차원의 어떤 것, 가치를 표현한다. 교육은 가치 지향적 작업이기에 더욱 그러하다. 이런 특성을 전제로, 비트겐슈타인은 '윤리학의 명제들은 존재할 수 없다'라고 생각한다.

그렇다고 그가 윤리적 사안의 존재나 중요성을 부정하는 것은 아니다. 이런 인식에서, 가치를 지향하는, 아니 철저히 지향해야만 하는, 내 교육철학의 위안을 찾는다. 그것은 비트겐슈타인의 솔직한 고백에서도 드러난다. 그는 『논리철학논고』 출판을 위해 폰 피커에게 다음과 같은 편지를 보냈다고 한다.

"나의 작품은 두 부분으로 되어 있다. 여기, 『논리철학논고』의 내용과 내가 쓰지 않은 모든 내용이 그것이다. 내가 쓰지 않은 내용, 두 번째 부분이 더 중요하다. 내 책은 '윤리적'인 것을, 그 내부로부터 한계 긋고 있다. 엄격히 말해, 그것은 오직 『논리철학논고』에서 쓴 이런 방식으로만, 한계를 그을 수 있다고 나는 확신한다. 한마디로, 『논리철학논고』의 요점은 윤리적인 것이다."

그렇다면, 비트겐슈타인의 사고를 빌린, 교육철학도 그에 상응하는 정도로 가치를 부여할 수 있지 않을까?

세계의 선천적 가능 조건을 이루는 초월적 것들은 어떤 식이 되었건, 드러나게 마련이다. 논리는 유의미한 명제들을 통해 드러난다. 윤리적 사안들은 그 실천을 통해 나타난다. 이것이 중요하다. 교육은 유의미한 교육적 명제와 교육적 가치를 구현하는 실천을 통해 그 효과를 증명한다.

비트겐슈타인 65 - 『논리철학론』 6: 윤리와 의지

2022. 9. 25. 10:40

이어서 윤리 가치의 문제가 계속 논의된다. 비트겐슈타인이 가치 없는 단순한 명제만을 얘기한 것이 아니라, 오히려, 역설적으로, 윤리의 가치를 되묻고 있는 장면이 고심의 정도를 확연히 높이고 있는 듯하다.

> "6.421 윤리가 언표될 수 없다는 것은 분명하다. 윤리는 초월적이다. 윤리와 미학은 하나다."

다시 말하면, '윤리는 언어에 담길 수 없다!' 그것은 분명하다. 윤리는 지성을 초월해 있다. 그런 점에서 윤리학과 미학은 완전히 똑같은 것이다.

> "6.422 '당신은 ~해야 한다'라는 형식의 윤리 법칙이 세워졌을 때 드는 최초의 생각은, '그런데 내가 그렇게 하지 않는다면 어떻게 되는가?'라는 것이다. 그러나 윤리가 통상적인 뜻에서의 상벌(賞罰)과 아무 상관도 없다는 것은 분명하다. 그러므로 행위의 결과들에 관한 이러한 물음은 중요성이 없어야 한다. 최소한 이 결과들이 사건들이어서는 안 된다. 왜냐하면 어쨌든 그 문제 제기에는 무엇인가 올바른 것이 있음이 틀림없기 때문이다. 일종의 윤리적 상벌이 존재해야 하지만, 이 상벌은 행위 자체에 놓여야 한다. 그리고 상(賞)은 유쾌한 어떤 것이

어야 하고, 벌(罰)은 불쾌한 어떤 것이어야 한다는 것도 분명하다."

다시 풀이하면, '당신은 ~해야 한다'라는 형식으로 정해진 윤리 규범을 마주했을 때, 누구에게나 처음 떠오르는 생각은 이런 것이다. '내가 그렇게 하지 않으면 어떻게 될까?' 하지만 윤리는 일상적 의미에서의 처벌이나 보상과는 전혀 관계가 없다. 행위의 결과에 관한 물음은, 그 결과가 사건이 아닌 한, 중요하게 여길 필요가 없다. 인간이 제기하는 물음에는 무언가 올바른 점이 분명히 존재하기 때문이다. 어떤 종류의 도덕적 보상과 도덕적 처벌은 명확하게 적용되어야 하지만, 도덕적 보상과 도덕적 처벌은 그 행위 자체로 돌아가야 한다. 또 보상은 즐거운 것이어야 하고, 처벌은 불쾌한 것이어야 한다.

> "6.423 인간은 윤리적인 것을 소지한 존재로의 의지에 관해서는 말할 수 없다. 그리고 현상으로서의 의지는 심리학의 관심사일 뿐이다."

의지가 윤리적 속성들을 소유하는 주체인 한, 인간은 의지에 관해 아무 말도 할 수 없다. 그것이 윤리적 속성을 지닌 어떤 주제인 한 의지에 대해 말하는 것은 불가능하다. 게다가 '현상으로서의 의지'는 오직 심리학의 관심사이다. 이 언명은 다시 자아(subject) 또는 영혼(soul)의 부재(不在)에 대한 주제와 맞어져 있다. 판단의 주체로서 자아 또는 영혼과 같은 것은 없다. 전통철학의 오류 가운데 하나는 '나(I)'를 가정했다는 사실이다. 형이상학적 주체로서 '자아'는 없다. 그러한 것이 있다면 단지 물질적 차원에서 심리학의 주제일 뿐이다. 이때 자아는 영혼이 아닌 '의지(will)'다.

문제는 의지와 윤리 가치의 관계다. 의지의 존재로부터 윤리 도덕적 존재를 연역한다면, 그것은 착오다. 의지는 윤리와 관련이 없다. 의지와 다른 물질 사이에 질적 차이가 없는 것과 마찬가지다. 그것 또한 세계의 사건일 뿐이다.

비트겐슈타인 66 –『논리철학론』6: 무시간성, 삶과 죽음의 수수께끼

2022. 9. 26. 05:40

의지(意志)는 인간의 삶을 가늠할 수 있는 마음의 인도(引導)다. 그런 의지가 윤리와 관계가 없다니, 이를 어떤 차원에서 받아들여야 할까?

> "6.43 선(善)하거나 악(惡)한 의지가 세계를 바꾼다면, 그것은 세계의 한계들을 바꿀 수 있을 뿐이다. 사실들을 바꿀 수는 없다. 즉, 언어에 의해 표현될 수 있는 것을 바꿀 수는 없다. 간단히 말해, 세계는 선악의 의지를 통해 전혀 다른 세계가 되어야 한다. 세계는 전체로서 이지러지거나 차야 한다. 행복한 사람의 세계는 불행한 인간의 세계와는 다른 세계다."

'선한 의지'나 '악한 의지'가 세계를 개조할 수 있을까? 그렇다면 그것은 세계의 한계를 바꿀 수 있을 뿐이다. 절대 사실들을 바꿀 수는 없다. 다시 말해, 언어로 표현될 수 있는 것을 바꿀 수는 없다. 요컨대 그 결과는 세계를 이전과 전혀 다른 세계로 바꾸는 일일 수밖에 없다. 세계 전체가 감소하거나 증가해야 한다. 즉 달이 찼다가 기울었다가 하는 것처럼 할 수밖에 없는 것이다.

사실들의 총체로서 세계가 바뀌지 않으면서 그 한계들이 바뀔 수 있다! 달이 이지러지고 차오르듯이, 달은 실제로 변화 없이 그렇게 이루어진다. 세계는 사실적으로 동일해도 선악의 의지에 따라 이지러지거나 차오를 수 있다. 그 이지러짐과 차오름의 정도가 인간의 선과

악, 행복과 불행을 결정한다. 달의 이지러짐과 차오름이 지구가 얼마나 태양 쪽을 향해 있느냐에 달려 있듯이, 선과 행복은 내 의지가 신의 뜻에 얼마나 온전히 따르느냐에 달려 있다. 그 윤리적 가치 행위의 끝에서 볼 때, 행복한 사람의 세계는 불행한 사람의 세계와 다르다.

그런데 세계의 한계를 바꿀 수 있다면, 그 바꾸어 나가는 과정에서 인간의 삶을 영원하게 지속할 수 있는가? 그것은 삶의 저편에 선 죽음의 문제를 해소하는 데서 밝혀진다.

> "6.431 죽으면서 세계는 바뀌는 것이 아니라 끝이 난다."

> "6.4311 죽음은 삶의 사건이 아니다. 죽음은 체험되지 않는다. 영원이 무한한 시간의 지속이 아니라 무시간성(無時間性)으로 이해된다면, 현재에 사는 사람은 영원히 사는 것이다. 인간의 삶은 인간의 시야에 한계가 없는 것과 마찬가지로 끝이 없다."

이 부분은 삶과 죽음의 이중주를 연주하는 인간의 숙연(肅然)함을 배가한다. 인간은 죽어도 세계는 바뀌지 않는다. 눈을 감으면 시야가 사라지는 것처럼, 삶도 끝나버린다. 죽음은 인간의 삶에 일어나는 사건이 아니다. 인간은 살아 있으면서 결코 죽음을 경험할 수 없다. 인간이 영원을 '시간의 무한한 지속'으로 이해하지 않고, '시간과 관계없음'으로 이해한다면, 현재를 사는 사람들은 영원한 삶을 살고 있는 것이다. 인간의 시야가 한계를 갖지 않는 것과 똑같은 방식으로 인식하면, 인간의 삶에는 끝이 없다.

다시, '죽음은 삶의 사건이 아니다!' 인간은 죽음을 경험하며 살지 않는다. 생각을 달리 해보자. 영원을 무한한 시간의 지속이 아니라 시간의 소멸이라고 간주한다면, 영원한 삶은 현재를 사는 사람들에게 주어진다. 인간의 시야가 한계를 가지지 않은 것처럼, 삶은 끝을 지니지 않는다.

인간의 죽음은 세계 안에 있는 것이 아니다. 왜? 인간은 죽음 바깥에 있을 수 없기 때문이다. 그러기에 죽음은 인생의 사건이 아니다. 앞에서 말한 것처럼, '나는 세계다!' 세계 안에 자신이 두루 퍼지는 삶 이외에 다른 삶의 가능성에 대한 신념은 잘못되었다. 시간도 마찬가지다. 나의 순간이 모든 순간이다! 나의 시간을 영원 속에 두루 퍼지게 하면, 시간 밖에 있기보다 시간 속에 있어야 한다. 시간과 관련한 인간의 착각은 시간 밖에서 시간을 계측하며 산다고 믿는 데 있다.

인간이 아무리 높이 올라가 아무리 많은 것을 본다고 해도, 세계는 인간에게서 벗어난다. 인간은 세계 밖에서 세계를 볼 수 없다. 마찬가지로, 아무리 긴 시간을 가정해도, 아무리 물리적 삶을 늘린다 해도, 영원을 살지는 못한다. 하지만 순간 속에 스스로를 소멸시키면, 시간은 사라진다. 나는 이제 영원 속에 자리하게 된다.

이는 공간에서도 마찬가지다. 공간이라는 세계 속에 인간을 소멸시키면, 인간은 모든 세계가 된다. 인간을 세계에 두루 자리하게 만들면, 인간의 시야는 무한대를 향한다. 인간은 모든 곳에 살기 때문이다. 인간이 인간의 시간을 지우고, 그것을 단지 시간 속에 두루 존재하게 만들면, 인간은 영원한 시간을 얻는다.

> "6.4312 인간 영혼의 시간적 불멸성, 즉 죽음 이후에도 인간 영혼이 영원한 삶을 계속한다는 가정은 어떤 방식으로도 보증

되어 있지 않다. 뿐만 아니라 그 가정은 무엇보다도, 늘 그런 가정으로 달성하려고 한 것을 전혀 성취하지 못한다. 내가 영원히 산다는 것에 의해, 어떤 수수께끼가 풀리는가? 도대체 이 영원한 삶이란 현재의 삶과 똑같이 수수께끼 같지 않은가? 공간과 시간 속에 있는 삶의 수수께끼에 대한 해결은 공간과 시간의 바깥에 놓여 있다!"

인간의 영혼은 시간적으로 불멸하는 특성을 지닌다. 다시 말해, 신체의 죽음 이후에 영혼만의 영원한 생존은 전혀 보증되어 있지 않다. 뿐만 아니라, 어떠한 경우에도 이 가정은 그것이 의도했던 목적을 달성하지 못한다. 아니, 내가 영원히 산다고 해서, 정말 어떤 수수께끼가 풀리는가? 이 영원한 삶 자체가, 현재의 삶이 수수께끼인 것 못지않게, 수수께끼 아닐까? 공간과 시간 속에서 진행되는 삶의 수수께끼, 그 해결책은 공간과 시간의 바깥에 자리한다.

다시 설명하면, 인간 영혼의 시간적 불사(不死: immortality), 즉 죽음 이후에도 그것이 영원히 존속한다는 것은 먼저 보장되는 사실이 아니다. 인간이 그런 가정을 통해, 그 유효성을 가지게 하려고 애써온, 바로 그것에서 유효하지도 않다. 내가 영원히 산다면, 그 수수께끼는 풀릴까? 이 영원한 삶도 현재의 삶만큼 수수께끼가 아니겠는가? 공간과 시간 내에서 삶의 수수께끼에 대한 해답은 공간과 시간 밖에 있다.

비트겐슈타인은 영원한 삶의 의미에 대해 심각하게 고민한 듯하다. 영속적인 삶이 의미를 가진다면, 그것은 '삶의 의미'에 대한 수수께끼를 해결하는 데 있다. 그렇다고 죽음에 대한 두려움에 근거하여, 영원한 삶, 그 불사(不死)에의 희망을 말하는 것도 아니다. 그는 고민했다. '삶의 의미'를 해결하는 작업이 모든 것의 해결이다!

비트겐슈타인은 일반적으로 종교에서 가정하는 영원한 삶을 고려한다. 영원한 삶은 확정된 약속이 아니다. 그리고 영원한 삶이 실현된다고 해도 그것은 무의미하다. 특별한 의미를 지니지 않는다. 영원히 사는 존재가 된다면, 삶이 무엇이고, 그것이 무엇을 위한 일인지는 알 수 있지 않을까라는 가정은 한다. 그렇다 해도, 진정으로 그것을 알기는 불가능하다. 다시 말하면, 아무리 영원히 산다 해도, 삶의 수수께끼는 풀리지 않는다. 영원한 삶 또한 현재 인간의 삶을 연장하는 일에 지나지 않는다. 그것은 공간과 시간 내에, '세계 안'에 있다. 그러나 삶을 해명하는 작업은 공간과 시간의 바깥에 있다. 삶의 의미는 그 삶을 사는 사람에게 알려지지 않는다. 삶의 바깥에서 그것을 볼 수 없기 때문이다. 그런 만큼, 영원한 삶을 가정하는 것은 쓸 데 없는 일에 불과하다!

비트겐슈타인 67 -『논리철학론』6: 세계, 한계 지어진 전체

2022. 9. 27. 06:00

다시, '세계' 이해를 위한 고민에 접어든다. 교육은 엄연히 세계 안에서 실천되는 사업이다. 세계 밖에서 조망하는 작업이 아니다. 세계의 존재 양상을 어떻게 이해하느냐에 따라 교육의 구현도 달라질 수 있다. 비트겐슈타인의 세계 이해는 명제와 윤리 사이에서, 가치 여부를 절단(截斷)한다.

> "6.432 '세계가 어떻게 있는가?' 이는 고차원적으로, 완전히 아무래도 좋은 것일 뿐이다. 신은 자신을 세계 속에서 드러내지 않는다."

말이 조금 어렵다. 다시 설명하면, '세계는 실제로 어떠할까?' 즉 '사물들이 세계 속에 어떻게 존재하는가?'라는 문제는, 사실보다 고귀한 것과 전혀 관련이 없다. 세계의 양태, 다시 말해, 세계가 어떠어떠하다는 것은, 보다 고차원적인 것들에 대해 완전히 무관심하다. 신은 세계 속에 자신을 드러내지 않는다. 세계에 스스로를 계시하지 않는다.

비트겐슈타인은 이 지점에서 세계의 그림으로서 명제와 윤리 가치의 부재를 상기시킨다. 세계는 이러저러하다. 그러나 그 세계에 고차원적인 형이상학적 명제는 포함되지 않는다. 신학적 명제 또한 보다 고차원적 명제다. 실증적 사안을 넘어선 신에 대한 얘기이기 때문이다. 하지만 세계 안에 고차원적 명제가 없는 것처럼 신도 존재하지 않는다.

신의 부재를 강조한다고 해서 종교나 신앙 자체를 무의미로 만들기 위한 장치는 아니다. 단지, 신(God: 神)은 지상 세계에 모습을 나타내지 않는다는 언표다. 비트겐슈타인은 '신 자체'에 대해 말하지 않는다. 다만, 신에 대한 언명에 관해 말한다. 상당수의 인간들은 신에 대해 많은 것들을 말한다. 그러나 신은 공간과 시간 내에 존재하지 않는다. 따라서 신에 대해서는 침묵해야 한다. 종교나 신앙은 있으나 신학(神學)은 없다! 『철학적 탐구』에서 비트겐슈타인은 말한다. "신과 윤리, 그것은 인간의 '심적 경향성(心的 傾向性)'이다!"

"6.4321 사실들은 모두 '과제'에 속할 뿐, '해결'에 속하지 않는다."

이를 다음과 같이 다시 풀이할 수 있다. 사실들은 모두 문제를 만들어내는 데만 기여한다. 그것들이 만든 문제의 해결에 기여하지 못한다.

"6.44 '세계가 어떻게 있느냐?'라는 것은 신비롭지 않다. 세계가 있다는 것이 신비롭다."

신비로운 것은 사물들이 세계 속에 '어떻게 있느냐'가 아니다. 세계가 '실제로 있다'라는 바로 그것이다. 다시 말하면, 신비스러운 것은 세계의 사물들이 어떠하다는 형상이 아니라, 세계가 존재한다는 사실이다.

세계가 주어져 있다면, '어떠어떠하게' 주어진다. 당연하다. 그러나 애당초, 세계가 주어진다는 사실 자체가 너무나 신비스럽다. 여기에서 '어떠어떠하게'는 시간과 공간 내에서의 사태지만, 세계 자체를 존재하게 만드는 것은 세계 밖의 무엇이다.

> "6.45 세계를 영원의 관점에서 직관하는 것은, 세계를 전체-한계 지어진 전체-로서 직관하는 작업이다. '한계 지어진 전체'로서의 세계에 대한 느낌, 그 느낌이야말로 신비롭다."

세계를 '영원한 상 아래에서' 바라보는 것은, 세계 전체, 즉 한계로 둘러싸인 세계를 보는 작업이다. '한계로 둘러싸인 전체로서의 세계'를 느끼는 일, 이것이야말로 신비로움 자체다.

비트겐슈타인 68 - 『논리철학론』 6: 물음과 답변, 회의주의의 의심

2022. 9. 28. 05:10

교육은 물음에서 시작되는가? 끊임없는 답변을 구하는 건가? 묻고 답하는 일인가? 답변을 위한 물음을 제기하는 일인가? 물음과 답변을 둘러싼 비트겐슈타인의 고민이, 세상을 인식하고 깨닫는, 교육을 이해하기 위한, 선명성(宣明性)을 더한다.

> "6.5 언표될 수 없는 '답변'에 대해서는 '물음'도 언표될 수 없다. 수수께끼는 존재하지 않는다. 어떤 물음이 제기될 수 있다면, 그 물음은 또한 답변될 수도 있다."

답변이 언어로 표현될 수 없을 때는 언제나 물음도 언어로 표현될 수 없다. 답변 없는 수수께끼 물음은 존재하지 않는다. 물음이 제대로 성립할 수 있다면, 그 물음에 대한 답변도 가능하다. 즉 질문이 어떤 식으로든 구성될 수 있다면, 그것에 대한 답변 또한 가능하다.

비트겐슈타인은 탐구의 대상을 두 영역으로 한정한다. 하나는 논리명제이고, 다른 하나는 일반명제다. 논리명제는 논증적 또는 수학적 항진명제에 대한 것이고, 일반명제는 경험적 사실에 대한 것이다. 이외에 인간에게 주어진 것은 없다. 따라서 인간에게 답변 없는 질문은 있을 수 없다. 일반명제는 실재와 비교되면 언제든지 답변 가능하다. 논리명제는 명제 자체가 답변이다.

> “6.51 회의주의는, 만일 그것이 물음이 있을 수 없는 곳에서 의심하려고 한다면, 반박 불가능한 것이 아니라 명백히 무의미한 것이다. 의심이란 오직 물음이 존립하는 곳에서만 존립할 수 있고, 물음이란 답변이 존립할 수 있는 곳에서만 존립할 수 있으며, 또 이 답변이란 어떤 것이 말해질 수 있는 곳에서만 존립할 수 있기 때문이다.”

더 이상 물어볼 물음이 없는데도 회의주의가 의심을 제기한다면, 그런 회의주의는 반박할 수 없는 것이 아니라 명백히 헛소리다. 의심은 물음으로 표현될 수 있을 때만 진정한 의심이다. 물음은 답변이 있을 때만 물음이다. 답변은 말로 표현할 수 있는 어떤 것이 있을 때만 실제로 있다. 회의주의도 반박될 수 있다. 어떤 질문은, 물을 수 없는 지점에서 의심을 제기할 때, 명백히 말이 안 되기도 한다. 의심은 질문이 존재하는 곳에서만 존재한다. 질문은 답변이 있는 곳에서 존재한다. 답변은 무엇인가 말해질 수 있는 곳에서 존재한다.

이것이 회의주의에 대한 비트겐슈타인의 답변이다. 간단히 말하면, ‘회의주의는 말해질 수 없는 영역, 즉 시간과 공간을 벗어난 영역에 대해 의심을 품는다. 때문에 그 자체가 모순이다!’ 비트겐슈타인은 회의주의가 제기하는 질문에 대해 답변하는 것이 아니라, 회의주의가 ‘존재 이유가 있느냐?’라는 반박을 통해 회의주의를 극복한다.

회의주의에서는 ‘인간 지식의 가능성’에 의문을 제기한다. 앞에서 본 것처럼, 비트겐슈타인은 ‘인간 지식’에 대한 정의를 경험명제와 논리명제로 제한한다. 하지만 회의주의에서 회의는 이 둘을 벗어난 것에 대한 인간 지식의 가능성에 관한 것이다. 비트겐슈타인은 이런 시도들이 초점을 일탈한 것이라고 강조한다. 회의주의는 인간 지식의 가능성이 없는 것에 대한 의심을 제기한다. 그러한 물음은 '침묵 속에서 지나쳐야 할 답변'을 강제하는 일이다. 모든 물음과 답변은 실증적인 것과 논리명제에 대해서만 가능하다. 이것이 '말해질 수 있는 영역'이다.

> "6.52 모든 가능한 과학적 물음들이 답변될 수 있다고 해도, 인간은 삶의 문제들이 여전히 조금도 건드려지지 않은 채로 있다고 느낀다. 그렇다면 아무런 물음도 더 이상 남아 있지 않다. 바로 이것이 답변이다."

인간은 모든 가능한 과학적 물음의 답변을 모조리 알게 되었을 때조차도 삶의 문제들은 완전히 본래대로 남아 있을 것이라고 느낀다. 그때, 어떤 물음도 더 이상 남아 있지 않다는 것은 두말할 필요도 없다. 바로 이것, 더 이상 물음이 없다는 사실 자체가 삶의 문제에 대한 답변이다. 모든 가능한 과학적 의문이 해결되었을 때, 인간은 삶의 문제가 완전히 취급되지 않은 채로 남겨져 있다고 느낀다. 물론, 이때는 어떤 의문도 남아있지 않게 된다. 이것 자체가 삶의 문제에 대한 답변이다.

여기에서 과학은 '사태(state of affairs)'의 발생과 비발생의 총합이다. 인간의 실증적 감각이 포착하는 사실들이다. 이에 대한 완전한 탐구가 있다 해도 삶의 의미나 목적, 이유 등에 대한 물음은 답변되지 않는다. 중요한 것은 이때 의문 자체의 증발이 있다는 점이다. 삶의 문제는 과학적 탐구의 유무와 관계없이 거기에 존재한다. 과학적 탐구가 끝났을 때, 인간이 더 이상 할 수 있는 사안은 없다. 이때 비로소 심각한 사실을 깨닫는다. '삶의 문제는 탐구될 수 없다!' 그리고 이것 자체가 삶의 문제에 대한 답변이다. 요컨대, 의문 자체가 무의미하다.

> "6.521 삶의 문제 해결은 이 문제의 소멸에서 인지된다. 이것이 오랫동안의 회의 끝에 삶의 뜻을 분명하게 깨달은 사람들이 그 뜻이 어디에 있는지 말할 수 없었던 이유가 아닐까?"

삶의 문제에 대한 해결책은 그 문제가 사라져버린다는 사실에서 깨달을 수 있다. 바로 이것이 오랫동안의 의심 끝에 '인생의 의미'를 선명하게 깨달은 사람들이 그 인생의 의미가 무엇으로 이루어지는가를 말할 수 없었던 이유는 아닐까?

> "6.522 실제로 언표할 수 없는 것이 있다. 이는 스스로 드러난다. 그 자체가 신비스러운 것이다."

세계에는 정말로 언어로 표현할 수 없는 것들이 있다. 그것들은 제 자신을 스스로 보여준다. 그런 사실이 신비스러울 뿐이다.

비트겐슈타인 69 - 『논리철학론』 6: 철학의 방법, 사다리를 버려라!

2022. 9. 29. 05:20

이제 『논리철학논고』의 막바지에 이르러 솔직한 비트겐슈타인을 만나는 듯하다. 그것은 철학에 대한 회의이자 고민이다. 지금까지 전개한 자신의 철학적 작업이 모순에 빠졌다. 어찌할 것인가! 걱정할 일 없다. 그는 이미 그런 사안을 직시하며 보여주고 있었다. 그것이 위대한 사상가의 풍모를 가늠하게 만든다.

> "6.53 말해질 수 있는 것, 자연과학의 명제들, 철학과는 아무 상관없는 어떤 것, 그 이외에는 아무것도 말하지 말고, 다른 사람이 형이상학적인 어떤 것을 말하려고 할 때는 언제나, 그가 그의 명제들에 있는 모종의 기호들에 아무런 의미도 부여하지 않았음을 알려 주는 일, 이것이 본래 철학의 올바른 방법이다. 이 방법은 다른 사람에게는 불만이겠지만, 그에게 철학을 가르쳐 주었다는 느낌을 주지 않겠지만, 이 방법이 유일하게 엄격히 올바른 방법이다."

다시 말하면, 철학을 가르치는 올바른 방법은, 참으로 다음과 같아야 할 것이다. 그 방법은 말로 표현할 수 있는 것, 즉 철학과는 전혀 관계없는 자연과학의 명제들 이외에는 아무 것도 말하지 않으면서, 누군가가 형이상학적 주장을 할 때는 언제나 그 사람이 자신의 명제들 속의 어떤 기호에 뜻을 부여하는 데 실패했다는 것을 그에게 증명해주는 일이다. 그 사람이 철학을 배우고 있다고 느끼지 못해 만족하지 못한다 할지라도, 이 방법이야말로 철학을 제대로 가르치는 참으로 올바른 유일한 방법이다.

'말해질 수 있는 것'은 앞에서 말한 '사실의 총체'다. 이는 자연과학의 명제들이다. 비트겐슈타인은 말한다. "올바른 철학적 방법은 무엇을 함에 의해서가 아니라, 무엇을 하지 않음에 의해 가능하다!" 실증적 사실을 벗어난 어떤 것에 대해서도 말하지 않는 것, 이것이야말로 올바른 철학적 태도다. 누군가가 실증적 사실을 벗어난 무엇인가에 대해 말할 때, 즉 전통철학으로 간주되는 것에 대해 말할 때, '당신이 ~라고 말할 때, ~의 의미는 무엇인가?'라고 먼저 묻고, 이어서 '당신의 ~는 거기에 대응하는 상징(象徵: symbol)을 지니지 못한 공허한 기호다!'라고 말해주시라. 그것이 철학하는 자세다. 철학적 태도는 '인간이 묘사하는 명제의 어떤 기호들이 공허하다!'라는 사실을 밝혀주는 데 있다.

물론, 공허한 수사(修辭)를 철학의 정통으로 인식해온 사람들은 이러한 견해를 매우 냉소적으로 대할 것이다. 그러나 비트겐슈타인의 사유에서 보면, 이외에 철학의 양식은 없다!

> "6.54 나, 비트겐슈타인의 명제들은 다음과 같은 점으로 인해 '뜻풀이'다. 나를 이해하는 사람은, 그가 나의 명제들을 통해, 나의 명제들을 딛고서, 나의 명제들을 넘어 올라간다면, 그는 결국 나의 명제들을 무의미한 것으로 인식한다. 말하자면, 그는 사다리를 딛고 올라간 후에 그 사다리를 던져 버려야 한다. 그는 이 명제들을 극복해야 한다. 그러면 그는 세계를 올바로 본다."

다시 설명하면, 철학적 작업은 본질적으로 '뜻풀이'들로 이루어진다! 내 명제들은 다음과 같은 방식으로 독자를 깨닫게 해줄 것이다. 나를 이해하는 독자는 누구나 내 명제들을 계단으로 이용해 올라가 내 명제들을 넘어섰을 때, 마침내 내 명제들이 세계에 관해서는 헛소리임을 깨달을 것이다. 독자는 내 명제를 사다리처럼 딛고 올라간 다음에 그 사다리를 버려야 한다. 독자는 내 명제들을 넘어서야 하며, 그런 다음에야 세계를 올바르게 보게 될 것이다.

나의 명제는 다음과 같은 양식으로 해명된다. 누구라도 나를 이해하는 사람들은, 그것들 자체를 넘어서는 계단으로 나의 명제들을 사용하시라. 그래야 그것들이 말도 안 된다는 사안임을 인식할 수 있다. 이를테면 사다리를 오른 후, 그것을 멀리 치워야 한다! 내가 제시한 명제들을 초월해야 한다. 그때에야 인간은 세계를 올바르게 보게 된다.

지금까지 수시로 강조했던 언표를 다시 확인해야 한다. 비트겐슈타인은 말했다. "논리는 보여 지는 것이지 말해지는 것은 아니다!" 하지만 그는 논리에 관한 명제들에 대해 계속 말해왔다. 이것은 비트겐슈타인이 진행한 사유 자체의 모순이다. 그러나 그는 자신의 모순이 지닌 한계를 초월한다. 모순에 대한 해법을 예비한다. 그 답변이 여기에서 하이라이트를 형성한다. 그는 모든 것을 내려놓는다. 자신의 명제가 '말도 안 되는 언표'라고 말한다. 보여 져야 하는 것을 말할 때, 그것은 '말도 안 되는 것'이기 때문이다.

비트겐슈타인은 힘주어 말한다. "단지, 묘사하라! 설명하지 말라!"

지금까지 살펴본 『논리철학논고』는 사고에 관한 내용을 함축하고 있다. 아무리 사고에 관한 것일지라도, 자기 철학의 전개를 위해 보여져야 할 것을 말하는 작업은 필수적으로 이행해야 한다. 이 지점이 모순의 근원이다. 이 세계에 누구도 논리형식의 바깥에 있을 수 없다. 그럼에도 비트겐슈타인은 스스로 논리형식에 대해 말했다. 자신의 명제들을 따라와서 그것들을 이해한 사람들은 다시 스스로를 세계 속에 소멸시켜야 한다. 지금까지의 탐구는 단지 방법론적(methodological)인 구명이었다. 이것이 사다리를 치우는 일이다.

교육철학도 이럴 수 있을까? '말도 안 되는 언표'가 있다면, 그것을 딛고 '말이 되는 언표'를 터득했다면, 그것조차 회의(懷疑)를 거치면서, 다시 사다리를 치워야 하는가? 치울 사다리조차 없는, 교육철학의 현실을 붙잡고, 논리명제에 갇혀 있는 건 아닐까?

비트겐슈타인 70 - 『논리철학론』 7: 침묵의 진실

2022. 9. 30. 06:00

"7 말할 수 없는 것에 관해서는 침묵해야 한다."

그렇다. 인간은 말할 수 없는 것에 관해서는 말하려 하지 말아야 한다! 말할 수 없는 것에 대해 침묵 속에서 지나쳐야 한다(What we cannot speak about we must pass over in silence)!

철학에 조금만 관심 있는 사람이라면, 누구나 한번쯤 읊어 보았을, 너무나 유명한 언표다. 비트겐슈타인의 철학적 사유에서 반짝이는 최고의 문장이라고 해도 과언이 아니다. 『논리철학논고』 전편을 통해, 일관되게 강조한 것처럼, 인간은 실증적 사실 이외에 어떤 것에 대해서도 말할 수 없다. 대응하는 대상을 갖지 못한, 기호를 포함하는 명제는, 말해지면 안 된다. 이런 논리에 따르면, 전통철학은 소멸된다. 그토록 신봉해 왔던 존재론과 인식론, 윤리학과 미학, 신학 등, 철학적 작업은 무의미해 진다. 그러기에 인간은 철학에 대해 침묵해야 한다. 이것만이 철학적인 삶의 태도다. 교육철학도 그런 영역인가? 그렇다면, 더 이상 말할 수 없는 교육철학에 대해 침묵해야지. 그래야 마땅하다!

이 세계는 세 영역으로 나눠 설명할 수 있다. 첫 번째, 말해질 수 있는 것(what can be said)이다. 두 번째, 보여 지는 것(what must be shown)이다. 세 번째, 침묵하는 가운데 지나쳐야 하는 것(what should be passed over in silence)이다. 세 영역 가운데 첫 번째와 두 번째 영역이 비트겐슈타인의 말해질 수 있는 것과 보여 져야 하는 것의 차이에 관한 사안이다. 첫 번째의 말해질 수 있는 세계는 감각적인 명제와 연관된다. 그것은 실증적인 과학의 세계다. 두 번째의 보여 져야 하는 것은 논리의 세계다. 이 세계는 말해질 수 없다. 무엇인가에 대해 말하기 위해 인간은 그밖에 있어야 한다. 그러나 논리 밖에 있을 수는 없다. 논리는 바로 인간 자신이기 때문이다. 인간 자신이 인간 자신의 바깥에 있을 수는 없다. 인간이 인간 자신에 대해 말할 수 없는 이유가 여기에 있다.

이 세계의 존재는 인간의 언어가 어떤 종류의 형식을 따른다는 사실로 확인된다. 그것이 무엇인지에 대해 말할 수는 없다 하지만, 그 존재는 확실하다! 이것이 논리다. 『논리철학논고』는 바로 이 논리에 관한 탐구이자 설명이다.

세 번째 영역의 '침묵(沈默: silence)'은 '의미(意味)'의 세계다. 인간은 늘 의미로 점철된 언어를 사용하려는 유혹에 노출된다. 의미는 선험적 개념의 존재를 전제로 한다. 그러나 이 영역은 세계 내(in the world)에 자신의 자리를 차지하지 않는다. 그것은 세계 내에 존재하기 위해 반드시 감각적이고 실증적 대상이어야 한다. 내포하고 있는 기호에 대응하는 실재(reality)를 가져야 한다. 문제는 이 명제들이 그것을 가지고 있지 않다는 점이다. 때문에 그것은 세계의 바깥에 속한다. 그러기에 이것에 대해 말할 수 없다!

다시, 철학이란 무엇일까? 『철학적 탐구』에서 비트겐슈타인은 말한다. "언어에 의한 인간 지성(知性)의 현혹(眩惑)에 대항하는 싸움이 철학이다." 철학은 현혹(眩惑)을 물리치는 투쟁(鬪爭)이다. 개념(槪念)을 앞에 두고 벌이는 논쟁(論爭)이 아니다. 정말 그렇다. 언어는 논리형식의 옷을 입은 채, 때때로 무의미한 기호를 포함하는 언명으로 히죽거린다. 이런 사태가 언어에 의한 지성의 현혹이다. 상당수의 사람들은 인간이 일상에서 사용하는 언어가 멈춰야 하는 경계선을 모른다. 비뚤어진 학자들 또한 그것을 모른다. 그들은 현란한 언어로 '침묵 속에 지나쳐야 할 것들'에 대해, 너무나 당연하게 말한다. 교육철학자들도 그런 부류가 있다. 교육의 본질과 현상, 이론과 실천의 엄밀성을 간과한 채, 교육의 마당을 제멋대로 현혹하는 학자들이다.

비트겐슈타인은 세계 밖에 있는 사안들에 대해 의미심장하게 말하는 사람들에게, 실증적인 사안만을 말하라고 권고한다. 이른 바 '고상한 세계', 즉 명제 위에 있는 명제의 세계는 불모의 땅이다. 그러나 '눈에 보이는 소박한 세계'는 풍요의 땅이다. 현혹하는 학자들이 냉소적으로 바라보는 무지몽매(無知蒙昧)! 그 '어리석음'이라고 말하는 세계야말로 허위의식에서 자유로운 진실의 세계다. 이 지점에서 비트겐슈타인의 결론적 외침이 가슴으로 들어온다. 지성을 현혹하는 인간들이 '어리석음'이라고 말하는 사안을 부둥켜안자. 그것만이 자유로운 세계다. 그 세계에서는 '말할 수 없는 것에 대해 침묵 속에서 지나쳐야 한다!'

7월에서 9월에 이르기까지, 3개월에 걸쳐, 비트겐슈타인의 『논리철학논고』 독해를 시도했다. 조금 이해한 것 같으나 여전히 성찰할 부분이 많다. 모순이 모순을 부르고, 다시, 현실의 허위의식이 사유를 진척해 나가려는 철학의 발목을 잡는다. 조금 쉬는 시간을 갖고, 이후에 다시 비트겐슈타인의 『철학적 탐구』를 통해, 그의 사유를 따라가 보려고 한다.

『주역』 산책 1 – 변(變)과 화(化); 성명(性命)의 확충과 개척

2022. 10. 1. 05:00

비트겐슈타인의 『논리철학논고』를 독해하며 정돈하다보니, 어느새 10월에 접어들었다. 10월에 들어설 때마다, 나는 다가올 해를 준비한다. 언젠가부터 미래를 예비하는 습관이 그렇게 들었다. 다음 해는 어떤 시공간이 나를 맞아줄까? 나는 어떤 시공간을 마주할까?

비트겐슈타인은 '삶에 영원한 시간은 없다'고 했다. 삶은 영원을 갈구하는 사건이 아니다. 그가 고민했듯이, 영원을 무한한 시간의 지속이 아니라 시간의 소멸로 인식한다면, 영원한 삶은 현재를 사는 나 자신에게 주어진다. 나의 시야가 한계를 가지지 않은 것처럼, 내 삶도 끝이 없다. 그래서 미리 영원 속의 순간을 맞이할 준비를 철저히 해야 한다.

10월부터는, 당분간, 『주역(周易)』의 사유를 살펴보며, 교육철학의 새로운 기운을 충전하려고 한다. 『주역(周易)』의 핵심 개념을 이루고 있는 '변화(變化)'의 의미 규정으로부터 시작한다.

일상에서 사용하는 '변화'라는 말은, 한마디로 얘기하면, '바뀌다!'라는 뜻이다. 영어로는 '체인지(change)'다. '트랜지션(transition)'이나 '턴(turn)'이라고도 한다. '변화'라는 개념이 품고 있는 중요한 사실은 존재의 형상이나 성질이 '달라진다.'라는 점이다. '세상의 모든 것이 바뀐다.' 또는 '덧없다.'라는 감성을 앞에 두고, 수시로 '무상(無常)'이라는 표현을 쓰기도 한다. 인생무상(人生無常)!

하지만 허무주의(虛無主義)로 전락하는 '덧없음'보다는 '변화' 자체의 현상적 진리를 깨닫는 작업이, 삶의 풍요를 불러오는 방편으로 보다 적합한 것 같다. 인생도 그러하고 교육도 그러하다. 그렇다면, '변화'란 무엇을 지칭할까?

주희(朱熹, 1130~1200)의 『주역본의(周易本義)』에 그 내용이 구체적으로 풀이되어 있다. 비록 800여 년 전의 성리학적 사유이긴 하지만, 여전히 생각할 거리를 고민하게 만드는 묘한 힘을 주는 언표다. 『주역』의 첫 번째 괘에 다음과 같은 기록이 있다.

"건도변화(乾道變化), 각정성명(各正性命), 보합대화(保合大和), 내이정(乃利貞)." 이를 직역하면, "건(乾)의 도(道)가 변(變)하여 화(化)함에, 제각기 성명(性命)을 바르게 하니, 대화(大和)를 보합(保合)하여, 이에 마땅하고 바르고 곧다."라는 뜻이다. 이를 해석하는 과정에 '변화'의 의미가 구체적으로 드러난다.

> "변(變)은, 차츰차츰 천천히 나아가, 화(化)로 가는 일이다. 화(化)는 그 변(變)이 이루어져 정해지는 일이다. 세상의 모든 존재가 받은 것을 성(性)이라 하고, 우주 자연이 준 것을 명(命)이라 한다. 대화(大和)는 서로 다른 기운인 음양(陰陽)이 모여 가득 찬 기운이다. 각정(各正)은 세상의 모든 존재가 태어나는 처음에 얻는 것이다. 보합(保合)은 태어난 뒤에 온전히 보존하는 일이다.: 변자(變者), 화지점(化之漸). 화자(化者), 변지성(變之成). 물소수위성(物所受爲性), 천소부위명(天所賦爲命). 대화(大和), 음양회합충화지기(陰陽會合沖和之氣). 각정(各正), 득어유생지초(得於有生之初). 보합(保合), 전어이생지후(全於已生之後).-「乾」<象>"

주희의 해설을 의역하여 다시 풀이하면, '변화(變化)'는 바뀌어가는 과정에 대한 분석적 사유를 제공한다. 일상에서는 '변화'라는 말을 하나의 단어로 사용하는 경우가 많다. 하지만 엄밀하게 나누어보면, '변'과 '화'는 차원이 다르다. '변(變)'은 바뀌는 과정 자체를 의미한다. '바뀌는 과정'은 물리적 전환의 연속이다. 점진적(漸進的)으로 진행되는 가운데 다른 형상을 창출한다. 그것은 천천히 움직이며 종착지인 화(化)로 차근차근 나아간다. '화(化)'는 바뀌는 과정을 거쳐 종결되는 지점을 의미한다. 바뀌어 종결되는 지점은 화학적 전환이 이루어진다. 완성된 모습은 전혀 다른 성질을 지닌 존재의 창조다. 고요하면서도 역동적으로, 존재가 지닌 성질을 서서히 바꾸며, 변(變)의 완성을 꿈꾼다.

이 변화(變化)의 고요함과 움직임이 변증법적으로 얽히고설키고, 서로 다른 기운인 음(-)과 양(+)이 서로를 요청하며, 세상 만물을 빚어내려는 점진적 완성! 이 헤아릴 수 없는 용융(熔融)을 거쳐, 존재의 '품성(稟性)'과 '운명(運命)·숙명(宿命)'을 조성하는 작업이 우주를 활기차게 만든다.

다른 존재와 마찬가지로, 인간도 이런 과정에서 탄생했다. 『주역』을 풀이하는 과정에서, 주희는 성리학(性理學)에서 고려해야 할 인간, 그 '본성(本性)'과 '운명(運命)·숙명(宿命)'을 그런 시각으로 조명했다. '인간'이라는 생물학적 존재에 대해, 인간'됨'을 넘어 인간'다움'으로 가꾸는 교육도 철저하게 이런 양식을 따른다. 넓은 의미에서는 우주 자연으로부터, 좁은 의미로는 선조에서 부모로 이어지는 조상으로부터, 현실적으로 물려받은 '본성(本性)', 또는 우주 자연과 부모가 물려준 '운명(運命)·숙명(宿命)'을, 인간'임'에서 인간'됨'으로, 그리고 인간

'다움'으로 변화를 유도하는 과정이, 다름 아닌 교육이다.

위에서 '본성(本性)' 또는 '품성(稟性)'으로 표기한 '성(性)'이나 '숙명(宿命)' 또는 '운명(運命)'으로 표기한 '명(命)'은 분명 다른 말이다. 하지만 그것은 물려 '주고' 물려 '받는' 주체의 특성에 따라 분류한 개념으로, 동일한 존재가 갖춘 속성을 지칭한다. 본성이나 품성은 인간이 현실적으로 물려'받은' 것이고, 숙명이나 운명은 하늘[天]로 상징되는 우주 자연, 또는 부모가 나에게 물려'준' 것이기에, 그 선(善)한 성품을 보존해야 한다. 동시에 시대정신에 맞게 적절하게 펼쳐내야 한다. 그것이 공자와 맹자가 강조하고, 『주역』이 추구하는 교육의 논리다. 교육은 성선(性善)에 기초한 성품을 '확이충지(擴而充之)'해야 한다. 착한 본성을 늘리고 넓혀 채우고 살찌우는 일로 현대적 의미의 '품성형성'이다. 인간으로서 바꿀 수도 피할 수도 없는 숙명(宿命)을 깨닫고, 삶에서 부딪치는 여러 일이나 사태, 상황을 바꾸어 나가는 운명(運命)의 개척이다.

이처럼, 『주역』의 교육논리는 변화(變化)의 원리에 터하고 있다. '변'과 '화'의 속성을 품에 안고, 인간의 운명을 개척하려는 강력한 의지를 교육철학으로 새긴다. 첨단과학 기술문명이 변화의 속도를 더하는 이때, 그것은 어떤 시사점을 줄 수 있을까? 고대 원시 농경사회와 현대 첨단 산업사회의 간극(間隙)을 메꾸며 설명하기에는, 너무나 힘든 사실이 앞에 놓여 있다. 보다 심오한 사유를 해야겠다.

『주역』 산책 2 – 원형이정(元亨利貞)의 역동성①; 생애(生涯)에 걸친 사업

2022. 10. 2. 8:20

원형이정(元亨利貞)은 『주역』의 역동적 생명력을 상징하는 핵심 언표다. 자연의 추이에 따른 계절로 안배할 때, 원형이정은 '봄-여름-가을-겨울'에 해당한다. 중원(中原)의 기운과 시공간의 차이로 볼 때, 상당한 편차가 있지만, 한 해 가운데 10월은 사업가들에게는 4/4분기요, 3/4분기까지의 사업을 종합하며 정돈하는 시기이기도 하다. 절기(節氣)로는 한로(寒露)에 접어든다. 한 해의 알이 찬만큼, 겨울의 한랭한 기운만큼, 성장을 최소화하고, 고요하게, 내년 봄을 준비하는 시기다.

주희(朱熹)는 『주역본의(周易本義)』 건괘(乾卦)의 풀이에서 '원형이정(元亨利貞)'의 개념을 깔끔하게 정돈했다.

> "원은 크게 될 가능성이다. 형은 두루 미치고 훤히 비추며 꿰뚫어 나가는 일이다. 이는 마땅하게 자리 잡는 상황이다. 정은 바르게 되어 굳어지면서 단단해지는 정돈 상태다.: 원(元), 대(大). 형(亨), 통(通). 리(利), 의(宜). 정(貞), 정이고야(正而固也)!-「乾」<卦辭>)"

정이(程頤: 伊川, 1033~1107)의 『역전(易傳)』에서는 다음과 같이 해석되어 있다.

"원(元)·형(亨)·이(利)·정(貞)을 네 가지 덕이라 한다. 원(元)은 모든 존재가 처음으로 비롯되는 모습이다. 형(亨)은 모든 존재가 자라나는 일이다. 이(利)는 모든 존재가 이르러 마치는 상황이다. 정(貞)은 모든 존재가 이루어 정해지는 상태다. 이는 일을 어떻게 처리하느냐에 따라 바뀐다. 그러므로 원(元)은 오로지 좋은 일이 크게 될 가능성이 되고, 이(利)는 바르게 되어 굳어지고 단단해지는 상태를 이루는 기본이 되며, 형(亨)·정(貞)은 그 격식이 제각기 발생하는 일에 맞게 한다. 때문에 네 가지 덕의 뜻이 넓고 크다!: 원형이정(元亨利貞), 위지사덕(謂之四德). 원자(元者), 만물지시(萬物之始). 형자(亨者), 만물지장(萬物之長). 리자(利者), 만물지수(萬物之遂), 정자(貞者), 만물지성(萬物之成). 수시이변언(隨事而變焉). 고(故) 원(元), 전위선대(專爲善大). 리(利), 주어정고(主於正固). 형정지체(亨貞之體), 각칭기사(各稱其事). 사덕지의(四德之義), 광의대의(廣矣大矣)!-「乾」<卦辭>"

이 풀이에서도 원형이정은 아주 단순한 논리로 정돈되어 있다. 원(元)은 모든 존재가 처음으로 비롯되는 모습이고, 형(亨)은 그것이 자라나는 일이며, 이(利)는 그것이 자기 속성에 따라 자신에게 이르러 마치는 상황이다. 그리고 정(貞)은 그런 과정을 거쳐 이제 이루어 정해지는 상태다. 간략하게 말하면, 원은 시초이자 시작이고, 형은 발전이자 성장이며, 이는 성숙이자 성취이고 정은 완성이자 완결이다.

아무리 생각을 거듭해도, 역(易)에 대한 관심이 지속되어 온 것은, 이런 논리를 인생에 반영하여 합당한 지혜를 구하려는 삶의 몸부림이었다는 판단밖에는 다른 의미를 떠올리기 힘들다. 정말 역의 세계를 옹호한 사람들의 진심이 그런 게 아니었을까?

기존에 한글로 번역한 『주역』의 대부분은, 이 '원-형-이-정(元-亨-利-貞)'을 '크다-형통하다-이롭다-곧다'와 같이, 점(占)을 쳐서 나온 결과를, 길흉(吉凶)의 논리에 맞추어, 삶의 진리처럼 제시하는 듯하다. 하지만, 나는 그렇게 이해해서는 곤란하다고 판단한다. 그것은 계절의 순환처럼, 우주 자연이 질서에 따라 운행하듯이, 인간이 삶의 변화무쌍한 상황을 합당하게 처리해 나가기 위해, 어떤 사태에 부딪치건, 대응(對應)하고 호응(呼應)하는 자세나 태도를 점검하는, 소중한 생애의 사업이다.

그 원형질(原形質)의 하나가 '교육'이다. 그러기에 교육은 인간 생명을 지속하려는 활동의 기초가 된다. 기초를 이룬 만큼, 인간 생활을 영위하는 물질적·의식적 바탕을 형성하는 데 기여한다. 교육은 삶의 원형질을 조성하는 거룩한 사업이다.

『주역』 산책 3 - 원형이정(元亨利貞)의 역동성②; 생기유행(生氣流行)의 순환

2022. 10. 3. 6:30

인간은 각자의 자리에서, 다양한 '변화(變化)'를 경험한다. 몸소 느끼면서, 움츠리고 펴는 삶의 순간을 맞이한다. 그 과정에서 성명(性命)의 전개와 발달이 삶을 형성한다. 크게 보면, 인생이 그런 일일 뿐이다. 이러한 원형이정에 관해, 주희는 다시, 다른 표현으로 전개한다. 그 풀이는 보다 사실적이다.

"전체를 꿰뚫어 논의하면, 원(元)은 사물이 처음 생기는 모습이다. 형(亨)은 사물이 펴지면서 우거지는 일이다. 이(利)는 열매를 맺으려는 상황이다. 정(貞)은 열매가 맺은 상태다. 열매가 맺은 다음에는 그 뿌리와 꼭지가 떨어지므로 다시 심어서 싹이 날 수가 있다. 이렇게 되는 까닭은 네 가지 덕인 원형이정(元亨利貞)이 되풀이하여 돌며 끝이 없기 때문이다. 그러나 '원-형-이-정' 네 가지 덕의 사이에 생명력을 머금은 기운이 흘러, 처음부터 조금이라도 그치거나 끊어지는 일이 없으니, 원(元)이 '원-형-이-정'의 네 가지 덕을 포괄하여 우주자연의 이치를 통합하는 근거로 작용한다.: 통이논지(統而論之), 원자(元者), 물지시생(物之始生). 형자(亨者), 물지창무(物之暢茂). 리즉향어실(利則向於實). 정즉실지성(貞則實之成). 실지기성(實之既成), 기근체탈락(其根蔕脫落), 가부종이생의(可復種而生). 사덕지소이순환이무단(四德之所以循環而无端). 사자지간(四者之間), 생기유행(生氣流行), 초무간단(初无間斷), 이포사덕이통천(以包

四德而統天).-「乾」<象>”

‘원-형-이-정’이 계절의 순환에 비유되며, 그 특성이 구명되었듯이, 원(元)은 물건이 처음 생기는 모습이고, 형(亨)은 사물이 번창하고 무성하게 자라는 일이며, 이(利)는 열매를 맺으려고 나아가는 상황이고, 정(貞)은 열매가 완성되는 상태다. 이런 원형이정의 순환을 두고, 그 다음이 중요하다.

‘되풀이 하여 돌아가는’ 순환은 단순 반복이 결코 아니다. 무기력하고 사무적인, 쳇바퀴처럼 돌아가는 사태가 아니라 생명력으로 활기찬, 질적 성장을 거듭하며 돌아가는 상황이다. 때문에 완성된 열매는 사멸(死滅)하는 존재가 아니라, 다시 심어서 태어날 수 있는, 생환(生還)을 거듭하는 생생(生生)의 존재다. 존재의 탄생! 이른 바 ‘생생지위역(生生之謂易)’이다. 생기유행(生氣流行)이 끊임없이 이어지는, 존재 사이를 교착(交錯)하는 밀착된 사랑이다.

인간의 일상은 그러한 순간을 배회(徘徊)한다. 일상을 의미 있는 삶으로 전환하려는 장치를 교육이라 한다면, 교육은 목적 없이 떠도는 배회가 아니라, 목적 있는 생기유행(生氣流行)을 추구해야 한다. 그럴 때 『주역』은 비룡(飛龍)의 교육철학으로 자리매김 할 수 있다.

『주역』 산책 4 - 원형이정(元亨利貞)의 역동성③; 합리(合理)를 추구하는 시공간

2022. 10. 4. 5:20

어쩌면, 인간은 '원형이정'의 틀을, 그 유기체적 시스템을 원초적 신앙으로 간직하고 있는지도 모른다. 우주자연이나 삶의 어떤 사안을 비유하더라도, 이 논리에 포섭되지 않는 것이 없을 정도다. 이 거대한 원리, 이치의 체계가 정말 위대한 세계 인식의 장치일까? 주희가 또 다른 양상으로 정돈한 내용을 보며, 고민해 본다.

"원(元)은 이 세상의 존재가 생명력을 갖추는 처음에 해당한다. 우주 자연에 축적되어 있는 존재의 힘이 이보다 먼저 자리하는 것은 없다. 그러므로 때[계절]에 적용하면 봄이 되고, 사람에게 응용하면 인(仁)이 되어 모든 착함의 으뜸으로 작동한다.
형(亨)은 이 세상의 존재가 생명력을 지속적으로 자라나게 하는 일에 해당한다. 세상의 존재가 이런 상황에 이르면 아름답지 않는 것이 없다. 그러므로 때[계절]에 적용하면 여름이 되고, 사람에게 응용하면 예(禮)가 되어 모든 아름다움의 모임으로 작용한다.
이(利)는 이 세상의 존재가 생명력을 승화하여 다시 이루는 작업에 해당한다. 세상의 존재가 제각기 마땅한 정체성을 얻어 서로 방해하지 않는다. 그러므로 때[계절]에 적용하면 가을이 되고, 사람에게 응용하면 의(義)가 되어 그 분수의 조화를 얻는 기능으로 작용한다.

정(貞)은 이 세상의 존재가 새로운 생명력으로 재탄생하며 완성하는 작업에 해당한다. 알맹이에 결이 갖추어져 자리하는 곳에 따라 제각기 충족한 상태다. 그러므로 때[계절]에 적용하면 겨울이 되고, 사람에게 응용하면 지(智)가 되어 모든 일의 핵심이 된다.: 원자(元者), 생물지시(生物之始), 천지지덕(天地之德), 막선어차(莫先於此). 고(故) 어시위춘(於時爲春), 어인즉위인이중선지장(於人則爲仁而衆善之長). 형자(亨者), 생물지통(生物之通), 물지어차(物至於此), 막불가미(莫不嘉美). 고(故) 어시위하(於時爲夏), 어인즉위례이중미지회(於人則爲禮而衆美之會). 리자(利者), 생물지수(生物之遂), 물각득의(物各得宜), 불상방해(不相妨害). 고(故) 어시위추(於時爲秋), 어인즉위의이득기분지화(於人則爲義而得其分之和). 정자(貞者), 생물지성(生物之成), 실리구비(實理具備), 수재각족(隨在各足). 고(故) 어시위동(於時爲冬), 어인즉위지이위중사지간(於人則爲智而爲衆事之幹.-「乾」<文言>)"

이 풀이에서 주요 개념을 정돈하면, '원(元)-형(亨)-이(利)-정(貞) = 시(始)-통(通)-수(遂)-성(成) = 덕(德)-지(至)-의(宜)-비(備) = 춘(春)-하(夏)-추(秋)-동(冬) = 인(仁)-예(禮)-의(義)-지(智) = 선장(善長)-미회(美會)-분화(分和)-사간(事幹)'이다. '원(元)-형(亨)-이(利)-정(貞)'은 우주의 질서 자체를 보여주는 상징이다. 기호이기도 하다. '시(始)-통(通)-수(遂)-성(成)'은 '원-형-이-정'의 속성이나 성격이다. '덕(德)-지(至)-의(宜)-비(備)'는 그 속성의 활동 효과나 결과다. '춘(春)-하(夏)-추(秋)-동(冬)'은 계절이나 절기로 드러나는 또 다른 표현이다. '인(仁)-예(禮)-의(義)-지(智)'는 인간의 도덕성을 그 성격에 비추어 안배한 것이다. '선장(善長)-미회(美會)-분화(分和)-사간(事幹)'은 도덕성의 실천 양상이다. 우주자연에서 인간사회로 이어지는 저 합리를 추구하는 시공간을 어떻게 인식해야 할까? 상당히 막막하다.

정말이지, 이 변화의 논리에 감춰진 인생의 가치는 어디에서 흐르고 있을까? 저 창공(蒼空)의 여로(旅路)를 종횡(縱橫)으로 달리고 있을까? 이 대지(大地)의 유곽(遊廓)을 종점(終點)으로 돌리고 있을까? 교육의 원형이정이 자리할 수 있다면, '어떤 때-무슨 처방'을 요청할까?

『주역』 산책 5 - 자강불식(自彊不息); 스스로 힘쓰고 쉬지 않는 삶

2022. 10. 5. 5:10

『주역』「건」괘 '상전(象傳)'에 의미심장한 기록이 있다. "하늘의 운행이 튼튼하다. 굳세다! 교육받은 존재가 그것에 근거하여 '스스로 힘쓰고 쉬지 않는다!': 천행(天行), 건(健). 군자이(君子以), 자강불식(自彊不息)!"

자강불식(自彊不息)! 대학 시절부터 줄기차게 외우며, 내 학문의 이력을 다듬게 만든 언표 가운데 하나다. 네 글자가 뿜어내는 빛은 너무나 강렬하다. 힘이 넘쳐흐른다. 저 쉬지 않는 속성을 따라가다 보면, 교육의 논리가 광명(光明)처럼 다가온다.

정이(程頤)는 『역전』에서 다음과 같이 풀이했다.

> "건의 도[乾道]가 모든 존재를 덮어주고 기르는 모양이다. 그것은 너무나 커서 최고의 인격적 존재가 아니면 몸소 파악하여 실천할 수 없는 사안이다. 때문에 사람들 누구나 그것에 근거하여 모범을 삼게 하려고 했기에, 그 우주 자연의 운행(運行)이 튼튼한, 즉 굳센 모습을 취했을 뿐이다. 진정으로 튼튼한 그 모습에서 우주 자연의 길을 볼 수 있다. 교양을 갖춘 군자가 이에 근거하여 '스스로 힘써 쉬지 않는 자세'를 지니는 것은, 우주 자연이 운행하는 질서, 즉 튼튼한, 저 굳셈을 본받기 때문이다."

이런 의미를 바탕으로 주자도 『주역본의』에서 뜻을 보탰다.

> "단지, 하늘의 운행, 즉 우주 자연의 질서라고 해버리면, 본질을 놓치기 쉽다. 우주 자연의 운행은 하루에 한 번 돌고, 다음날 또 한 번 돌아 중복되는 모양이다. 이 순환은 너무나 튼튼한 양상, 즉 굳셈이 아니면 이루어질 수 없는 역동성에 기인한다. 교육 받은 사람인 군자는 이런 우주 자연의 기운을 충분히 감지한다. 그리고 자연의 순수함이 지닌 강한 삶의 지혜를, 인간의 욕망으로 추락하는 삶이 되지 않기 위해, 스스로 힘쓰고 쉬지 않는 학문과 인생을 이어간다!"

이런 차원에서, '자강불식(自彊不息)'이라는 사유를 교육적 기준으로 제시한다면, 그것은 자연의 질서다.

『주역』 산책 6 – 진덕수업(進德修業); 인격 함양, 사업 실천

2022. 10. 6. 5:20

앞에서 언급한, '자강불식(自彊不息)'과 더불어 학문의 이력을 채찍질하는 언표가 또 있다. '진덕수업(進德修業)'이다. 「건」<문언>에는 다음과 같이 기록하고 있다.

"구삼(九三)에서, '교육 받은 인간인 군자가 하루 종일 애쓰고 힘써 저녁에 이르기까지 두려워하면, 위태로우나 허물은 없다'라고 했는데, 이 무슨 말인가? 공자가 말하였다. '교육 받은 인간은 인격을 지향하고[進德] 사업을 승화[修業]해 나간다. 충실과 신뢰가 인격을 지향하는 근거이고, 말에서 그 성실함 묻어나오는 일이 사업을 제대로 하는 근거이다. 이르러야 할 곳이 어디인지를 알아 이르므로 더불어 기미를 알 수 있고, 마쳐야 할 곳이 어디인지를 알아 마치므로 더불어 의리를 보존할 수 있다. 이 때문에 윗자리에 있어도 교만하지 않고 아랫자리에 있어도 근심하지 않는다. 그러므로 애쓰고 힘써, 때에 따라 두려워하면, 위태로우나 허물이 없다.: 구삼왈(九三曰), 군자종일건건석척약려무구(君子終日乾乾夕惕若厲无咎), 하위야(何謂也). 자왈(子曰), 군자(君子), 진덕수업(進德修業). 충신(忠信), 소이진덕야(所以進德也). 수사립기성(修辭立其誠), 소이거업야(所以居業也). 지지지지(知至至之), 가여기야(可與幾也), 지종종지(知終終之), 가여존양야(可與存義也). 시고(是故), 거상위이불교(居上位而不驕), 재하위이불우(在下位而不憂), 고(故) 건건(乾乾), 인기시이척(因其時而惕), 수위(雖危), 무구의(无咎矣)."

진덕(進德)과 수업(修業)은 '인격 함양'과 '사업 실천'에 해당하는 교육의 본령이다. 그것은 인간됨과 인간다움에 관한 지향이자 인간으로서 담당해야 임무에 관한 사안이다. 덕성(德性)과 사무(事務)의 적극적 구현이다.

정이에 『역전』에 의하면, 진덕(進德)은 충실과 신뢰를 쌓는 일이다. 수업(修業)의 과정에서 제대로 사업(事業)에 복무하려면, 말을 가려서 하고 뜻을 돈독히 해야 한다. 그것이 직무에 종사하는 바람직한 자세다. 이르러야 할 곳을 알아 이르는 것은 『대학』에서 말하는 '치지(致知)'에 해당하는데, 이는 이르러야 할 곳이 어디인지 '알려고 찾은[求知]' 다음에 이르는 것이다. 즉 앎[知]이 함[行]보다 앞에 있다. 그러므로 더불어 낌새를 안다고 한 것이다. 마쳐야 할 곳을 알아서 마친다는 말은 '힘써 하는 일[力行]'이다. 마쳐야 할 곳을 안 다음에 힘써 나아가 마쳐야 한다. 즉 지키는 일은 앎의 뒤에 자리한다. 그러므로 더불어 의리를 보존하는 일이 된다. 이것이 다름 아닌 교육의 시작과 종결이다. 교육받은 사람의 교육이 이와 같다. 때문에 위와 아래에 처하는 도리를 알고, 교만하거나 근심하지 않고 게을리하지 않는다. 두려워할 줄 알고, 위태로운 자리에 있어도 허물이 없다.

진덕(眞德)과 수업(修業; 居業)을 둘러싼, 교육의 맥락을 놓고, 주희는 다시 강조한다. 충실과 신뢰는 마음에서 주장한다. 그런 만큼 한 생각이라도 성실하지 않음이 없다. 말로 한 것은 일에 나타난다. 그런 만큼 한 마디 말이라도 성실하지 않음이 없다. 충실하고 신뢰하는 마음이 있더라도 말을 할 때 성실함이 묻어나오지 않으면 그 자리에 머물지 못한다. 이르러야 할 곳을 알아 이르는 것은 진덕(進德)의 일이다. 마쳐야 할 곳을 알아 마치는 것은 거업(居業)의 일이다. 때문에 인간은 종일토록 애쓰고 힘써 저녁에 이르기까지 두려워하는 자세를 지닌다.

이 '진덕수업(進德修業)'의 공부 논리 가운데, 교육의 엄중함이 엿보인다. 충실과 신뢰를 마음에 품고 '진덕'을 고민하는가? 말과 뜻이 누적되는 '수업'을 고려하는가?

『주역』 산책 7 – 성덕위행(成德爲行); 인간의 품격과 행실

2022. 10. 7. 5:30

인간의 품격이 행실로 나타날 수 있을까? 도덕적 행위가 사회에 만연할 수 있을까? 물론, 교육은 그런 존재의 이상을 꿈꾼다. 그 한계는 어디까지 일까? 그런 교육의 기준이 됨직한 언표로 '성덕위행(成德爲行)'을 들 수 있다.

> "교육받은 인간으로서 군자는 인간의 품격을 이루는 작업을 행실(行實)로 삼는다. 매일 볼 수 있는 삶의 태도가 행실이다.: 군자이(君子以), 성덕위행(成德爲行). 일가견지행(日可見之行)-「乾」<文言>"

교육을 받지 못한 경우, 인간의 품격을 거론하지 못할 단계의 인간은, 아직 인간으로서 행실할 만한 인격적 차원에 이르지 못했다. 그들에게는 교육이 절대적으로 요청된다. '덕(德)'으로 상징되는 인간의 품격 형성을 신중하게 고민해야 하는 것이다. 그 덕성이 삶의 행위 바탕이 되기 때문이다.

정이는 『역전』에서 말한다. 인간으로서 품격, 즉 덕(德)이 이루어지고, 그 직접적 효과가 드러나는 것은 행실에서다. 문제는 인간의 품격이 어느 정도 형성되어야 사회에 베풀어져 쓸 수 있다는 점이다. 행실이 이루어지지 않았을 경우, 행위에서 올바르게 드러나지 못한다. 때문에 그런 존재는 사회에서 쓸 수 없다! 왜냐? 사람이 제대로 되지 않았기 때문이다.

『주역』 산책 8 – 학문관인(學問寬仁); 배움과 물음에 터한 너그러운 사랑의 구가

2022. 10. 9. 7:00

교육은 이론인가? 실천인가? 이론과 실천이 균형을 이룬 사회적 구현인가? 그 철학적 논리를 아주 간략하면서도 체계적으로 정돈한 16자 교육양식이 『주역』에서 강조된다.

> "교육받은 인간인 군자는, 배워서 모우고, 물어서 나누며, 너그럽게 자리하고, 사람을 사랑으로 베푼다.: 군자(君子), 학이취지(學以聚之), 문이변지(問以辨之), 관이거지(寬以居之) 인이행지(仁以行之).-「乾」<文言>"

다시 강조하면, '학이취지(學以聚之), 문이변지(問以辨之), 관이거지(寬以居之) 인이행지(仁以行之)!'라는 16자에 교육철학의 논리가 고스란히 담겨있다. 그것은 '학(學: 배움)-문(問: 물음)-관(寬: 너그러움)-인(仁: 사람 사랑)'의 핵심가치를 교육에서 구현하여, 교육받은 사람으로 성장하는, 자아에서 사회에 이르는 교육의 정도다.

인간은 모두가 일상(日常)을 살아간다. 그것은 철저하게 공동체(共同體)를 형성하고 있는 다양한 사회 가운데의 삶이다. 사회의 저 아랫자리에서 인간으로서, 인격체로서의 가능성은 모든 존재에게 이미 드러나 있다. 그런데 아직 인격 함양이 부족하고 사업을 담당할 만한 능력을 구비하지는 못했다. 그런 상황에, 교육철학적 사유가 적극적으로 개입할 수 있는 것은 앞에서 언급한 '자강불식(自彊不息)'이자 '진덕수업(進德修業)'이다.

배워서 지식을 모우는 작업인 '학이취지(學以聚之)와 물어서 판단하고 분별하는 능력을 갖추는 문이변지(問以辨之)는 진덕(進德)에 해당한다. 너그러운 자세로 자신의 자리를 지키는 관이거지(寬以居之)와 인간 사회를 사랑으로 대하며 베풀어 나가는 인이행지(仁以行之)는 수업(修業)에 해당한다. 교육의 과정에서 무엇이 따로 존재하는가?

'학(學)-문(問)-관(寬)-인(仁)!' 이 네 가지로 대표되는 삶의 양식이 인간의 품격을 형성하는 핵심 가치는 아닐까?

『주역』 산책 9 – 교육받은 인간, 대인(大人); 시중(時中)으로 가는 길목

2022. 10. 10. 5:10

정말, 교육이 인간을 인간답게 형성(形成)하거나 조성(造成)할 수 있을까? 교육철학을 연구하면 할수록 회의가, 지진(地震)의 전야(前夜)처럼 고요하게, 내 학문의 지반(地盤)을 움직인다. 속이 울렁거릴 정도로 교육이라는 사업에 의심이 가기도 한다. 어쩌면, 쇼펜하우어(A. Schopenhauer, 1788~1860)와 같은 비관주의 철학자들이 강조하는 것처럼, 인간의 능력은 선천적으로 유전적 요인에 의해 결정되어 있기 때문에, 성장을 위한 교육은 의미 없는 작업이 될 수밖에 없는지도 모른다!

그렇다면 교육은 기망(欺罔)의 상징인가? 삶의 저변에 자리하고 있다고 신뢰해온 교육의 역사가, 무의미한, 불교에서 말하는 무상(無常)의 세계를 여는 장치였던가? 그래도, 비관적 절망보다는 낙관적 희망을 안겨주는 것이, 인간의 삶을 평온(平穩)하게 인도하는 작업이 아닐까? 그런 사유를 자발적으로 강압하면, 교육의 지향도 다시 성찰할 기회를 가질 수 있지 않을까?

『주역』「건」<문언>의 언표를 빌리면, 교육을 통해 가꾸어갈 수 있는 인간의 모습이 보일 듯도 하다. 물론, 그것은 아주 오래된, 전통 교육철학의 인간상으로 대변되는, '대인(大人)'이라는 존재다.

"대인(大人)이란 우주자연과 그 덕성(德性)이 동일하다. 해와 달이 밝은 만큼 밝다. 사계절과 그 질서가 같다. 펴고 오므리는 세상의 특성과 좋고 나쁜 일이 번갈아 든다. 자연보다 먼저 어떤 사안을 다루어도 자연의 이치를 어기지 않고, 자연보다 나중에 어떤 사안을 자연스레 때에 따른다!: 대인자(大人者), 여천지합기덕(與天地合其德). 여일월합기명(與日月合其明). 여사시합기서(與四時合其序). 여귀신합기길흉(與鬼神合其吉凶). 선천이천불위(先天而天弗違), 후천이봉천시(後天而奉天時)."

이해를 위한 의역(意譯)을 해 보았다. 천지(天地)와 일월(日月)과 사시(四時)와 합할 수 있는, 그 이법(理法)과 질서(秩序)에 어긋남이 없이 하나가 되는, 그런 인간의 세계! 정적(靜寂)과 요동(搖動)의 사이에서 역동적(力動的: dynamic)으로 발광(發光)하는 저 세상을 점잖게 맞이하는 인간 존재! 그가 다름 아닌, '교육받은 인간'이라 명명할 수 있는, 대인(大人)이다.

단순하게 말하면, '대인(大人)'은 '소인(小人)'의 상대어다. '소인'을 '어린 사람(child: kid)'으로 안배한다면, 대인은 어른, 즉 '성인(成人: adult)'이다. 그런데 '어른'이 뭘까? 다른 동물들처럼 생물학적으로 몸집이 다 자란 사람을 뜻하는가? 그것도 어른이기는 하다. 하지만, 교육적으로 '어른'은 조금 다른 고차원적 의미를 지닌다. '고상한 인간(noble man)'이나 '신사(紳士: gentleman)', '도량이 넓고 관대한 인간(magnanimous man)'으로서 사회에 기여하는 존재다.

'합(合)'이라는, '만나고 어긋남이 없는' 존재의 지향을 중심으로, 다시 대인(大人)의 속성을 정돈하면, 대인(大人)은 '천지합덕(天地合德). 일월합명(日月合明). 사시합서(四時合序). 귀신합길흉(鬼神合吉凶)!'이다. 즉 인간으로서 덕성을 높이고, 세상을 환하게 밝히고, 세계의 도리와 질서를 존중하고, 펼쳐지는 일의 긍정적이고 부정적 사안을 고려하는 존재다. 그것은 '선천후천(先天後天), 불위봉시(弗違奉時)!'라는, 우주자연의 질서를 거역(拒逆)하지 않고, 때에 알맞게 삶을 구현하는, '시중(時中)'으로 가는 길목을 예약한다.

『주역』 산책 10 - 대인(大人)의 도리; 그 길은 정해졌는가!

2022. 10. 11. 5:30

그렇다면, 대인(大人)의 길은 불변의 법칙처럼 고정되었는가? 『역전』에서 풀이한 정이(程頤)의 의견은, 너무나 당연한 듯, 그런 세계로의 안착을 유도한다.

> "대인(大人)이 천지(天地), 일월(日月), 사시(四時), 귀신(鬼神)과 더불어 합한다는 말은 도리(道)에 합하는 일이다. 천지(天地)는 도(道)이고, 귀신(鬼神)은 조화의 자취다. 성인(聖人)이 하늘보다 먼저 하여도 하늘이 이에 같이 하고, 하늘보다 뒤에 하여도 하늘을 따를 수 있는 것은 도(道)에 합하는 일일 뿐이다. 도(道)에 합하면, 사람과 귀신이 어찌 어길 수 있겠는가!: 대인(大人), 여천지일월사시귀신합자(與天地日月四時鬼神合者), 합호도야(合乎道也). 천지자(天地者), 도야(道也), 귀신자(鬼神者), 조화지적야(造化之跡也). 성인(聖人), 선어천이천동지(先於天而天同之), 후어천이능순천자(後於天而能順天者), 합어도이이(合於道而已). 합어도즉인여귀신(合於道則人與鬼神), 기능위야(豈能違也)"

'도(道)'는 길이다. 천지(天地)로 상징되는 우주자연은 '길'을 보여준다. 자연의 길이자 인간의 길이다. 특히, 인간은 자연의 길을 모방(模倣)한다. 아니, 그것에 적극적으로 다가가, 자신의 삶을 자연과 동일한 질서로 만들고 싶어 한다. 이른 바, '천인합일(天人合一)'을 꾀한다. 그

때 그런 세상을 살았던 사람들은, 이런 사유를 진리처럼 여겼던 것으로 보인다. 최소한 몇 천 년 동안은.

『주역』 산책 11 – 다시, 대인(大人)을 향한 집념; 사욕(私慾)의 경계

2022. 10. 13. 6:20

『주역』에서 대인(大人)은 효사(爻辭)에 자주 등장하는 '이견대인(利見大人)'을 통해 존재의 무게를 확인할 수 있다. '이견대인(利見大人)!', '대인을 만나보는 것이 마땅하다!'라는 이 언표는 '스승[師傅: 先生]'이나 '멘토(Mentor)'의 중요성을 되새기게 만든다. 경험이 적고 미성숙한 어린 사람들에게 오랜 기간에 걸쳐 조언과 도움을 베풀어 주는 존재 말이다. 그들은 경험이 풍부한, 유경험자들이고, 선배이자 어른이다. 주희는 『주역본의』에서, 이런 대인의 속성을 조금 더 친절하게 풀이한다. 축약하여 의역하면 다음과 같다.

> "덕성을 지니고 있으면서, 그에 해당하는 지위를 가져야 대인이다. 인간은 본래 우주자연이나 그것이 펼쳐지는 굴곡(屈曲)의 파장과 동일한 본질과 현상을 지니고 있다. 문제는 인간이다. 인간은 개인의 욕망이 넘쳐나는 일상을 영위하며, 사욕(私慾)에 가려 자신의 인생을 비참하게 전락시킬 수 있다! 세상의 잡다한 모습이나 상황에 속박되어 소통하지 못한다. 하지만 대인(大人)은 그렇지 않다. 사욕이 없다! 그것이 그가 지향하는 인간의 길이다. 삶의 본질이다. 이런 점에서 그 길은 피차(彼此)도 없고 선후(先後)도 없다. 그저 그 길을 묵묵히 갈 뿐이다. '하늘보다 먼저 하여도 하늘이 어기지 않는다[先天不違]'라는 말은, 마음에 생각하는 사안이 묵묵히 우주자연의 질

서에 따른 인간사회의 길과 어긋나지 않음을 말한다. '하늘보다 뒤에 하여도 하늘을 받든다[後天奉天]'라는 것은 이치가 이와 같음을 알고 그것을 존중하여 실천함을 말한다.: 대인(大人), 덕이당기위(德而當其位). 인여천지귀신(人與天地鬼神), 본무이리(本无二理). 특폐어유아지사(特蔽於有我之私). 곡어형체이불능상통(梏於形體而不能相通). 대인(大人), 무사(无私), 이도위체(以道爲體), 증하피차선후지가언재(曾何彼此先後之可言哉). 선천불위위의지소위(先天不違謂意之所爲), 묵여도계(默與道契). 후천봉천(後天奉天), 위지리여시(謂知理如是), 봉이행지(奉而行之)"

이 지점에서 사욕(私慾)을 처리하는 사안이 교육의 핵심 화두로 부각된다. '존천리알인욕(存天理遏人欲)!', '존천리거인욕(存天理去人欲)!' 달리 말하면, 욕망(欲望)의 조절이다. 조심(操心)하는 삶의 자세 정돈!

『주역』 산책 12 – 학습(學習)과 순습(順習); 배움과 좇음의 익힘

2022. 10. 15. 5:20

교육은 나 스스로 배워나가는 행위일까? 모범이 되는 사람의 행위를 좇아가며, 따라서 익히는 작업일까? 내 몸에 굳건하게 배도록, 익숙하게 일하는 행동의 의미를 지시하는 언표가 『주역』의 「곤(坤)」에 아주 간략하면서도 명징(明澄)하게 드러난다. "서리를 밟으면 단단한 얼음으로 된다!: 리상(履霜), 견빙지(堅冰至)"라는 곤괘 첫 번째 효를 해석하는 자리에서다.

먼저, 정이의 『역전』은 다음과 같이 풀이한다.

"음(陰:--)이 처음 한 곳에 엉겨 뭉쳐 서리가 된다. 이 서리를 밟으면 밟을수록 음(陰)이 점점 채워져 단단한 얼음으로 되는 것을 알아야 한다. 이는 소인(小人)이 처음에는 아주 미약하지만 자라나면 채워지는 것과 같다."

다음으로 주희의 『주역본의』는 조금 자세하게 풀이한다.

"음(陰:--)과 양(陽:—)은 우주자연의 이치에 따라 세상의 모든 존재를 빚어내는 근본이다. 때문에 서로가 서로에 대해 존재하지 않을 수 없다. 사라지고 자라나는 질서가 일정하다. 그런 만큼 인간이 덜어내고 보탤 수 있는 사안이 아니다. 그러나 양(陽)은 '생겨남[生]'을 주장하고 음(陰)은 '사라짐[殺]'을 주장하기에, 그 부류에 선악(善惡)의 분별이 있다."

이 모습을 「상(象)」전에서는 다음과 같이 기록하고 있다. "'서리를 밟으면 단단한 얼음으로 된다.'라는 말은 음(陰)이 처음 한 곳에 엉겨 뭉친 것이다. 그 길은 자연스럽게 점차 이루는 방향으로 나아가 단단한 얼음에 이른다.: 리성견빙(履霜堅冰), 음시응야(陰始凝也). 순치기도(馴致其道), 지견빙야(至堅冰也)."

정이의 『역전』은 이에 대해, "음(陰)이 처음 한 곳에 엉겨 뭉쳐 서리가 된다. 이것이 점점 채워지면 단단한 얼음에 이른다. 소인(小人)이 미약하지만 자라나면 점차 채워진다. 그러므로 초기에 경계한 것이다. 자연스럽게 이루어 나가는 작업, 즉 순(馴)은 익힘이다. 익혀서 채워나가는 일이다. 그것은 '그대로 따르는 행동[因循]'을 유발한다." 주희는 『주역본의』에서 "자연스럽게 이루어 나가는 작업을 '좇아서 익히는 일'이다."라고 했다.

이 지점에서 '습(習)'의 문제는 교육을 재생(再生)한다. '익히다'라는 의미를 품은 '습(習)'은, 교육에서 '학습(學習)', '예습(豫習)', '복습(復習)', '습관(習慣)' 등과 같이, 다양한 양상으로 표현된다. 이 익힘이 무엇일까? 그것은 '배움[學]'과 어떤 차원으로 연결되어 있을까?

'소인(小人)'을 '교육받지 못한 존재'로 환언한다면, 그는 '서리가 점차 얼음이 되듯이', 처음에는 미약하지만 자라나면 점차 채워져야 마땅하다. 그래야 교육받은 인간으로 성장한다. 그런데 함부로 자라나 마구 채워져서는 곤란한 상황이 제기될 수 있다. 성장과 성숙의 지향이 엉뚱한 경우, 인간됨을 보장하기 어려울 수 있다는 뜻이다. 그것은 교육의 시작 단계에서, 심각한 성찰을 요구한다. 어떤 사안이건 교육받지 못한 존재의 첫 행위는 경계하고 조심할 필요가 있다.

그것이, 교육이라는 이름하에 '익히는 양식'에 관한 반성(反省)을 요청한다. '그대로 따르는 행동', 즉 인순(因循)은 내키지 않아 머뭇거리는 행동이다. 낡은 인습을 버리지 않고 지키려는 행위다. 교육은 인습(因襲)의 고수가 아니라 혁신(革新)을 지향해야 한다. 단순하게 '좇아서 익히는 일'은 '순습(順習)'이다. 그것이 소인(小人)의 어리석은 행위와 결합될 때, 교육은 어떤 방향을 지시해야 할까?

『주역』 산책 13 – 교육받은 인간의 학문; 내외직방(內外直方)

2022. 10. 16. 6:20

성리학의 정곡(正鵠)을 찌르는 한 마디가 있다. 그것은 '경의(敬義)'라는 언표다. 『주역』「곤」<문언>에 그 정확한 풀이가 등장한다.

> "직(直)은 그 바름이다. 방(方)은 그 옳음이다. 교육받은 인간은 경(敬)으로써 안을 곧게 하고, 의(義)로써 밖을 방정하게 한다. 경(敬)과 의(義)가 확고히 서면 덕(德)이 외롭지 않다!: 직(直), 기정야(其正也). 방(方), 기의야(其義也). 군자(君子), 경이직내(敬以直內), 의이방외(義以方外). 경의립이덕불고(敬義立而德不孤)."

정이(程頤)의 풀이는 교육받은 인간의 당위적 차원을 고려한다. "경(敬)을 주장하여 안을 곧게 하고, 의(義)를 지켜 밖을 방정하게 만들어라! 그러면 경(敬)이 확립되어 안이 곧아지고, 의(義)가 나타나 밖이 방정해진다. 의(義)는 밖에 나타나는 차원이지, 밖에 있는 존재가 아니다. 경(敬)과 의(義)가 확고하게 선 다음, 그 덕(德)이 성대해진다. 커지기를 기약하지 않아도 커지기 때문에 덕(德)이 외롭지 않다. 일상에서 활용하는 사안마다 두루 하지 않음이 없다. 베푸는 일마다 이롭지 않음이 없다!"

주희(朱熹)는 이런 상황을 배움으로 상정한다. "'경이직내(敬以直內), 의이방외(義以方外)'는 '배움'으로 말한 것이다. 직(直)은 본체를 이르고 의(義)는 재제(裁制)를 이르며, 경(敬)은 본체를 지키는 작업이다. 불고(不孤)는 온전하게 두루 갖춤을 의미한다."

『주역』 산책 14 – 공부의 성공; 어릴 때부터 바름을

2022. 10. 17. 5:10

주역 「몽(蒙)」괘는 교육을 직접적으로 지시하는 괘다. 그 가운데 '마음을 옳고 바르게 닦는', '바른 자세를 기르는' 작업을 의미하는 '양정(養正)'이 등장한다.

> "어릴 때, 바른 자세를 기르는 일은, 가장 사람다운 인간이 되는 공부다!: 몽이양정(蒙以養正), 성공야(聖功也)."

'몽(蒙)'은 아직 개발되지 않은, 어린, 또는 어리석은 인간의 상태다. 어떤 잡다한 것도 섞이지 않은 순수 그 자체다. 이 개발되지 않은 가능성으로서의 몽(蒙)! 그 바름을 기르는 작업이, 다름 아닌, 가장 온전한 인간의 길로 나아가는 공부다.

어릴 때 개발해야 하는 이유는 간단하다. 개발된 사안의 '경직성(硬直性)' 때문이다. 뻣뻣하게 된 것은 다시 새롭게 만들기 어렵다. 즉 무언가 개발된 다음에, 어떤 사안을 권고하거나 금지하면, 거부하기 쉽고 감당하기 어렵다. 때문에 어린 시절에 바른 태도를 기르는 일이 배움의 과정에서 아주 좋다. 어쩌면 배움의 원리이자 정도가 그러하다.

『주역』 산책 15 – 과행육덕(果行育德); 교육의 과감성

2022. 10. 18. 5:20

『주역』「몽」의 모습은 "산 아래서 샘물이 나오는 것이다. 교육받은 사람은 이를 근거로 행실을 과단성 있게 하며 인격을 기른다!: 산하출천(山下出泉), 몽(蒙). 군자이(君子以), 과행(果行), 육덕(育德)."

정이(程頤)의 풀이는 과감하게 교육해 나가는 작업을 적극적으로 옹호하는 듯이 보인다. "산 아래서 샘물이 졸졸 흘러나오는데, 어렵고 험한 일을 만나 갈 곳 없는, 헤매는 형상이 몽(蒙)의 모습이다. 이는 인간도 마찬가지다. 사람이 몽매무지한 경우, 갈 곳을 모른다. 이에 교육받은 인간인 군자는 행실을 과단성 있게 하고 인격을 기른다. 샘물이 졸졸 흘러나오고 있는데도 물이 어디로 흘러가야 할지 막히는 상황에 직면하면, 이를 보고 과단성 있게 터주듯이, 처음 나와서 지향점이 없는 사람을 보면, 그들의 품격을 높여 가려는 마음을 가질 수밖에 없다!"

주희(朱熹)는 조금씩 나아가 완성을 추구하는 점진적 태도로 그 과감성까지도 포용하는 듯하다.

> "샘은 물이 처음 나온 것이다. 때문에 반드시 조금씩 점차적으로 흘러간다!: 천(泉), 수지시출자(水之始出者). 필행이유점야(必行而有漸也)!"

어린 만큼 과감하게, 어리석은 만큼 점차적으로, 흘러서 나아가는,

저 민첩(敏捷)과 점진(漸進)의 사이세계를 구축하는 작업이, 정말 교육일까? 그렇게 과감(果敢)하고 인내(忍耐)하는 세월을 감당하는 일이 학문인가?

『주역』 산책 16 – 교육의 호응(呼應); 순수에서 받아들이는 품격

2022. 10. 19. 6:20

『주역』「몽」의 다섯 번째 효(爻)는 "'어리석은 아이'여서, 괜찮다!: 동몽(童蒙), 길(吉)"이다. 그에 관한 주희(朱熹)의 해석이 눈길을 끈다. 『주역본의』의 풀이는 아주 간단하다.

다섯 번째 효, 즉 육오(六五)는 음(--)이고 상괘(上卦)의 중간에 있기 때문에, '부드러우면서도 가운데 자리하고 있는', '유중(柔中)'으로 표현되고, 높은 자리로 상징되는 '존위(尊位)'에 앉아 있다. 그러면서도 하괘(下卦)의 두 번째 효, 즉 구이(九二)의 양(—)에 호응한다.

이는 음양(陰陽)의 어울림이다. 플러스(+)와 마이너스(-)의 교합(交合)이다. 고위 존재의 배려와 하위 존재의 따름이 자연스럽게 서로 끌어당기는 줄탁동시(啐啄同時)의 호응(呼應)이다. 한 마디로 말하면, "순일미발(純一未發), 이청어인(以聽於人)"으로, 그 함축성을 더한다.

'순일미발(純一未發)'은 '어떤 것도 섞이지 않고 순수한 상태로 아직 개발되지 않은 인간'을 의미한다. '이청어인(以聽於人)'은 '품격을 제대로 갖춘 인간을 기다리고, 받아들이고, 따른다'는 뜻이다.

이 지점에서 교육은 간략하게 정돈된다. '순수(純粹: pure)에서 받아들이는 인간의 품격(品格: dignity)!'

『주역』 산책 17 – 작사모시(作事謀始); 처음에 잘 도모해야 하는 이유

2022. 10. 22. 8:30

『주역』「송(訟)」<상(象)>에 의미심장한 기록이 등장한다. 인간 사회의 일반적 정서를 심각하게 지적한, 상징적 표현이지만, 교육적으로 염두(念頭)에 두어야 할 언표다.

> "하늘과 물이 어긋나게 가는 모양이 송괘다. 교육받은 인간은 이를 근거로, 일을 하되 처음을 잘 도모한다!: 천여수위행(天與水違行), 송(訟). 군자이(君子以), 작사모시(作事謀始)!"

송괘(訟卦)의 '송(訟)'은 일반적으로 말하는 '소송(訴訟)'이나 '쟁송(爭訟)'이다. 인간 사회의 각종 '다툼'을 의미한다. 다툼은 갈등(葛藤) 상황의 다른 이름이다. 그것은 적대적(敵對的) 삶의 자세이자 대립(對立)이며 불화(不和)다. 하지만 이런 부정적 차원의 관념, 어쩌면 쟁송 자체가, 사회의 인지상정(人之常情)인지도 모른다.

정이(程頤)는 다음과 같이 풀이한다.

> "하늘은 위로 올라가고 물은 아래로 흘러가, 서로 어긋나게 가서 두 몸체가 어그러진다. 이것이 쟁송하는 이유다. 위아래가 서로 거스르지 않는다면, 쟁송이 어디로부터 일어나겠는가! 교육받은 인간은 이런 모양새를 보고 인간 사회가 다툼이 본질적으로 존재함을 파악했다. 그러므로 어떤 일을 할 때, 반드

> 시 처음부터 제대로 기획하여 분쟁의 발단을 끊어버려야 한다. 그러면 쟁송은 쉽게 생기지 않는다. 처음을 도모하는 뜻이 넓어야 하므로, 사람들 사이에 교제를 신중히 하고, 문서를 분명히 하는 등, 시작을 단단하게 만들어야 한다!"

인간 사회의 모든 행위는 근원적으로 어긋남을 배태(胚胎)하고 있다. 서로 어긋나는 상황에서 일을 할 수밖에 없는 것이 인간 사회의 현실이라면, 어찌할 것인가? 분쟁의 씨앗을 조금이나마 차단하는 것이 상수(上數)다. 그러기 위해서는, 어떤 사안이건, 처음부터 잘 도모하여 처리해 나가는 수밖에 없다. 갈등의 실마리를 최소화하는 길! 교육의 근거도 이 가운데 숨어 있다. 이른바 '문제해결능력'과도 상통하는 삶의 지혜다.

헤르만 헤세와 나무 1 - '상강(霜降)' 절기에 나무를 다시 보다

2022. 10. 23. 19:20

오늘은 24절기(節氣)로 상강(霜降)이다. 상강은 한로(寒露)와 입동(立冬) 사이에 들어 있다. 그러니까 다음 절기가 겨울의 문인 입동이다.

민족문화와 세시풍속에 관한 사전을 보니, 상강 절기는 가을의 쾌청한 날씨가 계속되는 대신, 밤의 기온이 매우 낮아지는 때라고 한다. 수증기가 지표에서 엉겨 서리가 내리고, 기온이 낮아질 경우, 얼음이 찾아오기도 한단다. 단풍이 절정에 이르고, 국화도 활짝 피는 늦가을, 만추(晩秋)의 계절이다. 추수가 마무리 되는 때이므로 겨울맞이를 시작하며, 추위를 준비해야 한다.

이제, 곧, 나무는 잎을 떨구고, 어떤 짐승은 겨울잠 준비에 들어갈 것이다.

상강(霜降) 날 저녁, 낙엽이 그리워지면서, 오래 전에 읽었던 헤르만 헤세(Hermann Hesse, 1877~1962)의 <나무>에 관한 글들이 생각났다. 서재 한쪽에 꽂혀있는 책을 다시 꺼내 읽으며, 교육철학적 독해를 시도해 본다. 과거에 읽었던 책 속의 표지 한쪽에, 당시, 나는 이렇게 써 놓았다.

'헤세(Hesse), 겸손(謙遜)과 고요와 활력(活力)의 거처!'

헤르만 헤세와 나무 2 - 위대한 고독의 힘

2022. 10. 24. 05:00

새벽이다. 아직은 칠흑(漆黑)같은 밤이다. 그믐 무렵인지라 달빛도 거의 없다. 왕숙천(王宿川) 산책로 앞길에 고독하게 선 가로등 불빛 사이로 나무들이 보일뿐이다. 이 새벽의 나무는, 헤세가 감탄한 나무인 듯, 침묵의 설교(說敎)로 공감(共感)을 더한다. 헤세는 「나무들」이란 글의 첫 문을 다음과 같이 열어젖힌다. 독일어에 문외한이다 보니, 두 가지 번역본-안인희(①)/송지연(②)-을 참고하여, 나름대로 다시 내 정서의 옷을 입혀본다. 옮기는 이의 정감이 반영된 만큼 맛이 다르다.

> ① 나무는 언제나, 내 마음을 파고드는 최고의 설교자(說敎者)다! 나무들이 크고 작은 숲에서 종족(種族)이나 가족(家族)을 이루어 사는 것을 볼 때마다, 나는 경배(敬拜)하는 마음이 든다. 그들이 홀로 서 있을 경우, 더욱 큰 경배심(敬拜心)이 생긴다. 그들은 고독(孤獨)한 사람들 같다. 어떤 약점 때문에 슬그머니 도망친 은둔자(隱遁者)가 아니라, 베토벤(Ludwig van Beethoven, 1770~1827)이나 니체(Friedrich Wilhelm Nietzsche, 1844~1900)처럼, 스스로를 고립(孤立)시킨, 위대한 사람들처럼 느껴진다.

> ② 나무는 늘, 내게 가장 감명을 주는 설교자다! 나는 나무가 크고 작은 숲에 종족을 이루고 사는 모습을 숭배(崇拜)한다. 나무들이 홀로 서 있을 때마다 더욱 숭배한다. 그들은 고독한

사람들과 같다. 시련(試鍊) 때문에 세상을 등진 사람들이 아니라, 위대하기에 고독한, 즉 베토벤이나 니체 같은 사람들 말이다.

헤세가 나무를 통해 보는 세상은, '경건(敬虔)' 자체다. 때문에 '설교'와 '경배', '고독'과 '은둔'과 같은 키워드가 가슴 깊이 파고든다. 나무가 품어내는 향기로운 말은, 침묵의 언어로 기(氣)를 불어 넣는 활력소(活力素)다. 그 모습 자체로 활력소가 될 수 있다는 점에서, 나무는 교육의 디딤돌이다. 속삭이듯 전해지는 설교는 교훈의 근원이다. 가족으로 한 몸을 이루고 있건, 홀로 서서 자기 길을 가고 있건, 그들은, 내가 절하고 감사해야 할 위대한 스승이다.

허나, 그는 홀로, 고독하게, 고립(孤立)의 시공간을 온몸으로 견뎌낸다. 그것은 인내(忍耐)를 초월한 의연(毅然)함이다. 그가 숭고한 존재로 자리매김 될 때는, 신성(神性)을 몰고 온다. 그러기에 토테미즘(Totemism)의 세계에서, '나무'를 존경하고 그에게 공손하게 절하는, 그를 우러러 보며 공경했던 것이 아닐까?

위대한 고독! 그것은 사회 속에 버티며 활동하는 적극적 은둔(隱遁)이다. 쉽지 않은 삶이다. 아니, 정말 어려운 인생일 수 있다. 나 또한 그렇게 살고 싶은 열망을 담아, 내 블로그의 소개 글에 '학문인생-은둔일지; 은거구지(隱居求志), 행의달도(行義達道)!'라고 올려놓았다.

공자는 말했다.

"착한 일을 보면 그에 이르지 못할까 걱정하여 추구하고, 착하지 않은 짓을 보면 손이 펄펄 끓는 물에 닿은 것처럼 재빠르게 피한다. 나는 그런 사람을 보았고 그런 말을 들었다. 숨어 살면서 자신의 뜻을 구하고, 올바른 일을 행하여 인간의 도리에 다다른다. 나는 그런 말은 들었지만 아직까지 그런 사람은 보지 못했다!: 견선여불급(見善如不及), 견불선여탐탕(見不善如探湯). 오견기인의(吾見其人矣), 오문기어의(吾聞其語矣). 은거이구기지(隱居以求其志), 행의이달기도(行義以達其道). 오문기어의(吾聞其語矣), 미견기인야(未見其人也)!-『論語』「季氏」"

『논어』의 기록이 이렇다. "숨어 살면서 자신의 뜻을 추구하고, 올바르게 실천하며 인간의 길을 가다!: 은거구지(隱居求志), 행의달도(行義達道)!" 그것은 너무나 절박한 삶의 성찰이다. 공자의 간절한 기도처럼, 고독한 인생에 위대한 색감(色感)을 수놓는 사람들은 그러했으리라.

고독의 힘! 그렇게 현실을 온몸으로 누비며, 삶의 활력을 스스로 만들며 살아갔던, 음악가 베토벤이나 철학자 니체 같은, 그런 스승의 모습이, 이 시대 교육에서 다시 살아올 수 있을까?

헤르만 헤세와 나무 3 - 거룩한 모범

2022. 10. 25. 5:15

'위대한 고독자'로서 나무의 존재 가치에 관한 관찰이 이어진다. 그것은 개체로서의 삶이 어떠해야 하는지, 인간 교육의 본질을 암시한다.

> ① 나무들의 우듬지에서는 세계가 속삭이고, 뿌리는 무한성에 들어가 있다. 다만, 그들은 거기 빠져들어 자신을 잃지 않고, 있는 힘을 다해 한 가지만을 추구한다. 자기 안에 깃든 본연(本然)의 법칙(法則)을 실현하는 일, 즉 자신의 형태를 만들어 내는 작업, 오로지 자신을 표현하는 일에 힘쓴다. 강하고 아름다운 나무보다 거룩하고 모범이 되는 존재는 없다!

> ② 나무들의 꼭대기에서는 세상이 속살거리고, 그들의 뿌리는 영원 속에서 쉰다. 그러나 그들은 그 속에서 자신을 잃어버리지 않고, 제 안에 있는 법칙에 따라 자기 고유의 것을 채우고 자신의 모습을 완성하고 표현하는 데, 온 힘으로 정진(精進)한다. 그 어떤 것도 아름답고 튼튼한 나무보다 성(聖)스럽고 모범이 되는 사물은 없다.

나무의 우듬지, 즉 나무의 윗부분으로서 나무초리를 포함한 한 덩어리로 보이는 가지와 잎들, 그것은 세상과 소통하는 현실(現實)이다. 그 드러나 보이는 부분은 속삭임을 통해 교감(交感)한다. 교감의 활력이 넘칠수록 상큼하다. 뿌리는 무한의 영원에서 살아 숨쉬며, 은둔의 호흡을 조율해 나가는 현존(現存)이다. 그 감춰져 보이지 않는 부분은 무한 생명으로 젖어든다. 젖어드는 잠재력이 깊을수록 축축하다.

'자신을 잃지 않고 힘을 다해 한 가지만을 추구하는', 저 숭고함은 '열정(熱情)'이자 '몰입(沒入)'이다. '자기 법칙, 즉 자신의 결에 따라 고유한 양식을 만들고 표현하는', 저 자긍심은 '자존감(自存感)'이자 '생의지(生意志)'다. 이런 나무의 거룩함이 존재의 이유를 담보하는 아름다움의 극치다.

이 지점이 교육의 미학(美學), 교육예술의 철학을 돌아보게 만드는 갈림길이다. 어떤 일을 마주했을 때, 관심을 갖고, 열렬한 애정으로 열중하는 마음, 깊이 파고 들면서 빠져드는, 그런 공부의 자세가, 교육의 성취를 보다 눈부시게 만든다.

헤르만 헤세와 나무 4 – 나무가 들려주는 삶의 법칙

2022. 10. 26. 5:20

인생에 법칙이 있다면, 어떤 것일까? 문화가 다르기는 하지만, 토론토 대학 심리학과의 조던 피터슨(Jordan B. Peterson) 교수는 '혼돈의 해독제'로서 인생의 법칙을 12가지로 제시한다.

법칙1 어깨를 펴고 똑바로 서라!
법칙2 당신 자신을 도와줘야 할 사람처럼 대하라!
법칙3 당신에게 최고의 모습을 기대하는 사람만 만나라!
법칙4 당신을 다른 사람과 비교하지 말고, 어제의 당신하고만 비교하라!
법칙5 아이를 제대로 키우고 싶다면 처벌을 망설이거나 피하지 말라!
법칙6 세상을 탓하기 전에 방부터 정리하라!
법칙7 쉬운 길이 아니라 의미 있는 길을 선택하라!
법칙8 언제나 진실만을 말하라, 적어도 거짓말은 하지 말라!
법칙9 다른 사람이 말할 때는 당신이 꼭 알아야 할 것을 들려줄 사람이라고 생각하라!
법칙10 분명하고 정확하게 말하라!
법칙11 아이들이 스케이트보드를 탈 때는 방해하지 말고 내버려두어라!
법칙12 길에서 고양이를 마주치면 쓰다듬어 주어라!

복잡한 세상을 살아가는 만큼, 인간의 심리를 고려한, 의미 있는 분석으로 보인다. 어쩌면 인간은 이런 단순한 것 같은 삶의 법칙조차도 고민하지 않기에, 인생 자체가 혼돈에 빠지는지도 모른다.

그렇다면, 헤세가 관찰하고 느낀 나무 한 그루의 역사에서 인생의 법칙을 응용하는 것은 어떨까? 삶이 교육의 근원적 현상이라면, 나무 한 그루의 삶에서도 의미심장한 교육철학을 발견할 수 있다.

① 한 그루의 나무가 베어지고, 벌거벗은 죽음의 상처가 햇빛에 드러나면, 묘비(墓碑)가 되어버린 그루터기에서 나무의 역사 전체를 읽을 수 있다. 나이테와 아문 상처에는 모든 싸움, 고통, 질병, 행운, 번영 등이 고스란히 적혀 있다. 근근이 넘어간 해와 넉넉한 해, 견뎌낸 공격, 이겨낸 폭풍우들이 쓰여 있다. 가장 단단하고 고귀한 목재는 좁은 나이테를 가진 나무라는 사실을, 가장 쪼갤 수 없고 강하며 모범적인 나무의 몸통은 산 위 높은 곳이나 늘 위험이 계속되는 곳에서 자라는 나무라는 사실을, 농부의 집 자식도 안다. 나무는 모두 성스러운 장소다. 그들과 더불어 이야기하고, 그들의 말에 귀를 기울일 줄 아는 사람은, 진실을 알게 된다. 그들은 학설(學說)이나 특별한 비법(秘法)을 설교하지 않고, 개별적인 것에는 무심한 채, 삶의 근원 법칙을 이야기한다.

② 나무가 베어져 벌거벗은 죽음의 상처를 햇빛에 드러낼 때, 인간은 나무의 묘비인 밑동의 단면에서 삶의 이야기를 읽는다. 나이테의 바르고 일그러진 모양새에는 모든 싸움과 고뇌, 행운과 번뇌의 역사가 그대로 씌어 있다. 빈곤했던 해, 풍족했던 해, 견뎌 낸 폭풍우와 시련들 ……. 단단하고 품격 높은 나

무일수록 촘촘한 나이테를 갖고 있다는 사실과 높은 산 끊임 없는 위험 속에서야말로 강인하고 옹골찬 나무가 자란다는 것은, 농가의 소년이면 누구나 아는 인생의 진리다. 나무는 성스러운 공간이다. 나무와 얘기하고 그 말에 귀 기울일 줄 아는 사람은 진리를 배운다. 나무는 교의(敎義)나 규율(規律)을 말하지 않고, 개별적인 사안을 넘어 삶의 근본 법칙을 들려준다.

나무의 흔적은 나이테로 새겨진다. 그렇다면, 인생의 흔적은 어디에 남을까? 그것은 자연스럽게 형성되는 주름에 담긴다. 주름은 노화(老化)의 상징이기보다 삶의 역사다. 그만큼 부끄러운 모습이 아니라 떳떳한 존재의 형상이다. 주름으로 아로새긴 얼굴에서 인생의 역사를 느낀다. 그것은 깊이 패고 일그러진 만큼, 희로애락(喜怒哀樂)을 오롯이 담은 명예로운 삶의 훈장(勳章)이다.

교육은 그런 주름을 만들어가는, 경험이자 성장이다. 주름을 펴서 없애는 작업이 아니라, 주름을 자랑스럽게 긍정할 수 있는 노동의 예찬이다. 거기에 교의(敎義)나 비법(秘法), 불변의 규율이 자리해서는 곤란하다. 나이테와 주름은 그런 교리(敎理)에 찌든 생명이 아니다. 열심히 살았던 존재의 이력(履歷)이다.

헤르만 헤세와 나무 5 – 나무의 믿음

2022. 10. 28. 6:10

'신뢰(信賴)', 즉 '믿음'은 인류가 내세우는 주요 덕목 가운데 하나다. 어쩌면 으뜸가는 덕목이자 의무여야 하는, 삶의 바로미터일 수도 있다. 교육은 그런 믿음을 심어주는 의도적 노력이다. 그렇다면, 나무는 자신에게 어떻게 믿음을 부여하는가? 헤세는 진지하게 속삭인다.

① 한 그루의 나무가 말한다. '내 안에는 핵심이 있고, 불꽃이 있어. 사유도 감추어져 있지. 나는 영원한 생명의 생명이야. 영원한 어머니가 나를 잡고 감행한 시도인 던지기는 유일무이(唯一無二)한 것이야. 내 피부의 맥과 형태, 우듬지의 가장 작은 잎사귀놀이, 그리고 껍질의 가장 자그마한 흉터도 단 하나뿐이야. 인상적인 유일무이함으로 영원성을 드러내고 보여주는 것이 나의 직분이야.' 다시, 한그루의 나무가 말한다. '나의 힘은 믿음이야. 나는 조상들에 대해 아무것도 모르고, 해마다 내게서 생겨나는 수천의 자식들에 관해서도 전혀 몰라. 나는 씨앗의 비밀을 끝까지 살아낼 뿐, 다른 것은 내 걱정이 아니야. 나는 신이 내 안에 깃들어 있음을 믿어. 내 의무가 거룩한 것임을 믿는다고. 나는 이런 믿음으로 살아.'

② 나무가 말했다. '내 안에는 씨 하나와 불티 하나와 생각 하나가 감춰져 있어요. 나는 영원한 생명으로부터 삶을 얻고 있어요. 영원의 어머니가 내게 감행한 시도와 계획은 전례 없는 것이었지요. 내 모양새와 내 살결도, 그리고 내 머리 주변에서

속삭이는 이파리들의 작은 유희도, 내 껍질의 작디작은 상처까지도 모두 유일하지요. 나의 과제는 내가 받은 일회적인 사안으로부터 영원한 일을 만들어 보여 주는 것이지요.' 또 나무가 말했다. '나의 힘은 믿음이에요. 나는 내 아버지들에 대해 아무것도 모르고, 매년 나로부터 생겨나는 수많은 아이들에 대해서도 아무것도 모르지요. 나는 내 씨앗에 감춰진 비밀스러운 이야기를 끝까지 살아갈 뿐, 다른 것은 염려하지 않아요. 나는 신이 내 안에 있음을 믿어요. 그리고 내 삶의 과제가 거룩하다는 것을 믿지요. 나는 이런 믿음을 갖고 살아가요.'

나는, 이 짧은 몇 줄의 글을 읽으면서, 적지 않은 충격을 받았다. 헤세는 문학가(文學家)다. 그런데 이렇게 의미심장한 교육철학을 제시할 수 있는가! 나무가 자신에게 부여하는 삶의 의미는 너무나 성(聖)스럽다. '성스럽다'는 표현은 자기교육의 철학을 완벽하게 처리하고 있다는 의미다. 그만큼 나무의 인식은 위대하다. 아니, 헤르만 헤세의 관찰과 느낌이, 최고 수준의 교육철학을 제공하고 있다.

전통적으로 교육을 식물의 성장에 비유하는 경우가 꽤 있었다. '핵심[씨앗]-불꽃[불티]-사유[생각]'라는 과정 자체가 생명의 생명, 즉 생명력의 영원한 상징을 보여준다. 논리는 간단하다. 나무는 한 톨의 씨앗이 땅에 뿌려져 싹이 돋는다. 그 싹은 불꽃처럼 타오르며 자란다. 자라나면서 살결을 이루며 가지와 잎, 꽃과 열매를 맺는다. 그 이상도 이하도 아닌 자연의 원리를 이행한다. 그것은 영원(永遠)의 작업이다. 영혼(靈魂)의 수행이다. 그 수행의 영원성은 씨앗에서 다시 씨앗을 낳고, 싹을 틔우며 성장하며 다시 씨앗으로 열매 맺는, 비밀을 풀어나가는 삶을 지속할 뿐이다.

나무의 삶도 저렇게 자기교육을 신뢰하고 있는데, 인간은 무엇을 하고 있는가? 삶의 영원을 향한, 교육의 싹과 불꽃, 그리고 열매로 나아가는 사유의 세계를 펼쳐야 하지 않는가! 인간이 말했다. 이 (괄호)나 '따옴표' 속에, 무엇을, 어떻게, 채울 수 있을까?

헤르만 헤세와 나무 6 - 내면에 깃든 고향

2022. 10. 29. 5:30

내가 만난 헤세는 '내면(內面)의 순례자(巡禮者)'였다. 자신의 안을 파고들며, 그 몸을 세상에 걸쳤다. 내면을 수양(修養)하며 기행(紀行)하는 그 옆 자리에서, 나무는, 늘, 벗이 되어 주었다. 산에서 뒹굴며 살았던, 내 어린 시절의 벗, 나무들도 그러했다.

① 우리가 슬픔에 잠겨 살아가며 그 삶을 견디기 힘들 때, 한 그루의 나무는 우리에게 말을 건넨다. 조용히 해봐! 조용히 하렴! 나를 봐봐! 삶은 쉽지 않다. 하지만 어렵지도 않아. 그런 건 모두 애들이나 하는 생각이야. 네 안에 깃든 신(神)이 말하게 해봐. 그럼 그런 어린 애들 같은 생각은 침묵할 거야. 넌 너의 길이 어머니와 고향에서 너를 멀리 데려간다고 두려워하지. 하지만 모든 발걸음, 모든 하루는, 너를 어머니에게 도로 데려 간다. 고향은 이곳이나 저곳이 아니야. 고향은 어떤 곳도 아닌, 네 안에 깃들어 있어!

② 우리가 더 이상 삶을 견뎌 내기 힘들 정도로 슬플 때, 나무는 우리를 타이른다. 자, 마음을 가라앉히고 나를 봐! 산다는 것은 쉽지도 않고 어렵지도 않아. 그런 것은 어린애들 생각일 뿐이지. 네 안의 신(神)이 하는 얘기를 들어 보면 그런 생각들은 사라져 버릴 거야. 네가 겁에 질린 것은, 네가 가고 있는 길이, 너를 네 어머니와 고향으로부터 멀리 갔기 때문이야. 하지만 한 걸음 한 걸음이, 그리고 하루하루가, 너를 다시

어머니에게 이르게 하는 것을! 고향은 여기나 또는 저기에 있는 것이 아니야. 고향은 바로 네 안에 있지. 다른 어디에도 없어!

내 안에 있는 신(神)은 내 고향을 담은 영혼이다. 그러기에 고향은 물리적이고 지리적인, 객관화 할 수 있는 개념이 아니다. 고향의 정취(情趣)를 담아내고 있는 내 마음 깊숙한 곳에 침묵하고 있다. 나무는 어떤 말도 없이 제 삶을 꿋꿋이 이어간다. 한 해 한 해 나이테를 채워가듯, 그렇게 교육도, 내면의 영혼, 마음에 스며든 고향을 찾는 작업이 아닐까?

헤르만 헤세와 나무 7 – 새로운 삶을 찾는 그리움

2022. 10. 30. 5:50

길이 묻는다. 당신은 어디를 가십니까? 특히, 석양(夕陽)에 물든 하늘에서 어둠이 내릴 때, 바람을 타고 어둠을 받아 앉는 길목에 서 있는 당신에게 속삭인다. 바람을 타고 가는 저 나무의 속삭임에 귀를 기울여 보세요. 헤세는 말한다.

① 저녁 무렵에 바람이 분다. 바람 소리를 따라 솨솨 소리를 내는 나무들의 말을 듣고 있으면, 방랑벽(放浪癖)이 마음을 휩쓸고 간다. 고요하게 오랫동안 귀를 기울여 들어보면, 방랑벽도 그 핵심과 의미를 드러낸다. 언뜻 생각나듯, 그것은 고통을 피해 멀리 도망치려는 몸놀림이 아니다. 그것은 고향과 어머니에 대한 기억들, 그리고 삶의 새로운 비유들을 향한 동경(憧憬)이다. 그것은 집으로 데려간다. 모든 길은 집으로 데려가는 도로(道路)다. 모든 발걸음은 탄생(誕生)이고 죽음이다. 모든 무덤은 어머니다.

② 석양 무렵, 저녁이 올 때 바람이 나뭇잎을 스쳐 가는 소리를 들으면, 정처 없이 떠나고 싶어진다. 조용히 한참 그 소리를 듣고 있으면, 떠나고 싶은 마음의 의미를 알게 된다. 그것은 괴로움으로부터 멀리 떠나려는 것이 아니다. 그것은 고향에 대한, 어머니에의 기억에 대한, 삶의 새로운 모습에 대한 그리움이다. 그런 그리움은 우리를 마음의 안식처(安息處)로 이끈다. 모든 길이 그곳으로 나 있다. 그 길 위의 모든 걸음은

탄생이고 죽음이다. 모든 무덤이 어머니다.

교육은 저 길 위를, 인생이라는 길 위에 선, 존재의 몸부림이다. 존재는 생명의 탄생에서 죽음을 갈마 들며, 정처 없이 떠돈다. 그렇게 구현하는 생애는 다시 어머니라는 무덤을 찾는다. 그 무덤에서 피어오르는 정감(情感)은 삶의 새로움을 추구하는 그리움이다. 교육으로 찾는 희망!

헤르만 헤세와 나무 8 - 고향, 그리고 행복

2022. 10. 31. 6:10

2022년 10월의 마지막 날, 새벽이다. 모든 날이 그러하지만, 2022년 10월 31일은 영원히 돌아오지 않는다. 그냥 달력의 사실로 새겨질 뿐이다. 아침이 밝아오는 이 시간에 읽는 헤세의 글은, 나무를 통해 '자기 찾기'를 꿈꾼다. 그것이 무엇일까?

① 우리가 자신의 철없는 생각을 두려워하는 저녁 때가 되면 나무는 속삭인다. 나무는 우리보다 오랜 삶을 지녔기에 긴 호흡으로 평온하게 생각을 한다. 우리가 그들의 말에 귀를 기울이지 않는 동안에도 나무는 우리보다 지혜롭다. 하지만 우리가 나무의 말을 듣는 법을 배우고 나면, 우리 사유의 짧음과 빠름과 아이 같은 서두름은 비할 바 없는 기쁨이 된다. 나무의 말에 귀를 기울이는 법을 배운 사람은 더는 나무가 되기를 갈망하지 않는다. 그는 자기 자신 말고 다른 무엇이 되기를 갈망하지 않는다. 그것이 바로 고향(故鄕)이다. 그것이 다름 아닌 행복(幸福)이다.

② 나무는 우리가 유치한 생각으로 불안해하는 저녁이 오면 속삭임을 더한다. 나무는 우리보다 오래 사는 만큼 생각이 길고 여유 있으며 차분하다. 나무가 들려주는 이야기에 우리가 귀를 기울이지 않더라도 나무는 우리보다 현명하다. 그러나 우리가 나무에 귀 기울이는 법을 배우고 나면, 짧고 조급한 생각에 익숙해 있던 우리는 비길 데 없는 기쁨을 얻는다. 나

무가 하는 말을 주의 깊게 듣는 사람은 더 이상 나무가 되기를 바라지 않는다. 그는 더 이상 자기 이외의 무엇이기를 원하지 않는다. 그것이 고향이고 그것이 행복이다.

나무는 서 있는 자체로 삶을 드러낸다. 뿌리도, 나이테도 보이지 않으나, 바람을 만난 잎사귀들은 연가(戀歌)를 부른다. 나무는 침묵(沈默)을 안고 성장(成長)한다. 그들이 던지는 메시지는 지혜를 갈구하는 교육의 철학을 새롭게 요청한다.

헤르만 헤세와 나무 9 - 약한 온기, 작은 정성

2022. 11. 1. 5:20

11월 시작일이다. 올해도 2개월이라는 시공간이 남았다. 단풍이 무르익으며, 낙엽도 조금씩 늘어난다. 나무에게 무엇이 기다리고 있을까? 헤세는 「잎 빨간 너도밤나무」라는 글에서 다음과 같이 따스함을 전한다.

> "수양버들 한 그루가 조용히 서 있다. 그 나무 밑동을 빙 둘러 좁은 목재 벤치가 줄지어 놓였다. 비단결처럼 부드러운, 길고 고단한 버들가지들이 사방으로 빽빽하게 깊이 드리워져 있다. 그 안은 텐트 속이나 사원(寺院)처럼 영원한 그늘과 어두컴컴함에도 언제나 약한 온기(溫氣)가 서려 있다!"

나는 마지막 구절의 '온기(溫氣)'에 주목했다. 버들가지의 빽빽함이 주는 아늑함! 그것은 나뭇가지의 엉성함이 아니었다. 어두컴컴한 가운데서도 온기를 간직하려는 사랑이었다. 어쩌면 인간은 모두, 수양버들의 나무 밑동 주변에 늘어선 벤치에 앉아 있는 것은 아닐까? 그렇다면, 수양버들의 비단결 가지 속에 약한 온기가 서린 듯, 교육은 인간이 앉을 벤치를 만들고, 그 가운데 온기를 불어 넣는, 그런 '작은 정성'이 아닐까?

헤르만 헤세와 나무 10 – 너도밤나무의 생명 순환

2022. 11. 2. 5:10

집 주변에 '너도밤나무'가 많았던 것일까? 헤세는 '너도밤나무'를 사랑한 것 같다. 나무를 묘사하거나 설명하는 곳곳에 너도밤나무가 등장한다. 우리나라에도 너도밤나무에 얽힌 전설이 있다. 생각하기에 따라서는 의미심장하다.

어느 날 어떤 마을을 지나가던 스님이 한 아이를 보고 말했다.

"이 아이는 얼마 지나지 않아 호환(虎患; 호랑이에게 당하는 화)으로 죽을 운명이다!"

이 말은 들은 아이의 아버지가 깜짝 놀랐다. 그리고 호환을 막을 수 있는 방법이 없는지 물었다. 스님이 말했다.

"사람 1,000명을 구해야 한다."

당시에는 이웃마을까지 합쳐도 사람 1,000명을 구하는 일이 쉽지 않았다. 아이의 아버지가 스님에게 부탁했다.

"사람 1,000명을 구하는 것은 너무 어려운 일입니다. 다른 방법이 없겠습니까?"

그러자 스님이 말했다.

"사람 1,000명 대신, 밤나무 1,000그루를 심어라! 그러면 재앙을 피할 수 있다!"

이윽고 호랑이가 왔다. 아이의 아버지가 소리쳤다.

"밤나무 1,000그루를 심었으니, 호랑이는 물러가라!"

그러나 호랑이는 한 그루가 말라죽었다며 아이를 잡아가려 했다. 그때 옆에 있던 나무가 말했다.

"나도 밤나무다!"

이렇게 나무 하나가 끼어들자 호랑이는 물러갔다. 이때 아이의 아버지는 너무나 감격하여 눈물을 흘렸다. 그리고 그 나무에게 말했다.

"그래, 너도 밤나무다!"

그 후부터 그 나무를 '너도밤나무'라고 부르게 되었다고 한다.

헤세의 묘사는 우리의 전설과는 다르다. 그러나 생명(生命) 의식에 눈을 뜨는 차원은 유사한 측면이 있다. 호랑이로부터 자식을 살리기 위해 심은 밤나무의 추억도 그러하지만, 너도밤나무가 세대를 이어나가는 방식도 그러하다.

"어린 너도밤나무는 끈질기게 잎사귀를 붙잡고 있다. 그 모습은 늘 기쁨과 감명을 안겨준다. 모든 나무가 잎사귀를 떨구고 앙상해진지 오래다. 그런데 너도밤나무는 12월, 1월, 2월 내내 여전히 시든 잎사귀 옷을 입고 서 있다. 폭풍이 나무를 흔들고 눈이 그 위로 내렸다가 다시 녹아 흘러내려도, 마른 잎사귀들이 처음에는 진갈색이다가 차츰 밝은 색이 되어도, 또 점점 얇아지고 매끄럽게 되어도, 나무는 잎사귀들을 떨구지 않는다. 잎사귀는 어린잎 눈들을 보호해야 한다. 그러다 봄날 언젠가, 매번 예상보다도 더 늦게 나무는 갑자기 변해 있다. 낡은 잎을 잃어버리고, 대신, 촉촉하게 싹이 나온 연한 새 잎눈들로 덮여 있는 것이다."

이런 너도밤나무의 생명력 순환활동이 교육에 다름 아니다. 모든 나무가 잎사귀를 떨구고 앙상한 가지를 남기고 있어도, 너도밤나무는 인내(忍耐)를 발휘한다. 시든 잎사귀로 미래세대를 감싸고, 눈이 내리면 어린 잎눈들을 끌어안는다. 그 거룩한 모성애(母性愛)가 촉촉한 연한 새 잎눈을 돋아나게 만든다. 그러기에 교육은 앞세대의 시듦[죽음]을 딛고 일어서는 뒷세대의 생명 약동(躍動)이다.

헤르만 헤세와 나무 11 – 흔들리는 삶의 놀이

2022. 11. 3. 5:00

교육받은 인간은, 언제나 인간이라는 사실을 인식하며, '인간됨'을 통해 '인간다움'으로 승화하려는 꿈을 꾼다. 인간됨으로 나아가는 과정은 나뭇가지에 꽃을 피우고 열매를 맺으며 단위체로서 교육을 완수하려는 의지를 갖는다. 그런 이상을 담았을까? 헤세는 「꽃 피어난 나뭇가지」에서 노래한다.

"꽃 핀 나뭇가지, 바람에 이리저리, 언제나 애쓴다!
밝은 날과 어두운 날 사이에서, 의지와 체념 사이에서, 내 마음 아이처럼, 위로 아래로 언제나 애쓴다!
꽃들이 바람에 흩어지고, 나뭇가지에 열매들 매달리기까지, 어린 시절에 지친 마음이 저의 평온을 얻고서, 고백하기까지
쉬지 않고 흔들리는 삶의 놀이는 즐거움에 넘쳐, 헛된 일이 아니었어!"

정결(貞潔)하다! '애쓴다!'라는 한 마디에 근심걱정이 가득한 듯하나 그것은 애타는 심경의 응축이다. 바람에 흔들려 꽃이 떨어질까, 아이의 마음처럼 변덕 심하게 흔들리는 듯한, 그런 삶의 놀이는 결국 즐거움에 넘친다. 그것이 교육의 힘이다.

헤세의 표현을 빌려 다시 쓰면, '교육은 쉬지 않고 흔들리는 삶의 놀이다!'

헤르만 헤세와 나무 12 – 갈망과 형성

2022. 11. 4. 5:10

교육은 '멀리 있는 갈색 숲이 어린 초록의 명랑한 빛을 띠면서' 생기(生氣)를 찾는다. '쟁기로 파헤치지 않은 넓은 경작지(耕作地)들이 빛나는 갈색으로 온화한 대기(大氣)를 향해 갈망(渴望)하듯 팔을 활짝 펼치는' 작업에서 시작된다. 그리하여 교육은 다음과 같이 묘사할 수 있다.

교육은 '경작지들이 수태하고 키우려는 갈망'이다.

교육은 '수많은 초록색 싹과 위로 올라오는 풀줄기들에서, 자신의 말없는 힘을 시험하고 느끼고 선물하려는 열정'이다.

교육은 '모두가 기다리고 준비하며, 연약하게 밀려오는 섬세한 형성(形成)의 열기 가운데, 꿈꾸고 솟구치는' 작업이다.

요컨대, 싹은 태양을 향해, 구름은 경작지를 향해, 어린 풀은 대기를 향해 나가는 상황과 상통한다.

헤르만 헤세와 나무 13 – 삶의 광채가 창조로 빛나길

2022. 11. 7. 5:00

입동(立冬)이다. 겨울에 들어서는 문(門)! 짐승들은 동면(冬眠)을 준비하고, 사람은 겨울나기를 위한 김장에 돌입한다. 『주역』의 원형이정(元亨利貞) 순환에서 '정(貞)'의 절기에 들어섰다. 이제 '감춤'과 '펼침'의 이중주를 진행한다. 동작(動作)과 정지(靜止)의 일치다.

『유리알 유희』에서 헤세는 말한다.

> "피곤(疲困)하면 잠이 들어 오랫동안 지고 다녔던 짐을 내려 놓아도 된다. 그것은 유쾌(愉快)하면서도 경이(驚異)로운 일이다!"

삶을 위한 교육은 몸이 지쳐 고달프다! 하지만 다른 차원에서 이해하면, 교육의 누적만큼 즐겁고 상쾌하다! 놀랍고 신기하다!

'피곤'에서 '경이'에 이르기까지, 교육은 삶의 과정을 감내(堪耐)한다. 어려움을 견딘다.

이렇게 겨울은, 다시 한 번, 삶이 창조의 광채로 빛나는 계절이다!

헤르만 헤세와 나무 14 – 인위적 건축물과 자연의 무구함

2022. 11. 8. 8:20

나무의 삶을 통해 우려내는, 헤세의 교육적 통찰(洞察)은 탁월하다. 인간 사회에서 나무의 환경 요건에 이르기까지, 그 종합하는 필력(筆力)이, 세계적 문호(文豪)로서 진한 감동을 남긴다. 헤세는 「밤나무」에서 말한다.

> "한 장소는 우리에게 많은 이미지를 남긴다. 그것은 물과 암벽, 지붕과 광장 등 다양한 내용으로 마음에 새겨진다. 나의 경우에는 나무들이 가장 많이 담긴다. 나무들은 그 자체로 아름답고 사랑스럽다. 뿐만 아니라 건축물로 자신을 표현하는 인간에 맞서, 자연의 무구함을 내세운다. 그것 말고도 인간은 나무들에게서 많은 것을 알아낼 수 있다. 토양의 종류와 나이, 기후와 날씨, 사람들의 감각 등을 말이다."

교육철학자로서 내가 눈여겨 본 것은, '인위적 건축물'과 '자연의 무구함'으로 대비한 헤세의 시선이다. 인간은 다양한 건축물을 통해 자신을 표현한다. 인위적으로 인생을 가꾸려는 작업이 교육이라면, 그것은 건축 설계에서 완성에 철저하려는 노력과 같은지도 모른다.

하지만, 나무는 다른 길을 가고 있다. 자연의 무구함을 내세우는 본성을 삶의 근간으로 삼는다. 그 본성은 홀로가 아니다. 토양과 기후가 영향을 미친다. 인간이 감각으로 다가와 함께 호흡한다. 그렇다면, 나무의 삶을 본뜬 교육을 가정한다면, 교육의 토양과 기후, 교육을 대하는 인간의 감각은 어떻게 확인할 수 있을까? 추워진 날씨에 그것을 찾으려는 고심(苦心)이 잘못된 것인가?

헤르만 헤세와 나무 15 – 은둔의 전사

2022. 11. 9. 5:20

세상의 모든 존재는 자신만의 생(生)을 구가(謳歌)한다. 그것은 본능(本能)이자 본성(本性)이다. 그 생은 자연의 발로일까? 인위적 작업일까? 인간이 어떻게 묘사하는지에 따라 다르게 표현되리라. 나무도 마찬가지다. 헤세는 나무를 '은둔자(隱遁者)와 전사(戰士)들'로 그려냈다.

> "알프스 고지에 버티고 선 나무들의 모습은 진지하고 깊게 마음을 건드린다. 그들 하나하나가 자신만의 삶을 산다. 저만의 특별한 형태와 우듬지를 형성하고 그림자를 던진다. 그들은 산과 가까운 친척 관계에 있는 은둔자나 전사와 같다. 고지대에서 버티고 자라기 위해, 고요히 끈질기게 싸운다. 바람에 휘날리면서도 꿋꿋하게, 변덕스런 날씨에도 담담하게, 바위가 앞을 막아도 옆으로 비껴 뿌리 내리며, 저마다 자기만의 짐을 짊어지고, 거기 꼭 달라붙는다. 그러면서 고유한 형태의 특별한 상처를 갖는다. 그 전투성은 남자처럼 인간을 바라보며, 마음속에 부끄러움과 경외심을 일깨운다."

이게 정말 나무일까? 자연에 빗댄 인생은 아닐까? 그것이 진정 인생이라면, 인간의 삶이 이러하다면, 교육의 임무는 재고(再考)되어야 한다. 고요하고 끈질기게 싸우는 자세를 일깨우는 작업! 내 교육의 학문 인생도 그럴까?

교육은 이미 인간 삶의 높은 고지에 자리하고 있다. 높은 고지에 선 인간은 저마다의 길을 가고 있다. 거기에서 버티고 자라기 위해, 다양한 희로애락의 사태를 맞이하고, 거기에 달라붙어 상처를 내며, 삶의 전투를 진행한다. 그 전투가 끝나는 날, 교육은 수오(羞惡)와 경외(敬畏)의 마음을 전리품(戰利品)으로 놓는다.

헤르만 헤세와 나무 16 – 나무가 펼치는 시(詩)

2022. 11. 10. 5:10

헤세의 나무 사랑은 자신의 글을 초월해 있다. 자신을 감동시키는 의미 있는 글이 있으면, 그것을 필사(筆寫)한다. 참 아름다운 모습이다. 나는 그런 일에 소홀했다. 글을 읽다가 의미 있는 장면이 나오면 밑줄을 긋고 코멘트를 하는 경우는 꽤 있었다. 때로는 필사하기도 했지만, 적극적인 경우는 많지 않았다. 헤세 선생의 글을 독해하면서, 부끄럽기 그지없다.

조이스 킬머(Alfred Joyce Kilmer, 1886~1918)는 미국의 서정 시인이었다. 수필가이기도 했다. 1913년에 '나무들(Trees)'이란 시를 발표했다. 그러나 5년 뒤인 1918년, 1차 세계대전 중 프랑스에서 전사했다. 불과 31세였다. '나무들'이란 시는 그의 시집 『나무들과 다른 시들(Trees and Other Poems)』(1914)에 수록되어 있다.

헤세는 이 '나무들'이란 시를 무척이나 좋아했던 모양이다. 그는 펜으로 킬머의 시구 하나하나를 옮겨 적었다. 헤세의 숨결을 따라 나도 그렇게 하나하나 다시 번안하여 옮겨 적어 본다.

〈나무들〉 - 조이스 킬머

나무만큼 사랑스러운 시(詩)를 / 쓸 수는 없을 것 같아. / 달콤하게 흐르는 대지의 젖가슴에 / 굶주린 입술을 대고 빨아들이는 나무. / 하루 종일 조물주(造物主)를 바라보며 / 경배(敬拜)하려 팔을 들어 올린 나무. / 여름옷을 입을 땐 머리카락 속에 / 지빠귀 둥지를 이고 있는 나무. / 가슴 위에 새하얀 눈[雪]을 지고 / 비와 사이좋게 지내는 나무. / 시(詩)야 나 같은 바보가 쓰지만 / 조물주만이 나무를 만들 수 있지.

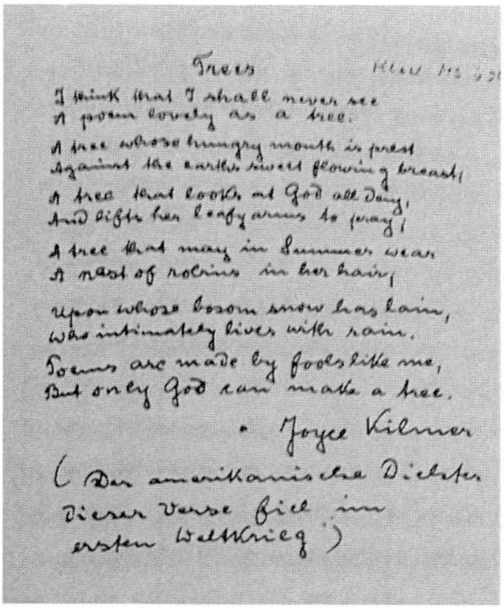

Trees

I think that I shall never see
A poem lovely as a tree.
A tree whose hungry mouth is prest
Against the earth's sweet flowing breast;
A tree that looks at God all day,
And lifts her leafy arms to pray;
A tree that may in Summer wear
A nest of robins in her hair;
Upon whose bosom snow has lain;
Who intimately lives with rain.
Poems are made by fools like me,
But only God can make a tree.

- Joyce Kilmer

(Der amerikanische Dichter dieser Verse fiel im ersten Weltkrieg.)

〈헤세의 필사본〉

킬머의 시를 '인생'과 '교육'에 빗대어 보았다. '나무'를 '인생'으로, '시(詩)'를 '교육의 노래'로 치환해 보니, 의미가 전환된다.

'인생만큼 사랑스러운 교육의 노래를 쓸 수는 없지 않겠는가! 달콤하게 흐르는 대지의 젖줄을 따라 인간은 굶주린 입술을 대고 젖을 빨아들인다. 하루 종일 조물주(造物主)를 바라보며 경배(敬拜)! 두 손 모아 기도한다. 그것이 인생이다.

두툼한 옷을 입고 그 속에 삶의 둥지를 끌어안는다. 가슴 위에 꽁꽁 얼어붙은 사회를 품고 녹아내리길 염원한다. 그것이 인생이다.

교육은 허둥대는 인간들, 허우적대며, 삶의 갈피를 잡지 못하는 존재들이, 간절히 불러대는 소망의 노래다. 언제 어디서나, 조물주만이 인생을 만들 수 있다! 교육의 기로(崎路)가 어디인가?

헤르만 헤세와 나무 17 – 신의 선물

2022. 11. 11. 5:30

'입동(立冬)'이라는 절기는 의미심장(意味深長)하다. 입동은 겨울에 들어서는 계절이다. 그것만은 분명하다. 그러나 단순히 겨울에 들어서는 것만을 뜻한다면, 절기의 무게에 비해 너무나 무미건조(無味乾燥)해진다. 입동을 초월(超越)하는 입동의 진실을 성찰해야 한다! 겨울이 아니라 봄을 예견하고, 봄을 넘어 여름과 가을로 이어지는, 우주의 열차 궤도(軌道)를 달릴 뿐이다.

그런 계절이 펼치는 향연! 그 따스함을 비추는 태양, 즐거움을 펼치는 향기를 그냥 쓸데없이 흘려보낼 이유가 있을까? 계절마다 세상을 장식하는 꽃, 아니면, 계절을 수놓는 어떤 무언가가 농축되어 우리 손에 닿아 있다면, 그리하여 우리가 그걸 따서 춥고 고약한 계절에 위안을 얻는다면, 삶이 그렇게 안 될 이유라도 있는가?

이런 꿈을 안고, 교육이라는 이름의 인생에 열정을 쏟았는데, 모든 아름다운 것에서 한 움큼씩 가득 용기를 얻어, 힘든 시절에 쓸 수 있게 보관할 수만 있다면, 그건 안 되는가! 물론, 교육을 통해 그렇게 한다면, 인공(人工) 향기를 지닌 인위의 꽃에 지나지 않을 테지만 말이다.

교육으로 성취한 세상의 풍요(豐饒)는 늘 우리 곁을 스쳐 지나간다. 꽃들과 농축된 존재는 매일 피고 빛나며 즐거움의 웃음을 보낸다. 이따금 우리는 감사하며 넉넉히 그것을 먹고 마신다. 때로는 지치고 넌더리가 나서, 그런 건 알고 싶지도 않다.

하지만, 자연으로 인한, 또는 교육으로 만들어낸 아름다움은, 항상 넘치도록 우리를 둘러싸고 있다. 그런 가운데 기쁨은 어떤 의도적 노력도 없이 다가온다. 절대, 돈으로 살 수 없다! 이 사실이야말로 모든 기쁨의 좋은 점이다. 꽃의 향기처럼, 교육이 주는 용기처럼, 그것은 누구에게나 무료로 주어지는 '신(神)의 선물'이다.

헤르만 헤세와 나무 18 – 거인나무와 난쟁이나무

2022. 11. 13. 5:20

『노자도덕경』(2장)은 다음과 같이 세상을 비춘다.

"사람들은 '아름다움'이 '아름다움 자체'를 이룬다고 알고 있다. 하지만 아름다움이 아름다움을 이루는 것은 추함 때문일 뿐이다. 착함이 착함 자체가 된다고 알고 있다. 하지만 착함이 착함이 되는 것은 착하지 않음 때문일 뿐이다. 그러므로 있음과 없음은 서로를 낳고, 어려움과 쉬움은 서로를 이루어 주며, 긴 것과 짧은 것은 서로를 견주고, 높음과 낮음은 서로를 기울게 하며, 곡조와 소리는 서로를 조화롭게 하고, 앞과 뒤는 서로를 따른다.: 천하개지미지위미(天下皆知美之爲美), 사악이(斯惡已). 개지선지위선(皆知善之爲善), 사불선이(斯不善已). 고(故) 유무상생(有無相生), 난이상성(難易相成), 장단상교(長短相較), 고하상경(高下相傾), 음성상화(音聲相和), 전후상수(前後相隨)."

유사하게, 헤세는 큰 나무와 작은 나무를 인간 나무에 견주며 의미를 부여한다. 거인나무는 커다랗고 창백한 꽃들을 매달고 있다. 그 맞은편에는 그와 전혀 다른 난쟁이나무가 한 그루 서 있다. 화분에 심어져, 아주 작은 발코니에 서 있는 나무다.

거인나무는 다양한 성장(成長)의 으뜸처럼 상징된다. 충동적이고 자연스러운 삶과 어떤 형태의 근심도 없는, 탐욕스러운 다산성(多産性)을 대변하는 것처럼 보인다. 하지만 조용한 난쟁이나무는 거의 의

심의 여지없이 그 반대다. 녀석은 공간이 별로 필요치 않고, 낭비가 없다. 대신 집중(執中)과 지속성(持續性)을 추구한다.

거인나무와 난쟁이나무가 지시하는 삶의 방향은 무엇을 암시할까? 교육적으로 던지는 메시지가 역설(逆說)을 불러온다. 단순하게 상대적(相對的)으로, 또는 대대(待對)의 관계로 이해하기에는 심오함을 더한다. 거인나무가 자연(自然)이라면 난쟁이나무는 정신(精神)이다. 거인나무가 충동(衝動)이라면 난쟁이나무는 의지(意志)다! 헤세는 감탄한다.

> "사랑스러운 작은 난쟁이야! 너는 어찌 그렇게 경이로운 생각에 잠겨 있느냐! 얼마나 끈질기게, 아주 늙은 채로, 거기 서 있는 거냐!"

두 그루의 나무는 놀라운 대조를 보인다. 자연의 모든 존재들이 그렇듯, 대립이나 갈등 따위는 아랑곳하지 않는다. 각기 자신의 권리를 확신하고, 또 자신을 믿으면서, 저마다 강하고 끈질기다.

거인나무는 세상의 즙을 빨아들여 부풀어 오르고, 그 영양으로 핀 꽃들은 다시 세상을 향해 후덥지근한 향기를 보낸다. 난쟁이나무는 그 맞은편에서 자신 속에 더욱 깊이 침잠해 있다. 이 무얼까? 다시 『노자도덕경』의 언급처럼, "억지로 아무것도 함이 없는 일로 처신하고, 어떤 것도 말하지 않는 교육을 행하며: 처무위지사(處無爲之事), 행불언지교(行不言之敎)", 나의 자리를 지켜야 할까?

헤르만 헤세와 나무 19 – 시든 잎에 이는 생명

2022. 11. 14. 5:00

『논어』「자한(子罕)」에 재미있는 비유가 있다.

"싹은 돋아났으나 꽃을 피우지 못하는 것도 있고, 꽃은 피었으나 열매를 맺지 못하는 것도 있다!: 묘이불수자(苗而不秀者), 유의부(有矣夫), 수이불실자(秀而不實者), 유의부(有矣夫)!"

헤세는 이런 시선을 비껴가며, 조금 다른 의미의 삶을 노래한다.

"모든 꽃은 열매가 되려 하고, 모든 아침은 저녁이 되려 한다. 변화(變化)와 시간(時間)의 흐름 말고 지상(地上)에 영원(永遠)한 것은 없다. 가장 아름다운 여름도 언젠가는 가을이 되어 시들어 감을 느끼려고 한다. 잎사귀야, 바람이 너를 데려가려 하거든, 참을성 있게 조용히 있어라. 너의 놀이를 하고, 반항하지 말고, 조용히 그 일이 일어나게 하라. 너를 떼어낸 바람이, 너를 집으로 불어 보내게 하라."

지상의 영원은 변화와 시간의 흐름 자체일 뿐이다. 그 이외에 영원은 없다. 나뭇잎 하나가 바람에 흔들린다. 애쓰지 말라. 시들어 떨어지는 것이 당연하다. 그러나 시드는 잎은 시간의 흐름을 상징한다. 그 변화로 인해 다시 새싹이 돋는다.

문제는 다른 영원을 도모하는 인간이다. 특히, 교육은 지상의 영원에 도전하는 이단아(異端兒)다. 『논어』의 표현처럼, 교육은 '싹을 틔우고, 꽃을 피우고, 열매 맺기를 염원한다!' 아니, 이 과정을 논리적으로 당연한 것으로 인식하고 정식화한다. 하지만, 모든 인간이 꼭 그렇게, 자신이 추구하는 대로 성취하지는 못한다. 의도와 달리, 꽃피고 열매 맺는 사안이 천차만별(千差萬別)이다. 교육도 지상의 영원에 안주(安住)할 수 있을까? 꿋꿋하게 설 자리가 만만치 않다!

헤르만 헤세와 나무 20 – 정신의 불멸성을 내려놓다

2022. 11. 15. 5:20

20세기 미국에서 벌어진 교육운동 가운데 '영원주의(永遠主義: perennialism)'가 있다. 영원주의는 '항존주의(恒存主義)'라고도 한다. 변하지 않는 절대적 가치의 영원성! 시간(時間)의 모든 부분이 동일하게 '참'이라는 관점, 그 시간의 존재론적 성격에 대한 철학적 접근이다.

영원주의는 교육의 기본 원리를 다음과 같이 제시한다. '진리는 보편적이다. 그러기에 장소와 시간, 또는 개별 인간과 같은 환경 요소에 의존하지 않는다. 훌륭한 교육은 그런 진리의 탐구와 이해다!' 그것은 유일하고 절대적인 불변의 가치 체계를 숭상한다. 정신주의의 극치로 치닫는다. 영원불변(永遠不變)! 정말, 교육이 그러한가? 그것은 사실인가? 진실인가? 혹시, 민주주의 사회의 평범한 인간들이 지닌 다양한 가치 체계에 회의를 품게 만드는 사유는 아닐까? 민주적 생활 방식을 위험에 빠트리는 관점이 있다면, 충분히 고려하여 대처할 필요가 있다.

영원주의에 대한 비판은 아닐지라도, 나무에 달린 가랑잎 하나에서 감지하는 헤세의 감수성은 마음을 촉촉하게 적신다. 헤세는 말한다.

> "가랑잎 하나가 창문을 통해 날아 들어왔다. 퍼뜩 이름이 떠오르지 않는 나무의 작은 잎사귀가 내 수조 가장자리에 앉아 있다. 나는 그것을 바라보고 큰 잎맥과 작은 잎맥의 글귀를 읽는다. 우리 모두 두려워했지만, 동시에 그것 없이는 아름다움도 없는, 무상(無常)의 특이한 경고를 들이마신다. 아름다움

과 죽음, 쾌락과 무상이 얼마나 서로 요구하고 제약하는지, 경이롭다! 내 주변과 내 안에서, 자연과 정신의 경계를 감각적으로 뚜렷하게 느낀다. 꽃들이 무상하고 아름답다면 황금은 지속적이고 지루하다. 자연적 생명의 모든 움직임은, 그렇듯 무상하나 아름답다. 하지만 정신은 스러지지 않고 오래 견딘다. 이 시간에 나는 정신을 거부한다. 정신은 결코 영원한 생명이 아니다. 그냥 영원한 죽음이다. 나는 그렇게 여긴다. 경직되고 결실을 맺지 못하는 것, 형태가 없는 것으로서 정신은 불멸성을 내려놓아야 비로소 형태와 생명이 될 수 있다. 살기 위해, 황금은 꽃이 되어야 하고, 정신은 몸과 영혼이 되어야 한다. 아니다, 이 미지근한 아침 시간에 모래시계와 가랑잎 사이에서 나는 정신에 대해선 아무것도 알고 싶지 않다! 다른 시간이라면 정신을 매우 존중하겠지만 지금은 무상하게 어린이와 꽃이 되고 싶다."

이처럼, 나무를 바라보는 헤세의 고독은, 불변의 교육을 무상의 삶으로 이끌어낸다. 그러므로 교육은 무상(無常)이다!

헤르만 헤세와 나무 21 – 부러진 나뭇가지 위의 끈기

2022. 11. 16. 5:15

존재는 '굴신(屈伸)'의 변주를 통해 자신을 가꾸어 나간다. 굽힐 때 밀려오는 우울함과 펼칠 때 마주하는 흐뭇함은 삶의 주름을 형성한다. 나무도 그러했다. 헤세 앞에 펼쳐진 광명은 나무의 생애에 관한 연민(憐憫)일까? 삶에 대한 미련(未練)일까?

> "쪼개져서 부러진 큰 나뭇가지가 여러 해 동안이나 매달려 있다. 바람이 불면 메마른 소리로 노래를 딸각거린다. 잎도 없고 껍질도 없다. 텅 비어 활력도 없다. 너무 긴 삶에, 너무 긴 죽음에, 지쳤다. 나뭇가지의 노래는 단단하고 끈질기게 울린다. 고집스럽게 울리고, 은밀히 두렵게 울린다. 한 여름만 더, 그리고 다시 한 겨울만 더."

인생의 희로애락(喜怒哀樂)을 주름살로 엮어내는 교육도 그러하다! 그것은 삶을 감당하고 감내하며 획득한 용기(勇氣)이자 끈기다.

헤르만 헤세와 나무 22 – 날아가는 낙엽

2022. 11. 17. 5:10

'평생교육(平生教育: Lifelong Education)' 또는 '평생학습(平生學習: Lifelong learning)'의 개념이 등장한 이후, 교육은 지평 확장을 거듭하고 있다. 그것은 인간 삶의 질 향상과 자아실현을 위해, 태어나면서부터 죽을 때까지, 전 생애에 걸쳐 이루어진다. 그 본질은 자기 주도성, 또는 자율이나 자유의지에 기초한다. 개인이 스스로 학습에 대한 욕구를 가지고 목표를 설정하며 이를 달성하기 위해 자신이 주체적 학습자가 되어 평생에 걸쳐 활동하는 대사업이다.

진보적 차원으로만 이해하면, 일생을 거쳐 이루어지는 교육은 꿈과 낭만이 넘치는, 장밋빛 미래가 넘실댈 수 있다. 그러기를 바라는 마음은 충분히 이해하지만, 실제는 저 멀리서 냉혹한 자태를 드러낸다.

헤세는 나뭇잎 하나에 관해 노래하며, 평생학습의 원리와 논리를 실은 듯하다.

"마른 나뭇잎 하나가
바람에 실려 내 앞을 날아간다.
방랑(放浪)도 젊음도 그리고 사랑도
알맞은 시기와 종말(終末)이 있다.
저 잎은 궤도(軌道)도 없이
바람이 부는 대로 날아만 가서
숲이나 시궁창에서 간신히 멈춘다.
나의 여로(旅路)는 어디서 끝날까!"

헤르만 헤세와 나무 23 - 꽃, 나무, 새

2022. 11. 18. 5:20

나무는 세상을 향해 뻗어 나가며, 아낌없이 자신을 세상의 존재들에게 내준다. 꽃이 피고 새가 날아든다. 보고 듣는 아름다움! 자연의 선물이다. 헤세의 노래는 나무에 대한 사랑의 속삭임이지만, 그것은 교육철학의 심미안(審美眼)을 깊이 간직하고 있다.

"공허 속에서 혼자
외롭게 타오르는 마음이여.
고통의 검은 꽃이
심연에서 너를 맞는다.
고뇌의 높은 나무가
가지를 편다.
그 가지에서
영원의 새가 노래한다.
고통의 꽃은 묵중하여
말이 없다.
나무는 자라 구름 속에 닿고
새는 하염없이 노래한다."

공허(空虛)나 외로움을 무지(無知)에 비유한다면, 실재나 어울림은 지(知)로 비유할 수 있다. 무지에서 지를 열망하는 것이 인간 교육이라면, 무지에서 허우적대는 만큼, 삶의 고통은, 자라난 인생의 경험을 휘어잡는다.

교육은 고통을 감내하며, '성장'이라는 이름하에, 인간의 자리를 높은 곳으로 인도하려는 의도를 갖는다. 그 의도는 삶의 잎과 가지를 편다. 그 잎과 가지에 생활이라는 새가 날아든다. 경험의 쓰라림은 온갖 삶의 양태를 포용하며 다시 경험을 축적한다. 그렇게 인생은 성숙을 더하고, 그 위에서 생활이 지속된다.

"교육은 생활 그 자체다(Education is Life itself)!"라는 듀이(John Dewey, 1859~1952)의 언표가 떠오른다. 헤세(1877~1962)와 듀이가 동시대의 인물이어서 이런 사유의 유사성을 보이는 걸까?

헤르만 헤세와 나무 24 – 만발한 꽃

2022. 11. 20. 5:00

헤세는 나무를 음미했다. 나무에 돋은 싹과 잎사귀와 가지를 보고 인생에 의미를 부여했다. 무엇보다도 꽃에 대한 노래는 삶의 희망을 반영했다. 「만발한 꽃」이라는 시에 그런 느낌이 묻어있다.

“꽃잎 만발(滿發)한 복숭아나무가 서 있다.
모든 꽃잎이 열매를 맺지는 않는다.
하지만 꽃들은 부드럽게 장밋빛 거품처럼
하늘의 푸름과 구름 사이로 반짝인다.
꽃잎처럼 생각도 피어오른다!
매일 같이 수백 송이씩
피는 대로 두자, 되는 대로 두자.
수확에는 매달리지 말자.
유희도 하고 순진무구하게
꽃잎이 만발하는 일도 있어야 한다.
그렇지 않으면 세상은
인간에게 너무나 초라하다.
삶에 아무런 즐거움도 없다!”

앞에서 언급했던 『논어』「자한(子罕)」의 구절이 다시 떠오른다.

“싹은 돋아났으나 꽃을 피우지 못하는 것도 있고, 꽃은 피었으나 열매를 맺지 못하는 것도 있다!: 묘이불수자(苗而不秀者),

유의부(有矣夫), 수이불실자(秀而不實者), 유의부(有矣夫)!"

하나의 나무가 꽃을 피우고 열매를 맺는 자연스러운 작업! 아니, 그 힘겨운 사업! 교육은 이런 작업과 사업을 인위적으로 꿈꾼다. 그 꿈의 상당수는 포기(暴棄)당하거나 실패(失敗)를 경험한다. 그런 만큼 교육은 성공 확률(確率)이 낮다. 교육을 통해 어느 정도 꽃은 피었으나 열매를 맺지 못한다.

헤세는 복숭아나무를 보고 갈망(渴望)한다. 복사꽃이 만발한 만큼, 모두 열매를 맺지 못한들 어떠한가! 만발한 꽃 가운데 어떤 것은 열매를 맺고, 어떤 것은 열매를 맺지 못하는 것이 당연한 이치다. 대신, 꽃이 피지 못하는 현실이 있다면, 아니, 꽃이 제대로 피어나지도 못하고 시들어 버린다면, 세상이 좁고 재미가 없어지리라.

교육이라는 여정도 그렇지 않을까? 만발한 꽃은 되어야지! 그래야, 몇몇 열매라도 기대할 수 있지 않겠는가! 그것이 소망이고 희망 아니겠는가?

헤르만 헤세와 나무 25 – 생성의 열기

2022. 11. 21. 5:00

유년(幼年) 시절은 추억(追憶)의 왕(王)이 된 것 같은 기쁨을 몰고 온다. 따스한 마음의 온돌방을 만든다. 봄의 약동이 꿈꾸는 달콤함처럼, 그 처음의 교육은 그런 추억 속에서 재미있는 삶으로 느껴진다. 그래서 교육의 시작은 늘 흥분을 조장한다. 설렘 자체다. 헤세는 유년 시절에 그렇게 생각했다.

> "모든 것들이 기다리고 있다. 모든 것들이 준비하고 있다. 모든 것들이 섬세하면서도 부드럽게 재촉하는, 생성(生成)의 열기 속에서 꿈꾸면서 싹을 키우고 있다. 어린 싹은 태양을 향해, 구름은 논발을 향해, 어린 풀은 공중을 향해서.
> 꽃들은 도처에 피어난다. 나무들은 밝은 이파리를 띠거나 포말(泡沫)처럼 하얗게 만발한다. 새들은 따사로운 창공(蒼空)으로 환호하듯, 멋지게 곡선을 그리며 날아간다. 숲들은 점점 우거지면서 멀리 산 정상에서 부른다!"

인생의 모든 사안은 일종의 '기다림'이다. '기대(期待)'다. 존재는 존재를 기다린다. 교육은 존재를 기다리기 위한 준비다. 그것이 어떤 존재이건, 존재를 향하는 열망을 꺾을 수는 없다. 존재는 다른 존재를 부르고, 다른 존재는 또 다른 존재를 향하고, 존재의 연속과 지속은 하나로 뒤엉켜 세상을 혼돈(混沌: chaos)으로 정립(正立)한다. 교육은 '형성된 혼돈'의 존재를, 기다리고, 기대하고, 향한다!

헤르만 헤세와 나무 26 – 어른의 역할

2022. 11. 22. 5:10

앞에서 언급했던 '너도밤나무'가 다시 생각난다. 너도밤나무가 강인하게 잎사귀들을 붙들고 있다. 그 모습은 나를 즐겁게 한다. 감탄의 마음이 생기게 만든다. 모든 것이 오래 전부터 민숭민숭해져 있을 때도, 나무는 여전히 그 시든 이파리들을 걸치고 있다.

12월, 1월, 2월의 겨울이라는 시공을 거치며, 폭풍은 나무를 이리저리 쏠리게 한다. 그 위로 눈이 내린다. 눈이 나무 위에서 녹아 떨어져 내릴 때도, 그 메마른 잎사귀들이 처음에는 질은 갈색이었다가 점차 더 밝아지고 더 가늘어지고 더 비단갈이 부드러워져도, 나무는 잎사귀들을 떠나보내지 않는다. 잎사귀들은 어린 싹들을 보호자 역할을 해야 하기 때문이다.

그러고 나서 봄이 될 때마다, 언젠가 기대했던 것보다 매번 더 늦게, 그리고 어느 날 그 나무는 변해 있다. 오래된 이파리들을 잃어버리고, 그 대신 습기를 머금은 부드러운 싹들이, 새로 피어 있다. 그렇게 나무는 살을 에는 것 같은 바람 속에서도 의연하게 서 있다. 바람에 떨면서도 작은 이파리 하나도 잃지 않으려고 온몸을 작동한다. 그런 모습을, 오랫동안, 인간은 그저 경탄의 눈으로 바라보고 있을 뿐이다.

세상은 북풍 가득한 곳 아니던가! 인간은 여전히, 언제나, 아니, 아직도, 강한 북풍이 몰아치는 가운데 서 있지 않은가? 몸을 떨면서 옷깃을 높이 세우고서. 너도밤나무 잎사귀가 펼치는 어른다움의 향연을 깊이 고민하라! 그 가운데 교육의 원리가 숨 쉬고 있다.

헤르만 헤세와 나무 27 – 나무와 바람, 그 조화의 춤

2022. 11. 23. 5:10

나무는 늘 춤을 추지는 않는다. 바람이 불어올 때, 그 리듬에 맞추어 춤을 선보인다. 그것은 나무와 바람의 협주(協奏)이자 합창(合唱)이다. 자연의 코러스(chorus)! 포플러나무도 그랬다. 강하게 불어오는 습한 바람에 가지와 이파리들을 내맡긴다. 즐겁게, 두려움도 모르고, 아주 카멜레온(chameleon)과 같은 얼굴로 말이다.

뇌우(雷雨)가 치는 날에 나무가 노래하는 것, 뾰족한 꼭대기로 하늘에다 쓰고 있는 나무의 글씨는 아름답고 완벽하다. 진지하면서도 쾌활하다. 수동적이면서도 능동적이다. 운명이면서도 유희다. 나무의 역동적 삶은 모든 대립과 대립적 의미들을 내포하고 있다.

'그토록 흔들어대고 구부러지게 만들 수 있다!'라고 해서 바람이 승리자이고 강한 것은 아니다. '아무리 굽어져도 탄력적으로 승리를 구가하듯 다시 재빨리 되돌아갈 수 있다!'라고 해서 나무가 승리자이고 강한 것도 아니다. 바람과 나무의 만남! 그것은 양쪽이 벌이는 유희다. 움직임과 고요함, 하늘과 지상의 힘들이 이루는 조화다. 폭풍 속에서 끊임없이 일어나는 움직임! 그 풍성한 나무꼭대기에서 벌어지는 춤! 그것은 단지 하나의 영상(影像)이다. 강함과 약함 너머, 선함과 악함 너머, 능동과 수동의 너머! 세계의 비밀이 드러나는 일일 뿐이다.

교육이 빚어내는 세계가 그런지도 모르겠다. 승리자도 강한 것도 없고, 패배자가 약한 것도 없다! 아니, 승리자나 패배자가 없는지도 모른다. 조화와 영상으로 풍요의 잔치를 벌이는, 인생의 베일을 벗겨 체험으로 강화하는 작업의 연속! 그저 그러하다.

헤르만 헤세와 나무 28 - 교육이 인생을 흔들 수 있을까

2022. 11. 24. 10:25

'소설(小雪)' 절기가 지나면서, 바람이 나무들을 뒤흔들고 있다. 천변(川邊)을 따라 불어대는 바람이 남풍(南風)인지 북풍(北風)인지 확인하기조차 힘들다. 동서남북으로 불어오는 바람과 한 판 춤을 추며 살아온 오래 된 나무들은 제각기 단풍을 낙엽으로 떨구었다. 가지를 꺾지는 못하더라도 바람은 나무의 몸통과 가지를 다시 조용히 스쳐 더듬어 간다.

바람이 나무를 흔들 듯, 교육이 인생을 흔들 수 있을까? 오래된 교육은 얼마 지나지 않아 낙엽처럼 날아갈 것이 분명하다. 새롭게 다가오는 교육은 신선한 만큼 아름다울까?

헤르만 헤세와 나무 29 – 그루터기 교육

2022. 11. 25. 5:20

잘려나간 한 그루의 나무가 있다. 그루터기(stump)다. 시대가 바뀌고, 사회가 바뀌고, 상황이 바뀌는, 전환의 시기마다, 인간의 삶은 그루터기가 되는 듯하다. 교육도 그런 사태를 벗어나지 못한다. 그루터기에 관한 헤세의 고심이 있다. 100여 년 전, 1905년에서 1906년 사이에 쓴, 소설 『수레바퀴 밑에』서다.

> "한 그루의 나무는, 보통, 위가 잘려나가면 지면(地面)의 뿌리 근처에서 새로이 싹을 피운다. 마찬가지로, 청춘 시절에 시달리고 망쳐진 영혼도, 그 시초의 풍부한 예감을 지녔던 어린 날의 봄 같은, 그런 시절로 돌아가곤 한다. 거기에서 새로운 희망을 발견하고 잘라진 생명의 끈을 새로 이을 수 있는 것처럼, 뿌리 가까이에서 자란 싹은 수액이 오르면서 빠르게 성장한다. 하지만 그것은 겉모양의 생명에 지나지 않는다. 거기에서 다시는 제대로 된 나무가 생겨나지 못한다!"

전환을 거칠 때마다 잘려나간, 어떤 교육이 있다면, 그 교육도 근원에서 새로운 싹을 피울까? 어린 시절의 예감을 만회(挽回)할 수 있을까? 희망(希望)을 발견하고 교육의 생명을 이어갈 수 있을까? 이러한 물음표를 모두 제거할 수 있는 대답을 하더라도, 혹시, 걸치레 교육에 그치는 것은 아닐까? 교육의 그루터기에 앉아 있더라도, '온전한 교육이 생겨나면 좋겠다.'라는, 소망의 기도를 올리고 싶은 시간이다.

헤르만 헤세와 나무 30 - 나무의 친구, 바람

2022. 11. 27. 6:30

나무가 높이 자랄수록 바람은 더 세어진다. 한숨을 내쉬는 듯, 웃음을 터뜨리는 듯, 바람은 언제나 계절의 분위기를 물씬 풍긴다. 엄청난 열정(熱情)을 암시하듯, 세상을 노래한다. 그에 비하면, 인간의 열정이나 희망은 어린애 장난에 불과하다.

바람은 귓가에서, 오래 된 신(神)들의 이름처럼, 일찍이 들어 본 적 없는, 근원적 세계의 언어를 속삭여 주는 듯하다. 하늘에서 온통 어지럽게 흘러가던 구름 조각들을 평행으로 수놓은 선으로 만든다. 선으로 이어진 구름들은 어설프게 억지로 묶인 듯이 보인다. 그 아래로 산들이 구부리고 서 있는 것처럼 보인다. 그 비탈에 나무들은 똑바로 서서 버티고 있다.

세차게 부는 바람 속에서 드넓게 펼쳐진 산악(山岳) 지대, 그렇게 험한 만큼 자신의 삶을 영위하고 있는 나무들을 바라보면, 답답하고 불안했던 느낌은 점차 사라진다. 나무와 바람이 인간과 재회(再會)하면서, 조금은 불확실한 흥분에 사로잡힐지라도, 그것이 인간이 나아가는 길에 생생함을 더해주는 이상, 심각한 것은 되지 못한다.

얼마 지나지 않아, 바람과 함께 춤추며 오르막길에 늘어선 나무 사이를 걸어, 정상에 도착할 수 있다면, 그것은 내 인생 최고의 교육이다. 그 교육의 후광(後光)에 드넓게 펼쳐진 땅이 있고, 나는 그 위를 탐색하듯 훑으면서, 다시 당황(唐慌)을 거듭한다. 거기에는 푸른 나무로 가득한 첩첩산중(疊疊山中)이 망천(輞川)으로 인도한다.

헤세가 그려낸 나무이야기! 그 교육적 비유는 여기에서 일단락 한다. 기회가 있으면, 수시로 헤세의 글을 '교육의 보배'로 다시 들추어 낼 것이다.

『주역』 산책 18 - 수상불출(守常不出); 일상의 지속과 일탈의 위태로움

2022. 11. 28. 10:30

『주역』「송(訟)」괘의 3효에 의미 있는 표현이 있다. 과거로부터 축적되어온 체험과 일상의 지속이 삶에 미치는 사유에 관한 점(占)이다.

> "옛 덕(德), 즉 과거부터 현재까지 누적된 경험을 간직하여 곧고 굳게 그대로 실천해 나가면 위태로울 수 있다. 하지만 끝내는 긍정적인 방향으로 나가게 될 것으로 예상된다!: 식구덕(食舊德), 정(貞), 려(厲), 종길(終吉)!"

정말 그럴까? 정이(程頤)의 해석에 의하면, '식구덕(食舊德)'은 '인간 각자가 지닌 본래의 분수(分數)에 충실함'을 뜻한다. '처기소분(處其素分)'이다. 정(貞)은 견고하게 자신을 지키는 작업이다. '려, 종길(厲, 終吉)'은 위태로운 자리에 있지만, 그 자리가 위태로운 것이라 생각하고 두려워 할 줄 알면, 끝내는 괜찮은 자리라고 판단하는 자기 결정이다.

'송사(訟事)'는 일반적으로 분수를 지키는 사람에게는 거의 발생하지 않는다. 아니, 그런 사람에게는 쟁송(爭訟)이 없다. 사욕에 사로잡혀 특별하게 어떤 것을 추구하는 사람에게서나 자주 생기는 사태다.

쟁송은 대체로 굳세고 튼튼한, 즉 강건(剛健)한 일에 속한다. 유순

(柔順)하다면, 쟁송을 적극적으로 벌이지는 않는다. 대신, 유순함의 힘은 '인내(忍耐)의 용기(勇氣)' 가운데 자리한다. 그것이 '길(吉)'로 나아가는 바탕이다. 삶이 '좋다!'라기보다 '아름답고 착하고 훌륭하다!'라고 한다면, 오히려, 이 정도면 '괜찮다!'라는 자기위안(自己慰安)이 자부심(自負心)과 자긍심(自矜心)을 높일 수 있다.

교육이 이 지점에 설 수 있다면, 이미 그 교육에 종사하는 인간의 삶은, '이 정도 교육이면 괜찮다!' 만족(滿足)이나 흡족(洽足)까지는 아닐 지라도, 족(足)하다! 그 족(足)은 두 '발'을 상징하기에, 충분히 만족하여 그치고 머무르기도 하지만, 다시 흡족으로 향해 달려 나가는 인생을 재촉한다. 허나, 반드시 '일상의 떳떳함을 지키고 나가지 않는' '수상불출(守常不出)'을 선(善)으로 기억한다. '수상불출'의 인내를 용기로 지니는 만큼, 과거로부터 지속되어 온 전통교육의 분수(分數)는 어떠한가? 위태로움과 두려움의 사이에서 직시하라!

『주역』 산책 19 – 중정(中正); 가운데 서서 올바르게 실천함

2022. 11. 29. 5:30

중정(中正), 또는 정중(正中)! 제자리에서 바르게! 모자람도 없고, 넘치지도 않은, 치우침도 없고, 올바른, 그런 삶이 가능할까? 생각하는 존재로서 인간에게 그런 가치를 강조하는 것 자체가 비현실이 아닌가?

주희는 『본의』에서 말한다.

> "가운데 자리하여 늘 알맞다면, 받아들이는 사안이 치우치지 않는다! 바르게 처신하면, 결단하는 행위가 이치에 부합한다!: 중즉청불편(中則聽不偏)! 정즉단합리(正則斷合理)!"

교육은, 언제나, 그 시대정신에 부합하는, '가운데-올바른' 자리, 즉 삶의 중정(中正)을 추구했다. 정중(正中)에 설 수 있도록 도와주려는 작업이었다. 하지만 그 작업은 늘 이상(理想)이다. '교육을 받았다!'라고 하는 모든 인간이 현실적으로 '중정(中正)'의 완전성을 성취하지는 못한다. 아마, 앞으로도 영원히 그럴 것이다. 그렇다고 교육의 꿈이 날개를 접는 것은 결코 아니다. 오히려 그런 이상 때문에 교육은, 인간의 삶이 존재하는 한, 원대한 열망을 품고, 지속된다.

『주역』 산책 20 – 의병(義兵); 험한 길을 좇는 숭고한 용기

2022. 11. 30. 10:20

조선(朝鮮) 역사에서 의병(義兵)은 많았다. 임진왜란 때도 그랬고, 대한제국 말기에도 그랬다. 그들은 구국(救國)의 힘찬 함성(喊聲)으로 일어선 민중(民衆)들, 이른 바 '교육적 인간상'들이다. 나는 그렇게 생각한다. 의병은 사전적 정의로 "나라가 외적(外敵)의 침입으로 위급할 때 국가의 명령을 기다리지 않고 민중이 스스로의 의사에 따라 외적에 대항하여 싸우는 구국 민병(民兵)!"이다.

『주역』의 일곱 번째 괘에 자리한 '사(師)'괘에 의병에 관한 근원적 개념이 담겨 있다. 엄밀히 말하면, 민병(民兵)이 일어나는 원인은 '분쟁' 때문이다. '분쟁'은 바로 앞에 나온 여섯 번째 '송(訟)'괘를 뜻한다. 쟁송은 단독이기보다 여럿이 패거리를 지어 문제를 일으키는 경우가 많다. 그런 상황에서 의병이 출현한다.

> "안은 험하고 밖은 그것을 좇기 때문에, 험한 길인데도 좇아가는, 군사를 일으키는 정의 또는 의리다.: 내험외순(內險外順, 험도이순(險道以順), 행사지의(行師之義)!"
> "의병은 위험한 길을 행하지만 사람의 마음을 따름으로서 움직인다.: 행험도이이순동(行險道而以順動)!"

이런 삶의 자세는 '숭고한 용기'에 해당한다! 교육받은 존재가 뿜어내는 최고의 향기다.

이 시대의 교육도 의병을 양성할 수 있을까? 험한 길이지만 그것을 따라갈 수 있는 숭고한 인간! 이 세상에 그런 존재가 얼마나 나와 함께 살고 있을까? 배움이 깊어질수록, 험한 길을 자임(自任)하는 의병(義兵)보다 비겁함이 다양한 양상으로 펼쳐지는 역적(逆賊)으로 전락하지 않기를 소망할 뿐이다.

의병을 갈구하는 '사(師)'괘는 땅 가운데 물이 있는 모습을 띤다. 즉 물이 땅 가운데 모인 것이다. 이는 사람이 모이는 형상이다. 교육받은 사람은 땅 가운데 물이 있는 형상을 보고, 사람들을 포용하고 보호하며 사람들을 또 모은다. 용민축중(容民畜衆)! 인간을 규합(糾合)하는 달인이다.

때문에 주희는 인간양성을 고심한다.

> "물은 땅에서 벗어나지 않는다. 마찬가지로 군사도 사람에서 벗어나지 않는다. 이런 논리에서 보면, 사람을 기르면 의병과 같이 정의를 갖춘 사람을 얻을 수 있다.: 수불외어지(水不外於地), 병불외어민(兵不外於民), 고(故) 능양민즉가이득중의(能養民則可以得衆矣)!"

이 '양민(養民)'은, 훈육(訓育)일까? 양육(養育)일까? 교육(教育)일까?

『주역』 산책 21 - 근시수법(謹始守法); 출사(出師)의 도(道), 교육의 길

2022. 12. 1. 5:50

2022년의 마지막 달 12월, 첫 날이다. 인간의 삶에서, 상당수는, 처음 시작을 엄숙(嚴肅)하게 맞이한다. 일상을 충실하게 진행해 왔다면, 첫 날의 인상만큼 상큼하게 출발할 수도 있으리라. 반대로 게으른 일상의 연속에서 첫 날을 맞이했다면, 무언가 반성하고 성찰해야 할 것 같은 자괴감에 사로잡힐 수도 있으리라.

인간이 제각기 느끼는 감정은 다르지만, '사(師)'괘의 첫 번째 효(初六:--)는 출사(出師)의 자세를 정말 엄숙하게 지시한다. '등불' 같은 메시지를 던진다.

> "군사를 출동할 때는 규율에 맞게 해야 한다. 그렇게 하지 않으면 승리하더라도 좋지 않다!: 초육(初六), 출사이율(出師以律), 부(否), 장(臧), 흉(凶)!"

인간 사회에서 군사를 내야 하는 이유는 무엇일까? 분쟁이 발생하는 사안에는 반드시 군사에 해당하는 '정의의 사도'가 등장하기 마련이다. 군사는 혼란을 방지하고 포악한 존재를 처벌하기 위해 움직인다. 이 출사의 길은 반드시 의리(義理)로 해야 한다. 이때 의리는 규율(規律)이다. 그렇지 않는다면, 아무리 훌륭한 일이라도 결과가 좋지 않을 수 있다. 의미 있고 훌륭한 일은 승리에 이른다. 그러나 좋지 않은 결과는 재앙을 가져온다. 정의를 해친다. 부정(不正)이다.

주희는 『본의』에서 강조했다.

> "군사를 출동하는 길은 그 처음 단계에서 신중해야 한다. 규율에 맞으면 괜찮지만, 착하지 않으면 나쁜 상황으로 몰아가게 된다.: 출사지도(出師之道), 당근기시(當謹其始), 이율즉길(以律則吉), 부장즉흉(不臧則凶)!"

시작 단계에서 진지하게 조심하고, 사안에 알맞게 규율을 지켜라! 교육도 연구도 학문도, 모두 마찬가지다. 2022년 12월 첫 날이다.

『주역』 산책 22 – 재약지강(才弱志剛); 제 자리에 관한 비가(悲歌)

2022. 12. 2. 5:25

'제 자리'의 의미가 무엇일까? '본분(本分)'일까? 사명(使命)일까? 그것이 '본분'이건 '사명'이건, 잃어버린 제 자리를 찾으려는 노력이 교육이라면 눈여겨볼 구절 하나가 있다. '사(師)'괘 삼효(六三:--)에 관한 주희의 풀이다.

> "음(陰:--)이 양(陽:—)의 자리에 서 있다면, 재주가 약하고 뜻이 굳센 형국이 조성된다. 이렇게 되면, 가운데 자리에서 올바르게 서지 못하여, 분수가 아닌 것에 덤벼든다.: 이음거양(以陰居陽), 재약지강(才弱志剛), 부중부정이범비기분(不中不正而犯非其分)!"

위의 세 번째 효를 이어서 사효(六四:--)는 그만큼 점잖게 상식의 길을 모색한다.

> "어려움을 알게 되었을 때는 물러서라!: 지난이퇴(知難而退)!"

『주역』 산책 23 – 논공행상(論功行賞); 교육이 경계할 덕목

2022. 12. 3. 9:20

상(賞)이 인생을 밝게 할 수 있을까? 벌(罰)이 인생을 어둡게 만들 수 있을까? 어쩌면 교육에서 상벌은 교육을 효율적으로 이끌어갈 수 있는 필수적인 방법일 수 있다. 그렇다면, 상벌은 어떤 희망과 절망의 고리를 엮어갈 수 있을까?

상벌에 관한 오래된 전통 가운데 하나는 적절한 '논공행상(論功行賞)'의 구현이다. 교육받은 사람인 대인(大人)과 교육받지 못한 존재인 소인(小人)을 향하는 '논공행상'의 방식은, 다양한 측면에서 생각할 거리를 던진다. 물론, '사(師)'괘 자체가 군사나 군대에 관한 일이기에, 전쟁에서의 승리를 기준으로 전리품을 나눠주는 것 같은 이미지가 강력하게 투영되어 있기는 하지만, '사(師)'괘의 여섯 번째 효(上六:--)에 그 단초가 보인다.

> "최고위급의 지도자가 논공행상의 명령을 하는 양상이니, 제후에게 봉토를 나눠주어 나라를 열고 가문을 이어 가게 하되, 교육을 제대로 받지 못한 소인은 등용하지 말아야 한다.: 대군유명(大君有命), 개국승가(開國承家), 소인물용(小人勿用)!"

여기에서 눈여겨볼 대목이 '소인물용(小人勿用)'이다. 정이(程頤)의 『역전』 해설에 의하면, 전쟁에서 승리하는 요인은 한 가지만이 아니다. 그러므로 전쟁에서 승리의 주역이 모두 교육받은 인간인 대인(大

人: 君子)인 것만은 아니다. 교육받지 못한 존재인 소인(小人)도 있다. 그런 만큼 소인에게도 공(功)이 있게 마련이다. 하지만 소인을 중용(重用)하여 쓸 수는 없는 노릇이다. 왜냐하면 소인은 평소에 교만(驕慢)하고 물질에 눈이 멀어 자기의 욕망(欲望)을 가득 채울 존재이므로 위험한 일을 할 수 있기 때문이다.

여기에서 논공행상의 방법이 구체적으로 정리된다. 주희가 『본의』에서 정돈했다.

> "소인(小人)은 공(功)이 있더라도 작위와 토지를 소유하게 해서는 안 된다. 단지 금과 비단으로 우대하면 된다. 경계하라!: 소인즉수유공(小人則雖有功), 불가사지득유작토(不可使之得有爵土). 단우이금백가야(但優以金帛可也). 계행상지인(戒行賞之人), 소인즉불가용(小人則不可用)!"

『주역』 산책 24 – 결탁(決度); 삶의 결단과 헤아림

2022. 12. 4. 5:20

세상은 근원적으로, 언제나, 혼란(混亂)이 아니었을까? 부분적으로 그렇지 않은 경우도 있지만, 뒤죽박죽인 것처럼 느껴진다. 어지럽고 질서가 없다. 달리 표현하면, 혼돈(渾沌: chaos) 자체다. 마구 뒤섞여 있다. 갈피를 잡을 수 없는, 시간과 공간이 얽힌다. 그리고 다시, 그 시공(時空)이 복잡다단하게 짜여 나간다.

교육은 이런 세상을 풀어나가려는 의지(意志)를 품고 있는 현실일까? 기술(技術) 사회가 첨단으로 달려갈수록, 세상의 이치는 모호함을 더하는 듯하다. 그러기에 인간이 점서(占筮)에 의존했던가?

정이(程頤)는 『역전』에서 '비(比)'괘의 괘사를 풀이하는 가운데 점복(占卜)을 교육으로 연결할 단초를 드러낸다. 점결복탁(占決卜度)! 즉 점을 치는 행위인 '서(筮)'는 단순하게 시초점이나 거북점이 아니라 '점(占)을 쳐서 결단하고 점을 쳐서 헤아리는 작업'이다. 점복(占卜) 자체보다 인간의 일에 관한 '결단'과 삶에 관한 '헤아림'이 강조된다. '결(決)'과 '탁(度)'이다.

결탁은 '어른다움'을 지향하여 도달하고, 그런 인생의 자세를 지속하며, 굳고 바른 길을 얻을 때 구현되는 덕성이다. 이때 인간의 삶은 허물이 없다. 괜찮다. 그러기에 교육은 어리석은 존재를 어른답게 가꾸고, 어른다운 삶을 일상에서 지속하며, 바른 길을 가도록 인도하는 작업이 된다.

『주역』 산책 25 – 반관(反觀); 되돌아보는 인생 효험

2022. 12. 5. 6:10

유학을 비롯한 고대 동아시아 사유의 상당수는 성찰(省察)과 반성(反省)의 수양(修養)을 거론한다. 20세기 미국 교육철학의 거장인 듀이(J. Dewey)도 '반성적 사고(反省的 思考: reflective thinking)'를 강조한다. 그런 점에서 유학과 듀이의 사유는 닮은꼴이다.

인간은 자신의 자아 기능을 성찰(省察)하면서 사고를 전개한다. 단순하게 외계(外界) 사물을 보면서 생각을 전개하지만은 않는다. 그것보다는 자신의 마음이 작동하는 과정을 통해 인생을 성찰한다. 물론 허망한 상상이나 통제되지 않은 사유로 인생을 전개하는 어리석은 사람도 있지만, 반성적 사고를 실천하는 인간은 그들과 구별된다. 로크(John Locke, 1632~1704)의 경우에도 '마음 그 자체의 작동으로 지식을 획득하는 작업'을 '반성적 사고'로 표현했다. 이는 내면을 성찰하는 '내성적 사고(內省的 思考: introspective thinking)'다.

듀이의 반성적 사고는 문제해결의 심리적 과정을 나타내는 개념이다. 인간의 행위는 주어진 상황 조건을 수단의 원천으로 삼고, 어떤 목적이나 목표를 세워놓고 그것을 추구한다. 이 과정에서 다양한 난관(難關)에 부딪칠 때, 이를 '문제 상황(問題 狀況: problematic situation)'이라 한다. 일상에서 어떤 사태가 뒤엉키면 의문이 생기게 마련이다. 그 의문은 기존의 지식으로 해결하기가 쉽지 않다. 때문에 문제 해결을 위한 가설이 요청된다. 무엇보다도 탐구(探究: inquiry) 행위를 통해 모호한 문제 상황을 확실하게 전환한다. 요컨대, 반성적 사고는 발생한 상황의 문제 해결을 위해 가설적 사고를 검토하여 목적을 실현하려는 통제된 사고의 전개다.

『본의』에서 주희는 '비(比)'괘를 풀이하면서 듀이와 동일한 의미의 반성적 사고는 아니지만, 성찰(省察)과 연관된 삶의 지향을 펼쳐낸다. 현대적으로 다시 의미를 부여하여 독해해 본다.

> "사람을 중심으로 세상을 어루만지고 우러러 보라! 반드시 깊이 생각하여 스스로 살피며 착한 삶의 지속을 통해 사람들과 어울려야 허물이 없다. 그래야 친밀하지 않은 사람들도 찾아와 함께 할 수 있다. 사람들과 친밀하려면 인생을 되돌아볼 뿐이다!: 일인무만방(一人撫萬邦), 사해앙일인(四海仰一人). 필재서자심(必再筮自審) 원선장영(元善長永), 중귀무구(衆歸无咎). 미비장래(未比將來). 욕비반관(欲比反觀)!"

그것은 궁극적으로 교육받은 인간을 상정한다. 정이(程頤)의 풀이가 그것을 증명한다.

> "교육받은 사람은 교육받지 못한 사람을 품어주고 어루만져 준다. 교양이 없는 어리석은 사람은 교양 수준이 높고 의미 있는 자리에 있는 사람이나 어른을 보좌한다. 친척이나 친구, 공동체의 동료들에게 모두 마찬가지다. 그러므로 교육받은 사람이나 그렇지 못한 사람이 뜻을 합해 서로 좋아해야 한다. 서로 존중하며 돕고 추구하는 뜻이 없으면 서먹서먹해지고 멀어지게 마련이다. 인간의 감정은 서로 추구하면 만나고 서로 버티면 헤어진다. 서로가 버티고 서 있다는 것은 서로 기다리고 먼저 하지 않는 삶의 태도다. 인간이 친애하려고 발버둥

칠 때, 그에 맞는 도리가 있다. 하지만, 무엇보다 중요한 자세는 '친애하려는 뜻을 늦춰서는 안 된다!'는 사실이다.: 군회무하(君懷撫下). 하친보상(下親輔上). 친척붕우향당(親戚朋友鄉黨), 개연(皆然). 상하합지상종(上下合志相從). 무상구의(无相求意), 즉리이흉(則離而凶). 인정(人情), 상구즉합(相求則合), 상지즉규(相持則睽). 상지(相持), 상대막선(相待莫先). 인지상친(人之相親), 고유도연(固有道然). 욕비지지(欲比之志), 귀불가완(貴不可緩)!"

다시, 교육은 사람 사이에 서로 추구하여 만나는 인생, 이른 바 '상구합(相求合)'이다. 서로 버티면 헤어지는 인생, 이른 바 '상지규(相持睽)'에 관한 성찰이다.

『주역』 산책 26 – 상응(相應); 요청과 응대

2022. 12. 6. 5:00

『주역』 '비(比)'괘는 '인간 사이에 친애하고 도와주는 사안'에 관한 기록이다. 여러 사람이 모이면 반드시 친애하는 관계가 있고, 서로 도와주는 가운데 안정을 찾고 평화를 느낀다. 그것은 편안하지 않은 인간 사회에, 사로 친애하고 도우려는 인간이 찾아오는 데서 시작한다. 불녕방래(不寧方來)! 정이(程頤)는 『역전』에서 이에 관해 다음과 같이 풀이했다.

> "삶의 안녕을 제대로 지키지 못할 때, 인간은 비로소 와서 따르고 친애하기를 구한다. 사람들이 스스로 보존할 수 없기 때문에 교육받은 사람을 추대하여 편안하기를 요청한다. 교육받은 사람일지라도 혼자 살아가는 것이 아니므로 사람들과 함께 편안하려고 한다. 편안하지 못한 상태에서 찾아와 친애하는 것은 사람 사이에 서로 응하는 일이다.: 인지생(人之生), 불능보안녕(不能保安寧), 방래구비(方來求比). 민불능자보(民不能自保), 재군구녕(戴君求寧). 군불능독립(君不能獨立), 보민위안(保民爲安). 불녕래비(不寧來比), 상하상응(上下相應)"

아무 탈 없이 편안한 삶, 즉 안녕이 아닐수록, 교육은 적극적으로 개입한다. 불녕(不寧)을 안녕(安寧)으로 전환하려는 강력한 의지를 발동한다. 그것이 인간 사회의 지향이고 꿈이다. 과연, 그 꿈을 이룰 수 있을까! 누가 안녕을 보장하기 위해 찾아와줄까?

주희의 선택은 간단하다. 먼저, 남이 와서 나를 친애할 수 있다. 인래비아(人來比我)! 하지만, 내가 가서 남을 친애해야 한다. 이왕비인(我往比人)! 교육은 어떠해야 할까?

『주역』 산책 27 – 성신(誠信); 교육적 믿음의 힘

2022. 12. 7. 6:20

『주역』 '비(比)'괘 첫 번째 효(初六: --)는 "유부비지(有孚比之), 무구(无咎)!"로 시작한다. 그것은 '믿음을 두고 친밀한 관계를 지속해야 허물이 없다!'라는 의미다. 다시 말하면, 사람 사이에 친밀함의 요건은 '믿음'이 근본이다. 서로 신뢰가 없는데, 무슨 친밀함이 생기겠는가! 이 '부(孚)'로 상징되는 믿음, 또는 붙임성을, 사람 사이에 '먼저 믿음을 가지라'는 교육적 언표로 명시하는 것은 어떨까?

정이(程頤)의 첫 번째 효에 관한 풀이가 의미를 확장한다.

> "자연스런 믿음이 내면에 충실하면, 사람들이 믿지 않을 수 없다. 반드시 믿는다. 외면을 화려하게, 또는 그럴듯하게 꾸며, 친밀하기를 구한다면, 진정한 신뢰 관계가 형성되겠는가? 자연스런 믿음, 정성을 다하는 신뢰, 그 성신(誠信)이 마음 가운데 꽉 차 있으면 어떤 사람도 감동하여 따를 것이다.: 성실충내(誠實充內), 물무불신(物無不信). 식외구비호(飾外求比乎). 성신중실(誠信中實), 타외감종(他外感從)"

이런 점에서 교육은 성신(誠信)을 공동체의 덕목으로 삼아, 인간을 성장해 나가는 사업일 뿐이다. 귀신충실(貴信充實)! 믿음을 소중하게 여기고 내면을 채워라!

『주역』 산책 28 – 불거불추(不拒不追); 열어주는 여유

2022. 12. 8. 5:40

'친밀함'이라는 덕목을 앞에 두고, 교육받은 인간의 자세는 어떤 특징을 지닐까? 그것은 배려하는 마음으로 이어진다. 『주역』 '비(比)'괘의 다섯 번째 효(九五: ⚊)를 풀이하는 과정에서 그런 자세가 잘 드러난다. 주희는 『본의』에서 매우 합리적으로 표현한다.

> "하나의 양(陽: ⚊)이 높은 자리에 있어 굳세고 튼튼하며, 자기 자리에서 중심으로 지키며, 여러 음(陰: ⚋)이 모두 와서 친밀함으로 드러낸다. 그 친밀함에는 개인적 욕망이 없다! 이는 교육받은 인간인 지도자가 사냥을 나갔을 때, 사방을 완전히 포위하지 않고 그물의 한쪽 면을 열어 준 것과 같다. 오는 사람을 막지 않고 가는 사람을 쫓지 않는 자세다. 교육 받지 못한, 교양이 없는 사람일지라도 교육받은 사람을 존경하고, 그 뜻을 깨달아 서로 경계하고 대비하면서도 반드시 얻기를 구하지는 않는다. 이런 교육이 삶을 건전하게 만든다.: 일양거존(一陽居尊), 강건중정(剛健中正), 괘지군음(卦之群陰), 개래비기(皆來比己). 비이무사(比而无私)! 천자불합위(天子不合圍), 개일면지망(開一面之網). 래자불거(來者不拒), 거자불추(去者不追). 사속유상의(私屬喻上意), 불상경비구필득(不相警備求必得), 개길지도(皆吉之道)"

교육이 필요하여 오는 존재에 대해서는 어루만져 주라! 래자무지(來者撫之)! 그리고 교육 도중에 떠나가는 존재조차도 쫓지 않기를!

거자불추(去者不追)! 정이(程頤)는 『역전』에서 이런 친밀함의 덕목에 다음과 같은 교육적 의미를 더한다.

정성을 다하여 사람을 만나라!: 성의대물(誠意待物)!
자기의 마음을 헤아려 깨닫고 타인에게 미쳐라!: 서기급인(恕其及人)!
의미 있는 교육을 하고 사랑을 베풀어라!: 발정시인(發政施仁)!
세상 사람이 혜택을 보도록 기여하라!: 몽기혜택(蒙其惠澤)!

『주역』 산책 29 - 무수무종(無首無終); 시작과 끝

2022. 12. 9. 7:10

교육이 일상의 합리적 운용이라면, 그 시작과 끝은 어떠할까?

유시무종(有始無終), 시작은 있었으나 끝이 없는 일일까?

무시유종(無始有終), 시작이 어딘지 알 수는 없으나 끝이 있는 일일까?

아니면, 무시무종(無始無終), 시작이 어딘지 알 수도 없고, 끝이 어딘지 알 수도 없는 일일까?

시작이 없는데, 어찌 끝마침이 있겠는가? 시작이 있었는데 끝이 어그러진다면, 이것은 또 무슨 경우인가?

참 쉽지 않은, 난제(難題) 가운데 험지(險地)다.

『주역』 산책 30 – 지피지기(知彼知己); 냉철함에 관한 단상

2022. 12. 10. 6:10

12월 9일 어제까지 학위논문을 심사를 비롯하여 이번 학기 강의가 마무리되어서 그런지, 갑자기 긴장이 풀리면서, 『손자병법』 ‘모공편(謨功篇)’의 한 구절이 떠올랐다.

“지피지기(知彼知己), 백전불태(百戰不殆)!”

‘상대편의 상황을 알고 자기편의 상태를 알고 있으면, 어떤 싸움도 위태롭지 않다!’라는 의미다. 어쩌면 이 구절은 『손자병법』 가운데 가장 유명한 언급일 수도 있다. 인생이나 교육이 창칼을 휘두르는 전쟁(戰爭)은 아니지만, 그와 유사한 측면으로 느껴질 때가 많다.

자신의 상황은 알고 있으면서 상대편의 상황을 알지 못하면 승패의 확률은 반반이다. 하지만 상대방의 상황도 알지 못하고 자신의 상황도 알지 못하는 경우라면, 어떠할까? 반드시 실패한다!

나를 알고 세상을 알고, 그 교육과 학문 연구의 싸움터에서, 다시 앎이란?

자의적(恣意的) 판단이나 주관적(主觀的) 강조, 표면적(表面的) 이해 등에 관한 경계가 다시 떠오른다. 세상을 이해한다는 것은 복잡한 상황을 풀이하는 작업이다. 다방면(多方面)으로 끊임없이 공부하는 지혜의 연마(鍊磨)다. 냉철한 판단력과 흔들리지 않는 자기단련(自己鍛鍊)! 그것만이 위기의 세상을 견디게 하는 힘이다. 자강불식(自強不息)!

『주역』 산책 31 – 유기무질(有氣無質); 바람의 분위기

2022. 12. 11. 9:20

『주역』 아홉 번째 괘 '소축(小畜)'의 상전(象傳)에는 다음과 같이 기록되어 있다.

> "바람이 하늘 위로 흐르는 모습이 '소축'괘다. 교육받은 사람이 이 형상을 보고서 문명을 어떻게 쌓아야 아름다운지 고민한다.: 풍행천상(風行天上), 소축(小畜). 군자이(君子以), 의문덕(懿文德)!"

무엇보다도 '바람[風]'에 관한 엄중한 분위기가 세상을 다시 보게 만든다. 삶이 교육이라는 바람에 둘러싸여 있다면, 인생을 휘감는 바람의 무게가 새삼 느껴진다.

주희는 『본의』에서 풀이한다.

> "바람! 그것은 '기운은 있으나 바탕이 없다!' 때문에 쌓이기는 하지만 오래가지 못한다.: 풍(風), 유기이무질(有氣而无質)! 능축이불능구(能畜而不能久)."

바람의 이런 의미는 그야말로 슬프다. '바람처럼 사라진다!'는 말이 상징하듯, 보이지 않는 기운을 따라 흘러가 버린다. 무게감 있는 질량(質量), 그 묵직함은 지키지 못한다. 세찬 만큼 기운이 뻗어나가지만, 질량의 부재(不在)가 던지는 가벼움은 슬픔마저 고독하게 이끈다. “문명이 쌓여 아름답게, 두텁게, 쌓였지만, 멀리 베풀지 못한다.: 의문덕(懿文德), 미능후적원시(未能厚積遠施)!”라는 주희의 언급이 교육을 비참하게 만든다.

교육으로 쌓은 문명, 또는 교육으로 가꾼 문화의 세계가 바람처럼 사라진다면, 교육이 만드는 인생이라는 작품은 바람처럼 사라지기 위한 연가(戀歌)에 불과한가! 천상병(1930~1993) 시인의 노래처럼, 정말 잠시, ‘소풍(消風)’나온 바람인가?

<소풍> - 천상병

아름다운 이 세상 소풍 끝내는 날
가서 아름다웠더라고 말하리라
천상병의 삶이 소풍이었다고?
그 소풍이 아름다웠더라고?
오늘
한쪽의 일터에서는 굴뚝 위에서 농성을 하고
바람이 바뀌었다고
다른 쪽의 사람들은 감옥으로 내 몰리는데
이 길이 소풍길이라고?
따르는 식구들과
목마 태운 보따리
풀숲에 쉬면 따가운 쐐기
길에는 통행료
마실 물에도 세금을 내라는 세상
홀로 밤길을 걷고
길을 비추는 달빛조차 몸을 사리는데

이곳이 아름답다고?

그래도 정이(程頤)가 『역전』에서 강조한 교육 사업으로 위로를 받을 수는 있다.

> "교육받은 사람인 군자(君子)가 실천하는 큰 사업은 도덕과 경륜의 함양이다. 작은 사업은 문장과 재능, 그리고 기예를 익혀 문명을 쌓아 인생을 아름답게 가꾸어 간다.: 대즉도덕경륜(大則道德經綸). 소즉문장재예(小則文章才藝). 의미문덕(懿美文德)"

삶에 필요한 문장(文章)과 재예(才藝), 나아가 도덕(道德)과 경륜(經綸)에 이르는 인생 사업을 이룰 수 있다면, 말할 나위 없이 교육은 대성공이다. 허나, 삶의 저 모퉁이로부터 불어오는 바람이, 그것을 휘몰아 간다. 조용히 사라진다.

『주역』 산책 32 – 극산극성(極散極成); 절정의 순간

2022. 12. 12. 5:50

쌓인 것이 커서 최고조에 이르면 흩어지게 마련!
쌓인 것이 작아 최고조에 이르면 이루어지게 마련!
미리 의심하고 염려할 줄 알아서,
경계하고 두려워하여 조절하시게!

대축극산(大畜極散)!
소축극성(小畜極成)!
전지의려(前知疑慮),
경구구제(警懼求制)!

- 정이 『역전』('소축' 상구(上九))에서

『주역』 산책 33 – 각분민지(各分民志); 분수와 인생 지향

2022. 12. 14. 11:20

『주역』의 열 번째 괘인 '리(履)'는 예(禮)에 관한 기록이다. 예는 인간의 삶에서 실천해야 하는 생활양식이다. 법도(法度) 또는 도리(道理)라고도 한다. 인간은 삶의 도리를 밟고 살아간다. 나는 인생에서 무엇을 밟고 있는가! 교육은 무엇을 밟고 추진되어야 할까? '리(履)'괘의 상전(象傳)은 인생, 또는 교육에서 밟아야 할 형상을 지시한다.

"위는 하늘이고 아래는 연못으로 되어 있는 것이 리괘의 형상이다. 군자가 이를 보고 위와 아래를 분별하여 인간이 지향하는 바를 정돈한다!: 상천하택(上天下澤), 리(履). 군자이(君子以), 변상하(辨上下), 정민지(定民志)!"

하늘이 위에 있고 연못이 아래에 자리하는 것은 상식이다. 당연하다. 삶의 도리로 본다면, 바른 이치다. 인간이 예의를 실천하는 모습은 마땅히 이와 같아야 한다. 때문에 교육받은 교양인, 즉 군자(君子)는 이런 모습을 참고로 위와 아래를 구분하고, 인간의 마음을 안정시킨다. 정이(程頤)는 그런 이치를 『역전』에서 멋지게 풀이했다. 현대 교육의 입장에서 의역해 본다.

"위-아래의 구분이 분명해야 인간의 마음이 정돈되고, 인간의 마음이 정돈된 다음에 삶을 말할 수 있다! 인간이 무엇을 지향하는지 정돈되지 않으면 인생을 거머쥘 수 없다! 옛날 계급

사회에서도 공(公)·경(卿)·대부(大夫) 이하 모든 사람이 제각기 자신의 자리에 맞는 도리를 갖추었다. 그리고 평생 동안 그에 걸맞게 처신하기를 소망했다. 제 분수에 맞게 말이다. 사람의 지위가 그 도리에 맞지 않은 경우, 교육받은 사람이 교육을 통해 그를 바르게 인도해 주었다. 사람들이 학문을 닦아 상당 수준에 이르면, 그에 적합한 임무를 맡겼다. 어떤 사람은 개인적으로 일을 부지런히 하지만, 그것을 모두 누리기에는 한계가 있다. 그렇더라도 모든 인간이 지향하는 것에 따라 그의 능력에 맞게 필요한 일을 골고루 맡기면, 세상을 하나로 통일시킬 수 있었다. 그런데 인간 세상은 그것만이 아니었다. 사람들은 제각기 부귀영화나 사치에 관심을 두었고, 자기 이익에 매달려 시끄럽게 만들었다. 욕망의 소굴 자체였다. 이런 상황에서는 균형의 미학을 발휘하는 아름다운 세상은 불가능하다. 물론, 혼란하지 않기를 바라지만, 어려운 일이다. 이는 윗사람과 아랫사람이 각자 무엇을 해야 하는지, 정돈된 마음이 없기 때문이다. 그러므로 교육받은 사람은 먼저 인간의 자질을 분별하여, 각기 그 분수에 마땅하게 사람을 안배해야 한다.: 군자(君子), 변별상하지분(辨別上下之分), 정기민지(定其民志). …… 위각칭기덕(位各稱其德), 종신거지(終身居之), 득기분야(得其分也). 위미칭덕(位未稱德), 군거진지(君擧進之). 사수기학(士修其學), 학지군구(學至君求). …… 개유정지(皆有定志), 천하심일(天下心一). …… 지우존영(志于尊榮), 지우부치(志于富侈), 심무어리(心鶩於利), 천하분연(天下紛然), 욕기불란(欲其不亂), 난의(難矣). 군자(君子), 분변상하(分辨上下), 각당기분(各當其分), 정민지지(定民之志)!"

동서고금을 막론하고, 교육은 궁극적으로 개인의 자질을 분별하고,

인간 각자가 그에 알맞은 임무를 수행할 수 있는 능력을 갖추게 하는 작업에 불과하다. 그런데 그게 엄청나게 어렵다! 모든 존재가 높은 수준으로 성장한다는 것은 거의 불가능하다! 문제는 나와 더불어 사는 인간들, 어느 정도가 그렇게 되어야 하느냐다.

『주역』 산책 34 – 소리 왕(素履 往); 맨발 그대로 가라

2022. 12. 15. 9:20

한파가 며칠째 이어지고 있다. 인간 사회는 '춥다!'라고 난리다. 하지만 대설(大雪)과 동지(冬至) 사이를 누비는 우주 자연은 '큰 눈'이 내리고 강하하는 온도를 맞이하는 것이 당연하다. 추운 것이 이치다. 아니, 오히려, '즐거운 기후'다. 애기 설 동지가 인간을 마중하는 만큼, 애기 인간, 그 어리석음이 지녔던 처음 자세에서, 교육에 임하는 마음을 돌아본다.

그 틈 사이에, 젊은 시절 자주 읊조렸던 김수영(1921~1968) 시인의 <눈>이 떠오른다.

<눈> - 김수영

눈은 살아 있다
떨어진 눈은 살아 있다
마당 위에 떨어진 눈은 살아 있다
기침을 하자
젊은 시인이여 기침을 하자
눈 위에 대고 기침을 하자
눈더러 보라고 마음 놓고
마음 놓고 기침을 하자
눈은 살아 있다
죽음을 잊어버린 영혼과 육체를 위하여

눈은 새벽이 지나도록 살아 있다
기침을 하자
젊은 시인이여 기침을 하자
눈을 바라보며
밤새도록 고인 가슴의 가래라도
마음껏 뱉자

눈이 살아 있다 녹아내리듯, 세상에 태어나는 인간은, 누구나 '맨몸'으로 왔다가 '맨몸'으로 떠난다. '빈손으로 왔다 빈손으로 간다!'라는 '공수래공수거(空手來空手去)!'다. '리(履)'괘의 첫 번째 효(初九: ━)는 "맨 발 그대로, 본래의 실천으로 나아가면 허물이 없다!: 소리(素履), 왕(往), 무구(无咎)!"라고 기록하고 있다.

'처음처럼'이라는, 많은 사람에게 회자되는 말도 있듯이, 인간은 처음 태어날 때, 낮은 곳에 처해 있다. 높은 곳이 아니다. 물론, 어떤 존재는 왕좌(王座)와 같은 높은 자리에서 출발하는 경우도 있다. 그러나 그것조차도, 본래 모습은 벌거벗은, 낮은 차원은, 인간 형상일 뿐이다. 어떤 차원이건, 인간은 근원적으로 아래에 있는 존재다. 정이(程頤)의 『역전』이 그것을 구체적으로 풀이한다.

"'리(履)괘' 첫 번째 효(爻)는, 양강(陽剛: ━)의 자질을 갖추고 위로 나아갈 수 있는 형상이다. 때문에 아래에 있으면서 낮은 존재라는 자신의 처지를 깨닫고, 본래의 처지를 편안히 여기고 삶을 영위해 가면 허물이 없을 것으로 기대된다. 하지만 보잘 것 없는 빈천한 본분에 자기 스스로 편히 여기지 못하면, 그 인생은 문제가 생기게 마련이다. 탐욕에 빠지고 조급하게 행동하며, 보잘 것 없는 현재 자신의 자리를 벗어나려고만 한다. 이런 행동은 훌륭한 일을 하려는 자세가 아니다. 인간은 자신의 욕망으로 얻은 사안에 대해, 교만에 빠지는 경우가 많다. 이른바 과불급(過不及)의 과(過)를 저지른다. 그렇게 인생살이를 이어가면 허물로 가득할 뿐이다. 교육받은 인간은 자신의 본분을 실천하며, 자기 자리에서 즐긴다. 그런 인생의 진보는 훌륭한 일을 하려는 열정이다. 그런 삶이 교육으로 지속될 때, 세계는 선(善)으로 가득 찬다. 이는 다름 아닌, 맨발의 청춘, 그 평소의 삶을 그대로 지키며 가는 인생의 사업이다.: 초처지하(初處至下), 소재하자(素在下者), 양강지재(陽剛之才), 가이상진(可以上進). 안비하소왕(安卑下素往), 무구(无咎). 인불능자안어빈천(人不能自安於貧賤), 소즉기진(素則其進), 빈조이동(貪躁而動), 구거빈천(求去貧賤), 비욕유위(非欲有爲). 기득기진(既得其進), 교익필의(驕溢必矣), 왕즉유구(往則有咎). 현자(賢者), 안리기소(安履其素), 기처야락(其處也樂), 기진야장(其進也將), 유위야(有爲也). 득기진(得其進), 유위불선(有爲不善), 수기소리(守其素履)."

주희는 『본의』에서 아주 짧게, 삶과 교육을 대변한다. 그 몇몇 화두(話頭)는 '낮은 곳', '처음 그대로의 맨발', '평소의 행실' 등이다.

"양(陽: ⚊)으로서 아래에 있고, 인생을 밟아 나가는 처음 단계에서, 다른 존재로 옮겨가지 않는다. 그런 인간은 바로 맨발 그대로, 평소의 행실을 따르는 사람이다. 교육에 임하는 사람이 이와 같이 하면, 인생을 펼쳐 나가는데 허물이 없을 것이다.: 이양제하(以陽在下), 거리지초(居履之初), 미위물천(未爲物遷). 솔기소리(率其素履). 점자여시(占者如是), 왕이무구(往而无咎)."

이 '처음', 그 '첫 발걸음'이 지닌 마음은 상전(象傳)에서 간략하게 표현된다.

> "평소의 본분을 편안히 실천하는 삶은 오로지 마음의 저 밑바닥에서 원하는 일을 행하는 것이다.: 소리지왕(素履之往), 독행원야(獨行願也)!"

이에 관한 풀이는 정이(程頤)의 『역전』에서 잘 드러난다.

> "평소의 본분을 편안히 실천하는 삶은 구차하게 이로움을 도모하지 않는다. 오로지 그 마음이 가는 곳, 자신의 뜻이 원하는 일을 행하는 것이다. 부귀영화를 구하려는 마음과 올바른 인간의 길을 가려는 마음이 서로 마음의 저변에서 싸운다면, 어떻게 평소의 본분을 편안히 실천하는 인생일 수 있겠는가!: 안리소왕(安履素往), 비구리야(非苟利也). 독행지원(獨行志願). 욕귀지심(欲貴之心), 행도지심(行道之心), 교전우중(交戰于中), 능안리소(能安履素)!"

일상에 주어진 본분 그대로를 즐기려면, 맨발 그대로 나아가던 처음처럼, 그 입지(立志)의 시공간을 성찰해야만 한다. 그것이 교육의 존재 이유를 이해하기 위한 실마리다.

『주역』 산책 35 – 유인(幽人); 그윽한 사람

2022. 12. 16. 5:10

속세(俗世)를 피해 조용히 사는, 즉 어지러운 세상을 피해 조용히 숨어사는 일을 '은둔(隱遁)'이라고 한다. 은둔의 세계를 즐기는 사람은, 달리 말하면, '유인(幽人)'이다. 그런 존재의 삶은, 은둔의 향기만큼, 그윽하게 우러나온다. 그렇다고 '은둔'이나 '유인'이 세상을 등지는 것은 결코 아니다.

상당수의 은자(隱者)나 유인(幽人)은 외압(外押)에 굴복(屈伏)하는 삶을 부끄럽게 여긴다. 때문에 자진(自進)하여 현실의 인생 무대에서 내려온다. 그렇게 은둔 생활에 들어간다. 현실에서 힘을 발휘하는 권력(權力)과 정면으로 충돌하지 않는다. 그런 권력은 나무를 스쳐 지나가는 바람처럼 받아 넘긴다. 대신, 인생의 전반을 통틀어 자신의 생활방식 그대로 이어간다. 일종의 고집(固執)이다. 『중용』에서 강조하는 '택선고집(擇善固執)!'이다. 그것은 한마디로 말하면, '강인한 반항정신'이다. 불의에 대한 저항이자 정의를 향한 폭거다. 그런 정신을 품고 있는 존재가 '유인(幽人)'이다.

'리(履)'괘의 두 번째 효(九二: ⚊)에 그런 모습의 전형이 보인다.

> "인생에서 실천하는 삶의 길이 평탄하려면 어떤 처신이 요청되는가? 그윽한 사람이라야 바르고 굳으며, 인생길이 괜찮다!: 리도탄탄(履道坦坦), 유인정길(幽人貞吉)!"

이 무엇을 의미하는가? 상전(象傳)이 그것을 대변해 준다.

"'그윽한 사람이라야 바르고 굳으며, 인생길이 괜찮다!' 이 말은 마음을 스스로 어지럽히지 않을 때 가능하다: 유인정길(幽人貞吉), 중부자란(中不自亂)"

교육이나 학문의 과정도, 이런 '유인(幽人)'을 요청할까? 정이(程頤)는 『역전』에서 고민했다.

"인생을 실천하는 교육의 길은 '안정(安靜)'에 있다. 편안하고 고요한 마음! 마음이 편안하고 바르면, 삶의 실천으로서 교육은 편안한 상태에서 넉넉하게 지속할 수 있다. 그러나 마음이 조급하게 움직이면 삶의 실천, 그 교육 사업이 어찌 안정된 상태에서 수행되겠는가? 어렵다! 은둔하고 있는 유인(幽人)의 경우, 한결같이 단단한 마음을 지니고 안정되어 있기에, 개인적 욕망을 드러내어 인생 교육을 망치거나 어지럽히지 않는다.: 리도재어안정(履道在於安靜)! 기중념정(其中恬正), 소리안유(所履安裕) 중약조동(中若躁動), 기능안리(豈能安履)! 필유인(必幽人), 능견고(能堅固), 중심안정(中心安靜), 불리욕란(不利欲亂)"

안정(安靜)과 지속(持續)을 고려한다면, 교육은 철저하게, '유인(幽人)'의 의미를 고심해야 하리라.

『주역』 산책 36 – 화복미정(禍福未定); 교육의 성패(成敗)

2022. 12. 17. 9:20

인생에 성공이 있을까? 분명히 있을 것이다. 일반적으로 '부귀영화(富貴榮華)'라는 표현으로 살아가는, '행복'이라는 삶이 그것이리라. 인생에 실패가 있을까? 이 또한 분명히 있으리라. 성공과 동일한 논리를 따를 경우, '빈천누추(貧賤陋醜)'의 삶에 머무르며 '불행'이라는 이름에 머무는 경우이리라. 하지만 불교(佛敎)의 깨달음으로 볼 때, 그런 것은 '허무(虛無)'의 대지(大地)를 어슬렁거리는 바람의 소리와도 유사하다.

성철(性徹, 1912~1993) 스님을 출가(出家)로 이끌었다는 동산(東山, 1890~1965) 스님의 법문(法門)이 떠오른다.

> "여기에 길이 있다. 아무도 그 비결(秘訣)을 말해 주지는 않는다. 그대 스스로 그 문(門)을 열고 들어가기까지는. 그대 스스로 그 문(門)을 열고 들어가기까지는. 그러나 그 길에는 문(門)이 없다. 그리고 마침내 길 자체도 없다!"

처음에 등장하는 '있는 길'에서 마지막에 등장하는 '없는 길', 그 사이에 세 번이나 울리는 '문(門)', 이 영원의 깨우침은 무엇일까? 그냥, '여기 이때'가 아닌가!

인생의 성공과 실패를 함부로 재단하기 힘들 듯, 교육의 성공과 실패는 어떻게 규정할 수 있을까? 어떤 경우이건, '미정(未定)'은 아닐까? 청소년 시기에 교과목 학습이 우수하건 부진하건, 직장 생활이나 자영업의 과정에서 성공했던 실패했건, 그것은 순간에 판단되는 무상(無常)의 가치가 아닐까? 『주역』 '리(履)'괘의 여섯 번째 효(上九: ━)에 성패(成敗)의 열쇠가 보인다.

> "인간이 삶을 통해 실천한 사안을 보고, 인생이 괜찮은지의 여부를 돌아보라! 일이 잘 되도록 두루 힘쓰는 가운데 좋은 일이 많아질 가능성이 보인다.: 시리고상(視履考祥), 기선원길(其旋元吉)!"

이 '좋은 일이 많아질 가능성의 세계', '인생의 아름다움'에 관해, 정이(程頤)의 『역전』은 다음과 같이 풀이한다.

> "인간 사회가 실천한 일은 그 처리 상황을 돌아봐야 한다. 처음부터 끝까지 두루 힘쓰고 완벽하게 마쳐 흠이 없다면, 가장 훌륭하게 일을 수행한 것이다. 그것이 지속하는 힘으로서 길(吉)이다. 삶의 길흉(吉凶)은 인간이 실천한 일에 달려 있다. 선악(善惡)의 많고 적음은 다름 아닌 길흉(吉凶)의 작고 큼이다.: 인지소리(人之所履), 고시기종(考視其終). 종시(終始), 주완무구(周完无疚), 선지지야(善之至也). 시이원길(是以元吉). 인지길흉(人之吉凶), 계기소리(係其所履), 선악다과(善惡多寡), 길흉소대(吉凶小大)."

삶의 핵심, 교육적 실천의 요체는 '주완(周完)'이다. 말은 것에 대해, 두루 힘써 일을 완결 짓는 작업이다. 다시 말하면, 그것이 어떤 사안이건, '나는 일 처리를 온전하게 했느냐?'의 여부에 관한 진지한 물음이다. 인생의 성패는 그것에 달려 있다. 교육이 그것을 뒷받침한다. 주희는 『본의』에서 다시 풀이한다.

> "삶에서 이행해야 할 작업의 처리 상황을 보고, 괜찮은 일인지 아닌지를 돌아보라. 두루 힘써 이지러짐이 없으면, 처음부터 잘 수행되어 순조롭게 이어진다. 교육받은 존재는 인간의 삶이 어떻게 실천되었는지 살펴봐야 한다. 그것이 중요하다. 삶의 성패는 아직 정해지지 않았다!: 시리지종(視履之終), 이고기상(以考其祥). 주선무휴(周旋无虧), 즉득원길(則得元吉). 화복(禍福), 시리미정(視履未定)!"

『주역』 산책 37 – 교통(交通); '사귐'의 교육 미학

2022. 12. 18. 10:30

『주역』 '태괘(泰卦)'에는 소중한 언표가 등장한다. 내가 눈여겨 본 것은 '태(泰)'의 의미도 있지만, '교(交)'의 인생 게임이다.

주희는 『본의』에서 '태(泰)'를 '통(通)'으로 풀이했다. 통(通)은 일상 언어로는 그냥 '통하다'라고 말하지만, '시공간에 두루 미치다', '사방팔방으로 꿰뚫리다', '여기저기 훤하게 비치다', '이곳저곳을 오가다' 등 '소통(疏通)'이라는 의미와 이미지를 곳곳에 장식한다. 그 소통의 징검다리에 '교(交)'가 자리한다.

교(交)의 뜻을 고민해 봤다. 평소 '사귀다'라고 명명되는 저 부드러우면서도 알기 힘든 언표는 무엇일까? '꼬이다', '엮이다', '섞이다', '합하다', '녹여 넣다', '요청하다', '도와주다' 등등, 이렇게 끊임없이 연장선을 그리며 꼬이는 언어 놀이에서, 교우(交友)의 우정(友情: friendship)이 돋아나는 교육 미학을 만들 수 있을까?

'교통(交通)'은 '뚫기'이고, '교화(交和)'는 '섞이기' 또는 '녹아 들기'며, '교제(交際)'는 '맞닿기'이고, '교합(交合)'은 '합하기'다.

그런 표현들이 즐비하게 나오는 지천(地天) 태괘(泰卦)는 정말 길(吉)에 노출된, 좋은 의미를 가득 담은 점사(占辭)일까?

『주역』 산책 38 – 재성보상(裁成輔相); 이룸과 도움

2022. 12. 19. 5:20

‘태괘(泰卦)’의 상전(象傳)을 읽다가 문득, 경복궁(景福宮)의 침전(寢殿)인 ‘교태전(交泰殿)’이 떠올랐다. ‘천지교태(天地交泰)’인 만큼 의미가 더해지는 괘일까?

> “하늘과 땅이 사귀는 형상이 태(泰)괘다. 교육받은 사람이 이런 형상을 참고하여 자연의 질서를 정돈하여 이루고, 그 마땅함을 도와주어 인간 사회를 풍요롭게 가꾼다.: 천지교태(天地交泰). 후이(后以), 재성천지지도(財成天地之道), 보상천지지의(輔相天地之宜), 이좌우민(以左右民)”

정이(程頤)는 『역전』에서 이 구절을 다시 부연 설명했다. “하늘과 땅이 사귀어 음과 양이 서로 응하면 모든 존재가 무성해지면서 이루어진다. 그런 상황이 태(泰)괘다. 교육받은 사람이나 교양을 갖춘 인간은 하늘과 땅이 사귀는 모습을 체험하며 자연의 길을 정돈하여 이루고, 그 마땅함을 도와서 인간의 삶을 풍요롭게 만들어야 한다. 자연의 길을 정돈하여 이룬다는 의미, 즉 ‘재성(財成: 裁成)’은 하늘과 땅이 사귀면서 어울려 자연의 길을 제대로 가는, 자연스런 ‘이룸’이다. 자연의 마땅함을 도와준다는 의미, 즉 ‘보상(輔相)’은 하늘과 땅이 사귀면서 세상의 존재를 도와주는, 의도적 ‘도움’이다. 교육받은 사람의 일은 이런 이치를 인식하고 실천하여 사람들의 삶을 풍성하게 다듬는 데 기여하는 것이다. 풍요로운 삶의 세계! 봄기운이 만물을 펼쳐내면 파종하고, 가을기운이 성숙하여 만물을 알차게 하면 수확하는 작업과도 같다. 도움의 의미가 이런 것이다."

주희는 『본의』에서 간략하게 풀이한다.

> "재성(財成)하여 지나침을 억제하고, 상보(輔相)하여 미치지 않음을 보충하라!: 재성제과(財成制過), 보상보불급(輔相補不及)!"

자연의 질서를 정돈하여 이루면서 지나치거나 넘쳐나는 부분을 조절하라! 자연의 질서에 따라 제대로 도와주되 미치지 않거나 모자라는 부분을 도와주라. 『중용』이 강조하는 '과불급(過不及)'의 마당에서서, 교육의 세계를 돌아보는 지혜가 그립다.

『주역』 산책 39 – 복지(福祉); 행복하게 살 수 있는 환경

2022. 12. 20. 15:20

복지(福祉)의 시대에, 인간의 행복을 담보할 '복지'는 어디에 있을까? '태괘(泰卦)'의 세 번째 효(九三: ⚊)와 다섯 번째 효(六五: ⚋)에 '복(福)'과 '지(祉)'가 보인다.

> 구삼(九三): "세상일을 어렵게 여기고 바른 길을 지키면 허물이 없다. 그런 만큼, 근심하지 않더라도 그에 상응하는 의미를 얻는다. 그러기에 살아가며 복을 지을 수 있으리라!: 간정(艱貞), 무구(无咎). 물휼(勿恤), 기부(其孚). 우식(于食), 유복(有福)!"

> 육오(六五): "교양을 갖춘 사람이 자식을 혼인시키는 형국이다. 집안일을 잘 처리하는 만큼 복을 받을 것이고, 점점 좋은 일이 많아지리라!: 제을 귀매(帝乙 歸妹). 이지(以祉), 원길(元吉)!"

'복(福)'은 짓는 일이고, '지(祉)'는 받는 것일까? 그렇게 '능동'과 '수동'의 양태로 구분된다면, '복지(福祉)'는 빚어나가는 창조의 적극성과 주워서 담는 방관의 소극성이 변증법적으로 작용하는가?

『주역』 산책 40 – 상인불식(相因不息); 인간의 길 가운데

2022. 12. 21. 5:00

스물세 번째 돌아오는 결혼기념일이다. 혼자가 되고 보니, 혼인(婚姻)으로 맺은 부부(夫婦)의 삶도 그 길이 막힌 형국이다. 인연의 발길 따라 떠나는 것이 인생이던가? 그 쉬지 않는 길목 가운데 인간의 길이 다시 서성이는가!

『주역』의 '비괘(否卦)'에서 '비(否)'는 막힘을 상징한다. 그런데 '비괘(否卦)'의 괘사(卦辭)는 '막힘'이 인간의 길이 아님을 강력히 선언한다.

"비(否)는 인간의 길이 아니다!: 비지비인(否之匪人)!"

정이(程頤)가 『역전』에서 풀이한 내용이 그것을 더욱 선명하게 만든다.

> "하늘과 땅, 그 사이에 인간이 자리한다. 때문에 하늘과 땅이 서로 사귀면서 온갖 존재가 생겨나는 가운데 인간도 성장한다. 그것이 천-지-인(天-地-人)의 삼재(三才)가 어울리는 힘이다. 모든 존재 가운데 인간이 가장 영특하다. 그러므로 모든 존재의 우두머리가 된다. 모든 존재의 우두머리로서 주체적 역량을 발휘하기에, 하늘과 땅 가운데 드러난 존재는 모두 인간이 길과 관계한다. 그것이 인도(人道)다. 하늘과 땅이 사귀지 않을 경우, 모든 존재는 태어나는 존재 근거를 상실한다. 어떤 존재이건 출현할 수가 없다. 인도(人道)의 부재(不在)다!

세상의 모든 존재는 사라지고 자라나며 닫히고 열린다. 서로 쉬지 않고 원인을 이룬다. 돌고 도는, 무상(無常) 불변(不變)의 결을 따라 존재를 시험한다.: 천지교(天地交), 만물생(萬物生) 삼재비(三才備). 인위최령(人爲最靈), 만물지수(萬物之首). 생천지중(生天地中), 개인도야(皆人道也). 천지불교(天地不交), 불생만물(不生萬物), 무인도(无人道). 소장합벽(消長闔闢), 상인불식(相因不息), 무상불변(无常不變)."

교육이 사람 사이에 서로 쉬지 않고 원인을 이루는 근본 동기로 작용한다면, 무엇을 그치지 않게 해야 할까?

『주역』 산책 41 – 상하상교(上下相交); 교육이 가져다주는 안정감

2022. 12. 22. 6:20

『주역』 '비괘(否卦)', 그 '막힘'의 부정적 사태에 대해, 인간은 상당히 긴장한다. 긴장의 사이사이에는 서로 사귀고 엮이는 '상교(相交)'의 몸부림을 드러낸다. 단전(彖傳)의 언급은 경계 자체다.

"하늘과 땅이 사귀지 않아 모든 존재가 소통하지 못한다. 위아래가 사귀지 않아 세상에 나라가 없다! 조무래기들이 안에 있고 교육받은 사람이 밖에 있는 형국이니, 소인배들이 마구 설치고 교양을 갖춘 사람들의 상식이 사라진다.: 천지불교(天地不交) 만물불통(萬物不通). 상하불교(上下不交), 천하무방(天下无邦). 내소인(內小人), 외군자(外君子), 소인도장(小人道長), 군자도소(君子道消)."

정이(程頤)는 『역전』에서 그 정치와 교육의 논리를 재삼 강조한다.

"세상의 기운이 서로 사귀지 않으면, 존재가 생성되는 이치가 없다. 위아래가 올바른 도리가 사귀지 않으면, 세상에 나라의 올바른 도리가 없다. 나라를 세운다는 것은 다스림의 근거다. 윗사람은 정치와 교육을 베풀어 아랫사람을 다스리고, 아랫사람은 윗사람을 받들어 명령을 따라야 한다. 위아래가 서로 사귀는 것은 제대로 교육받고 다스려져 편안하게 살기 위한 길이다. 그런데 이제 위아래가 서로 사귀지 못하니, 이는 세상에 나라의 올바른 상식이 없는 것이다. 조무래기들의 비상식이 활개를 치고 교육받은 사람의 상식이 사라지는 때다.: 천지지기불교(天地之氣不交), 만물무생성지리(萬物无生成之理). 상하지의불교(上下之義不交), 천하무방국지도(天下无邦國之道). 건방국(建邦國), 소이위치(所以爲治). 상시정이치민(上施政以治民), 민대군종명(民戴君從命). 상하상교(上下相交), 소이치안(所以治安). 금상하불교(今上下不交), 천하무방국지도(天下无邦國之道). 소인도장(小人道長), 군자도소지시(君子道消之時)."

'상교(相交)'는 정치와 교육을 비롯한, 인간 삶의 전제조건이다. 그것이 없는 교육은 생명력을 감퇴시키며 죽음을 추동한다. 교육의 이름을 빌린, 비교육(非敎育)이다. 아니 교육의 반대방향으로 침몰하는, 여객선의 처참함과도 같다. 안정감을 찾으려는 교육의 저편에는 늘 사귀고 엮이려는 맞은편의 타자가 전제되어 있다.

『주역』 산책 42 – 검덕피난(儉德辟難); 어려운 시간의 교육 자세

2022. 12. 23. 5:30

『주역』 '비괘(否卦)'는 세상의 존재들 사이가 서로 막혀 있는 불통(不通)의 시대를 형상화했다. 소인배들이 득세(得勢)하는 시기다. 때문에 교육받은 사람들은 숨어서 혼란을 피한다. 몰상식의 존재들이 높은 연봉이나 지위로 유혹해도 세상에 나오지 않는다. 교육받은 인간, 교양 상식을 지닌 사람들에게는 참 답답한 사회 상황이 지속된다. 혼란스런 사태의 연속이다. 때문에 교육받은 사람은 "덕을 아끼고 어려운 상황을 피한다!"라고 했다.

'검덕피난(儉德辟難)'!

『주역』 산책 43 – 심려원계(深盧遠戒); 깊은 사유와 멀리 경계함

2022. 12. 24. 9:20

불통(不通)을 소통(疏通)으로 전환하는 시간에는 깊은 사유와 멀리 내다보는 경계심이 자리한다. 심려원계(深慮遠戒)! 하지만 인간은 겉으로 보기와 다르게, 상당히 폐쇄적인 경향을 지니고 있다. 말로는 자연스럽게 소통을 강조하지만, 실제 행동은 인위적으로 불통을 사수하는 경우도 많다. 그런 만큼, 인간 사회에서, 마음먹기에 따라, 언제나, 소통이 가능하다는 생각에 빠지면, 다시 불통의 그림자가 다가온다. 소통이라는 긍정적 언표에 사로잡히지 말라! 인생을 편안히 여기고 마음을 놓아서는 더욱 곤란하다.

이런 불통의 막힘을 제거하기 위한 방편이 '깊은 사유'와 '멀리 내다보는 경계심'이다. 이때의 사유와 경계는 일상을 담금질하는 교육의 과정에서 획득할 수 있으리라고 가정한다. 정말 그럴까? 삶의 단련 과정에서 그것을 성취할 수 있을까? 가능하다는 전제를 앞세웠기에, 교육은 희망을 불어넣는다.

하지만 교육의 위험한 화두(話頭) 가운데 하나가 '불통'이다. 이는 재발성이 매우 강한 난치병(難治病)과도 같다. 어쩌면 교육으로 해결할 수 없는 불치병(不治病)인지도 모른다. 그래도 소통을 향한 교육이 가능할까?

『주역』 산책 44 – 위·망·란(危·亡·亂); 교양인의 지혜

2022. 12. 25. 10:30

‘비괘(否卦)’ 다섯 번째 효(九五: ⚊)에 막히는 불통의 사태를 해소하는 장면이 등장한다. 그것은 삶의 긍정적 현상이다. “막힌 상황을 그치게 하는 교양인의 긍정성!: 휴비(休否), 대인길(大人吉)” 이는 “망할까 망할까 하고 두려워하는: 기망기망(其亡其亡)”, 그런 마음을 먹고 자라나는 새로운 삶이다.

그 중심에 세 가지 고려할 삶의 지혜가 녹아 있다. 「계사전(繫辭傳)」의 구절이 간략하면서도 역설적인 발언으로 교육의 방향을 지시한다.

첫째, 위태한 상황이 발생하는 것은 자기 자리를 편안하게 여기고 안일한 삶을 영위하는 경우다.: 위자(危者), 안기위(安其位)!

둘째, 망하는 상황이 발생하는 것은 자기가 보존하고 있는 것을 자기의 인생만을 위해 억지로 지키려는 경우다.: 망자(亡者), 보기존(保其存)!

셋째, 어지러운 상황이 발생하는 것은 자신이 다스리고 있는 사안을 그대로 간직하려고만 하는 경우다.: 난자(亂者), 유기치(有其治)!

그러기에 교육받은 사람은 삶의 지혜를 발동한다.

현재 편안해도 미래에 위태로워질 수 있는 상황을 잊지 않고 대비한다.

현재 보존해도 미래에 망할 수 있는 상황을 잊지 않고 예비한다.

현재 다스려져도 미래에 어지러워질 수 있는 상황을 잊지 않고 준비한다.

안이불망위(安而不忘危)!

존이불망망(存而不忘亡)!

치이불망란(治而不忘亂)!

『주역』 산책 45 – 극이필반(極而必反); 정점에서 다시 돌아오는가?

2022. 12. 26. 5:20

연말(年末)이 다가오면, 지난 한 해가 추억의 액자로 들어가기에 아쉬움이 밀려오고, 내년을 맞이할 비망록을 준비하며 부푼 가슴을 드러낸다. 꽉 막혔던 한 해라면 더욱 그러하다. '비괘(否卦)'의 여섯 번째 효(上九: ⚊)는 그런 희망의 그림자를 비춘다.

> "막힌 것은 기울어지면서 뚫리게 마련이다. 앞에서는 막혀 있었지만, 뒤에서는 뚫려 긍정적인 사태가 다가올 것이다.: 경비(傾否), 선비(先否), 후희(後喜)!"

세상의 모든 이치가 이러하다. 사물이 지닌 존재의 결이 그러하다. 정점(頂點)에 이르면 반드시 돌아온다. 극이필반(極而必反)이다. 불통이 소통이 되는 순간이다. 반대로 소통이 불통이 되기도 한다. 어떤 경우건, 문제는, 통(通)의 지속(持續)이다. 확 뚫려 있기를 소망한다. 하지만 진리는 영원한 지속이 없는, 변화무상(變化無常)의 법칙으로 정돈된다. 교육이 불변의 영원한 진리를 추구했다면, 그 자리는 언제나 슬픔으로 가득하다.

『주역』 산책 46 – 리지상(理之常); 불통의 끝에 걸린 희망

2022. 12. 27. 6:30

『주역』 '비괘(否卦)' 상구(上九)의 상전(象傳)은 교육이 끌어 안아야 할 거대한 원리를 지시한다.

> "막힘이 끝나는 단계에서는 기울어지면서 뚫리게 마련! 막힌 상태가 어찌 영원히 지속되겠는가?: 비종즉경(否終則傾), 하가장야(何可長也)"

어떤 존재이건, 어떤 상황이건, 어떤 인생이건, 정점에 또는 최악에 이르면, 되돌아오게 마련이다. 『노자도덕경』에는 다음과 같은 간략하면서도 강렬한 언급이 있다.

> "돌이키는 일, 그것이 자연의 길을 움직이는 힘이다.: 반자(返者), 도지동(道之動)!"
> "극단에 이르면 반드시 되돌아옴, 이것이 자연의 질서요 세상의 이치다.: 극이필반(極而必反), 리지상(理之常)!"

그러나 위태로운 상황을 편안하게 만들고, 어지러운 상태를 정돈하는 작업에는 반드시 교육이 개입해야 한다. 그런 개입은 교육받은 사람이 세상을 변화할 수 있는 능력을 발휘할 때, 가능하다. 이 재주의 소유가 교육의 존재이유를 옹호할 수 있는 요건이다.

『주역』 산책 47 – 광원무사(曠遠无私); 더불어 할 수 있는 조건

2022. 12. 28. 4:30

인간은 모여서 살아간다. 그 모임을 '사회(社會: society)'라고 한다. 사회는 사람이 함께 하는 공동체(共同體: community)이자 조직(組織: organization)이다. 인간이 사회를 이루어 살아가는 이유는, 어쩌면 아주 간단한 것인지도 모른다. 정이(程頤)는 『역전』에서 강조한다.

> "세상이 소통 없이 막혔을 때, 반드시 다른 사람과 힘을 함께 합쳐 뚫어야, 사회를 구제할 수 있다!: 세지방비(世之方否), 필여인동력(必與人同力), 내능제(乃能濟)."

세상의 소통을 위해 힘을 모우고 합치려는 노력! 『주역』의 열세 번째 괘인 '동인괘(同人卦)'가 '비괘(否卦)' 다음에 자리하는 이유다. 하지만, 단순하게 사람이 모인다고 힘이 합쳐지거나 소통이 원활하게 진행되는 것은 결코 아니다. 인간이 더불어 할 수 있는 정말 중요한 조건이 기다린다.

그 핵심은 '개인적 차원에 매이지 않아야 한다!'라는 점이다. 가장 공정한 자세로 사람들과 함께 하려는 열정이 가득해야 한다. 지공대동(至公大同)! 개인적 차원에서 이익을 따지거나 패거리를 지어 행동한다면, 거기에 더불어 할 수 있는 길은 생기지 않는다. 아당부정(阿黨不正)!

대신, 저 넓게 트인 광활(廣闊)한 들판에서, 멀리 내다보는 혜안(慧

眼)을 가지고, 개인적 차원의 이익을 먼저 고민하지 않아야 한다. 광원무사(曠遠无私)! 달리 말하면, '지성무사(至誠无私)'다. 이런 인생의 자세가 교육으로 수행될 때, 인간이 더불어 살아갈 수 있는, 무한 활동의 시공간이자 삶의 가능성이 사회로 스며든다.

『주역』 산책 48 – 천지대동(天志大同); 세상이 가고 싶어 하는 그 곳

2022. 12. 29. 6:30

이런저런 핑계로, 대학원 지도학생들과 집에서 함께 하기로 한 송년회를 미루었다. 원래는 집에 가득 쌓인 포도주를 마시고, 동네 맛집에서 2차를 즐기는, 송년 파티를 준비했다. 그런데 언제부터인가, 내가 스승에게 행해 왔고, 또 그려왔던 전통적 의미의 사제(師弟) 관계에 자신이 없다.

시대도 바뀌었고, 사회 분위기도 그러하고, 대학원생들의 학문연구 방식도 달라졌다. 이제는 내가 해 왔던 학문의 양식이 생명력이 다해가는 시점으로 느껴진다. 그런 생각이 마음에 자리 잡기 시작한 것이 10여 년이 지난 듯하다. 스마트폰이 등장한 이후, 급격하게 교육과 연구의 방식이 전환되면서, 그런 사회 양상이 두드러지는 것 같다.

어쩌면 앞으로 사제 관계라는 이름을 걸고 모이는 일이 없을지도 모르겠다. 허허! 그런 내용의 은둔(隱遁)도 시작되었는가? '동인(同人)'괘를 언급하면서 사제동행이 해체되는 느낌을 갖다니, 시대무상(時代無常)인가? 내 마음이 그러한가?

이미 세상의 변화 이치를 꿰뚫고 있는지, 내 마음의 처신을 장악하고 있는지, '동인괘(同人卦)'의 단전(彖傳)은 다음과 같이 말미를 장식한다.

"오직 교육받은 사람인 군자라야 세상의 마음을 꿰뚫어 보고 훤히 비출 수 있다!: 유군자(唯君子), 위능통천하지지(爲能通天下之志)!"

정이(程頤)의 『역전』은 세상 이치의 핵심을 정돈한다. 성리학에서 강조하는 '리일분수(理一分殊)'다.

"세상의 마음은 모두 다르다. 그러나 그 이치는 하나다. 교육 받은 사람은 세상의 이치를 정확하게 안다. 때문에 세상의 마음이 어떠한지 상당 부분 소통할 수 있다. 최고의 인격자인 성인(聖人)이 모든 사람의 마음을 꿰뚫어 보며 한마음처럼 하는 것은 이치에 통달했기 때문이다. 인간 사회의 문화를 밝히면 이치를 정확하게 알 수 있다. 공동체의 이상이 무엇인지도 밝힐 수 있다. 개인의 욕망을 조절하여 이길 수 있기에 공동체 조직의 길을 제대로 갈 수 있다.: 천하지지(天下之志), 만수(萬殊). 리즉일야(理則一也). 군자(君子), 명리(明理), 능통천하지지(能通天下之志). 성인(聖人), 시억조심(視億兆心). 일심자(一心者), 통어리(通於理). 문명촉리(文明燭理), 능명대동(能明大同). 강건극기(剛健克己), 능진대동(能盡大同)."

『예기(禮記)』「예운(禮運)」에서는 '대동(大同)'사회를 다음과 같이 그리고 있다. 참 아름다운 세상이다. 가능할까?

"인간의 도덕 윤리가 제대로 실천되자 사회가 달라졌다. 사람들은 세상을 공적(公的)으로 생각하여 사적(私的)으로 그 자손에게 정권을 넘겨주는 일이 없었다. 어질고 유능한 인물을 선택하여 서로 전하며 올바른 제도를 정립하였다. 사람들은 자신의 임무에 정성을 다하고 서로 신뢰하도록 가르치며 화목을 실천하였다. 사람들은 자기의 부모만을 친애하지 않았으며, 자기의 자식만을 사랑하지 않았다. 늙은이에게 그 일생을 편안히 마칠 수 있게 하고, 청장년에게 일을 할 수 있게 하며, 어린이에게 의지하여 성장할 곳이 있게 했다. 과부나 홀아비, 고아나 병자와 같은 사회적 약자는 모두 보살핌을 받을 수 있게 했다. 남자는 사농공상(士農工商)의 직분이 있고, 여자는 의지할 수 있는 남편의 집이 있었다. 재화가 헛되이 땅에 버려지는 것을 미워하지만, 개인적으로 감추어 두지 않았다. 힘은 사람의 몸에서 나오지만, 그 노력을 개인적 이익을 위해서만 쓰지 않았다. 때문에 간사한 꾀나 절도, 반란과 같은 사회적 혼란이 일어나지 않았다. 그러므로 대문을 걸어 잠그는 일이 없었다. 이러한 사회를 공공의 도리를 사람들이 모두 더불어 하는 대동의 세상이라고 말한다."

'대동(大同)'사회는 공동체가 가고 싶어 하는 곳, 바로 이상향(理想鄕)이다. 사회가 지향하는 최고의 꿈이다. 그런데 현실적으로 실현 가능할까? 가능성을 타진하려면, 그에 상응하는 만큼, 세상의 마음을 꿰뚫어 보아야 한다. 통천하지지(通天下之志)!

문제는 인간 세상이다. 인간들은 공동체, 또는 사회라는 이름으로 삶의 건전함을 추구한다. 하지만, 인간이 꿈틀대는 세상을 자세히 보면, 근원적으로 욕망에 허우적대는 혼란의 연속이다. 개인적 감정이 느슨한 형태로 합쳐져 있는, 욕망의 전투장이다. 달리 말하면, 개인의 이익에 따라 이합집산(離合集散)하는, 사정지합(私情之合)일 뿐이다.

교육이 존재하는 이유가 '사정지합'의 해체라면, 현재와 같은 '자유민주주의'의 정체(政體)와 '시장경제'의 경제시스템은 심각하게 성찰할 필요가 있다. 무엇보다도 개인적 욕망을 부추기고, 유도하고, 유혹의 소굴로 빠지게 만드는 작업을 진지하게 고려하면서, 교육의 근본 방향을 재고해야 한다.

『주역』 산책 49 – 개과득길(改過得吉); 교육이 남긴 성과와 교훈들

2022. 12. 30. 5:20

교육이 '가치(價値: value)'가 있다면, 교육을 통해 인간의 '변화(變化: change)'를 꿈꾼다면, '인간임'에서 '인간됨'으로, 나아가 '인간다움'으로 전환하기를 목표한다면, 교육은 성과를 남겨야 하고, 교훈을 주어야 한다. 그것은 다음과 같은 몇 가지 삶의 원리, 그 자세와 태도를 통해 터득될 수 있다.

첫째, 정의의 차원에서 무엇이 곧지 않은지 파악하라.: 의지부직(義之不直)!

둘째, 돌이켜 보고 올바른 도리가 무엇인지 다시 생각하라.: 반사의리(反思義理)!

셋째, 정의에 어긋나는 짓을 두려워하고 잘못이 생기면 고쳐라.: 외의능개(畏義能改)!

그렇게 잘못을 고쳐나가면, 삶의 길이 그래도 괜찮다. '아름답고 착하고 훌륭한' 인생을 펼칠 가능성! '개과득길(改過得吉)'이다. 교육의 성과가 이쯤은 되어야, 교육이라 할 수 있지 않겠는가?

『주역』 산책 50 – 원하지 않아야 얻게 되는, 역설의 미학

2022. 12. 31. 23:30

2023년 새해를 맞이하기 두세 시간 전이다. 헝가리 영화, '페테르 퍼자카스' 감독의 <더 게임(The Game)>을 보았다. 1963년 부다페스트에서의 스파이 게임, 첩보 스릴러물이다. 60년 전 내가 태어나던 해, 공산권 헝가리를 배경으로 한 영화다. 내 일생과 겹치는 시간만큼, 어쩌면 지루한 것처럼 느껴질 수도 있지만, 매우 흥미로웠다. 내 인생의 반전(反轉)처럼, 끝까지 상상(想像)하기 힘든 엄밀한 게임이, 스크린을 가득 수놓았다.

감독은 자신이 만든 영화를 "거짓말과 속임수, 비밀의 영화"라고 스스로 평가했다. 인간은 '거짓말'을 한다! 자기 자신을 위해 서로에게, 때로는 일부러, 때로는 마지못해, 심지어는 거짓말인지 아닌지 알아채지도 못한다. 영화는 진실과 거짓, 신뢰와 의심, 그것을 구분하는, 신비하기도 하지만 연약한 경계선을 탐구하는 일에 집중한다. 인간의 삶에서 끊임없이 이어지는 두려움과 욕망, 그것은 어떻게 현실과 자신에 대한 인식을 흐리게 하는가? 변화를 유도하는가? 그것이 삶을 영원히 바꿀 수 있는 거짓말로 이어질 수 있을까? 진실을 보고 그 결과를 인식하라!

세상의 그 무엇도, 누구도 믿을 수 없고, 작은 몸짓 하나로 목숨을 잃을 수도 있는, 무자비한 전쟁! 인생이 그러한지도 모르겠다.

여러 평론가들의 리뷰처럼, <더 게임>은 흥미롭고 감정적이고 관능적이었다. 그 영리하면서도 드라마틱한 인상적인 장면들과 뛰어난

연기는 너무나 진지했다. 실제로 있을 법한 사건을 스릴러의 장치를 활용해 재창조했다. 인간이 지닌 두려움과 욕망이 이런 건 아닐까? 인간이 추구하는, 인생에 관한 동기는 서로 다른 관점을 지닌다! 주인공 '팔 머르코', 그는 20세기 역사의 화신이다.

팔 머르코 역할을 소화한 배우 '야노스 쿨차르(János Kulka)'의 눈빛이 너무나 강렬했다. 동료들이 페니실린을 구해주지 않아 25년을 사랑한 아내를 저 세상으로 보내야 했다. 후배들의 모함으로 물러났던 늙은 군인! 그에게 무엇이 남았을까! 머르코가 아내와 함께 한 25년의 세월이, 올해 결혼 25주년인 나의 인생과 닮았다. 내가 아내와 함께 한 23년의 세월과도 겹쳤다.

머르코는 아내를 떠나보내고, 모함으로 뒤덮어진 인생의 한 가운데, 뇌졸증이 찾아와 쓰러지기까지 했다. 그러나 그는 차근차근, 겸손하게 인생을 쌓았다. 지혜를 꿰뚫어 보기 위해, 책을 많이 읽었다. 책은 과거 사람들과의 깊은 대화다. 그리고 수영으로 건강을 다졌다. 마침내 견디기 힘든 현실에서, 탈출에 성공한다. 국경을 헤엄쳐 넘어 비아리츠에 정착해 바다를 본다. 신혼 여행지를 그리며, 인생을 생각하는, 묵직한 힘이 느껴졌다. 무엇보다도 내가 좋아하는 노래, '더 에니멀스(The Animals)'가 1964년에 발표한 '해 뜨는 집(The House of the Rising Sun)'을 배경음악으로 대학 캠퍼스를 울려 퍼질 때, 머리가 쭈뼛하는 희열을 만끽했다.

이제 곧 '검은 토끼[癸卯]'의 해라는 신성함을 받아 안는다. 대신, 경쾌하기보다 엄중하게 새해를 맞이한다. 내일 오전에는 내 사랑하는 아내를 만나러 양평의 갈월사 청아송원으로 갈 것이다. 영화의 대사처럼, '아내와 함께 한 23년은 너무 짧은 시간이었다!' 짧고 강렬한 시공간을 감내한 만큼, 아내는 나의 스승이다.

영화가 진행되는 시간 동안, 지배적 중심처럼 깔리던, '원하지 않아야 얻게 된다!'라는 대사가, 가슴 깊이 새겨진다. 새해를 맞이할 때, 대부분의 사람들이 '소망(所望)'을 기원하며, 인사를 건넨다. 하지만, 나는 소망을 원하지 않는다. 간절하게 바랄 것도 없다. 이미 나아가고 있는 인생, 그 진보의 수레바퀴를 건실하게 끌고 갈 뿐이다. <더 게임>에서 인상 깊게 본 대사 몇 구절을 의역하여 기록해 본다.

> "살아 있는 모든 것은, 시공간의 흐름에 따라 언젠가 사라진다.
> 내가 하는 어떤 일도 무작정 목표 없이 해서는 안 된다.
> 인간의 행동에는 사회적인 목적이 따라야 한다.
> 인간은 모두, 그리고 인간의 눈에 보이는 모든 것은, 때가 되면 조용히 소멸되기 마련이다.
> 세상의 존재가 썩어서 흙으로 돌아가는 것은 자연의 본성이다. 그것을 토양으로 삼아 새로운 생명이 자란다.
> 인간의 유한한 삶은 찰나와 같다. 영원 속으로 사라진다. 우주에 비하면, 이 얼마나 작은가? 영적인 세계에 비하면 또 얼마나 작은가? 그러기에 인간은 지구의 티끌이다.
> 인간의 삶에서 본성이 이끄는 대로 행동하고, 자연을 겸허히 받아들이는 일, 그 외에는 어떤 것도 중요하지 않다.
> 아내와 함께 25년을 살았지만 너무 짧은 시간이었다.
> 인생에서 가장 큰 실수 두 가지가 있다. 하나는 '마무리 짓지 않는 것'이고, 다른 하나는 '미루는 것'이다.
> 욕망은 결코, 얻은 것에 만족할 만큼 부드럽지 않다. 합리적 사고와 판단을 방해한다."

다시, 돌이켜 본다. '원하지 않아야 얻게 된다!'

신창호

현) 고려대학교 교수
이메일 sudang@korea.ac.kr

교육철학잡기 5 [2022-2]
-비트겐슈타인의『논리철학논고』, 헤세의〈나무〉, 그리고『주역』-

초판발행 2023년 5월 25일

지은이 신창호
펴낸이 노 현

편 집 배근하
디자인 BEN STORY
제 작 고철민·조영환

펴낸곳 ㈜ 피와이메이트
서울특별시 금천구 가산디지털2로 53 한라시그마밸리 210호(가산동)
등록 2014. 2. 12. 제2018-000080호
전 화 02)733-6771
f a x 02)736-4818
e-mail pys@pybook.co.kr
homepage www.pybook.co.kr
ISBN 979-11-6519-417-8 03370

정 가 22,000원